성공을 부르는 내면 혁명

성공을 부르는 내면 혁명

초판 1쇄 발행 2025년 12월 10일

지은이 | 라의형

펴낸곳 | 도서출판 윌클
등 록 | 제 2020-000125호
주 소 | 서울특별시 강남구 영동대로511 트레이드타워 401호
이메일 | info@stellain.com
전 화 | 02-6925-1600
팩 스 | 02-2038-7500

기획편집 | 기업의별
디자인 | 희디자인(heeyastory@kakao.com)
교 정 | 류성민(0211004@daum.net)

ISBN 979-11-93390-09-2 (03190)

- 이 책은 신저작권법에 의하여 국내에서 보호를 받는 저작물입니다.
  출판사의 협의 없는 무단 전재와 무단 복제를 엄격히 금합니다.
- 책 값은 뒷표지에 있습니다.
- 잘못된 책은 구입하신 곳에서 교환하여 드립니다.
- 도서출판 윌클은 ㈜월드클래스코리아의 임프린트입니다.

Success Inner Revolution

성공을 부르는 내면 혁명

Life is a festival!

라의형 지음

★ 윌클

추천사

어느 날 라의형 대표가 깊은 산속 옹달샘에 나타났다. 힘든 시기를 거치면서 얻은 '성공'의 경험을 들으면서, 옹달샘을 찾는 모든 분들과 함께 공유하고 싶다는 생각을 하게 되었다. 먼저 아침지기들을 대상으로 워크숍을 파일럿 프로그램으로 진행했다. 반향이 컸다. 지금도 기억나는 라 대표의 어록이 있다. "성공은 고통을 견디는 끝에 오는 것이 아니라, 웃음과 유쾌함 속에서 자라난다."

누구나 성공을 꿈꾼다. 그러나 성공적인 삶을 살아가는 사람은 그리 많지 않다. 그 이유를 명확하게 짚어낸 명언이 아닐 수 없다. 라 대표가 마침내 책을 냈다. 보다 더 자세하고 친절하고 영감을 듬뿍 주는 '어록'들로 가득하다. 이를 토대로 가정에서든, 직장에서든, 사업에서든 성공할 수밖에 없는 삶의 방정식을 유쾌하게 안내해 주고 있다.

인생에는 잠시 멈춰야 할 때가 있다. 그 멈춤 속에서 우리는 잊고 지냈던 것을 되찾는다. 마음속 깊이 숨어 있던 웃음, 가벼운 걸음, 그리고 유쾌하게 살아가던 나를….

본서는 우리 안의 즐거움과 유쾌함, 성공과 행복을 다시 깨우는 책이다. 좋고 나쁨을 가르던 경계를 허물고, 지금 있는 자리에서 활짝 피어나는 법을 일러 준다. 저자는 치열한 경영의 현장에서 사람과 부딪히며 살았고, 모든 것을 내려놓고 고요 속에서 자신을 다시 만났다. 그리고 세상을 바꾸는 가장 빠른 길은 나의 내면을 바꾸는 것이라는 사실을 깨달았다.

이 책은 우리에게 이렇게 속삭이는 듯하다. "삶은 고생 끝에 오는 잠깐의 행복이 아니다. 매 순간 웃고 즐기며 살아도 충분히 성공할 수 있다"라고. "가벼운 마음이 오히려 깊고 강한 힘이 될 수 있다"라고. 총총총 바쁜 걸음을 잠깐 멈추고 이 책을 펼쳐 보기 바란다. 당신 안에서 시작된 즐거운 변화가 세상을 바꾸는 가장 아름다운 행복과 성공의 혁명이 될 것이다.

고도원 | 아침편지 문화재단 이사장, 『고도원의 아침편지』 저자

저자는 오랜 세월 다양한 삶의 현장에서 사람들과 함께 호흡하며, 성공과 실패의 원인을 날카롭게 관찰해 왔다. 그 통찰은 단순한 자기계발서의 조언을 넘어, 인간 존재의 본질과 변화의 법칙을 깊이 꿰뚫는 철학으로 이어진다. 이 책이 말하는 성공은 타인을 밟고 올라서는 경쟁의 결과물이 아니라, 자기 안의 잠재력을 온전히 꽃피우는 창조의 결실이다.

책 속에서 제시하는 내면 혁명의 여정은 세 단계로 요약된다. 첫째, 자신을 가로막는 오래된 신념과 부정적 습관을 깨닫고 내려놓는 것. 둘째, 자기 안에 잠재된 무한한 가능성과 긍정적 에너지를 회복하는 것. 셋째, 그 힘을 바탕으로 삶과 세상에 선한 영향을 미치는 주체로 서는 것이다.

저자의 강점은 이 모든 과정을 추상적인 이론이나 모호한 영성 언어로 설명하지 않고, 구체적 사례와 실천 방법을 통해 독자가 스스로 체험할 수 있도록 이끈다는 데 있다. 책장을 넘길수록 '나도 할 수 있다'는 확신이 생기고, 오늘부터 변화를 시작해 볼 용기가 살아난다.

성공은 도착지가 아니라 매 순간의 선택과 실천 속에 있다. 그 여정은 반드시 자신 안에서부터 시작된다. 『성공을 부르는 내면 혁명』은 그 여정을 함께 걸어 주는 든든한 동반자이며, 새로운 삶을 열고자 하는 모든 이에게 흔들림 없는 나침반이 될 것이다.

송순현 | 전 정신세계사 대표

10년 전쯤 제주도에서 불교 강의를 하면서부터 이 섬의 바닷길, 조용한 숲 등이 명상의 최고 장소라 생각하고 시작했던 명상, 그리고 『명상 첫걸음』이라는 책도 발간했다. 그런 가운데 소식을 접했다. 제주도 바닷가에 규모가 그리 크지 않는 호텔에서 명상하는 공간이 마련되어 있다는 소식을 접하고, 흥분된 마음으로 제주도로 갔다. 거기서 만난 호텔 사장이, 명상과 마음을 바꾸게 하는 내면 혁명을 일으키는 일에 뛰어든 이가 이 책의 저자 라의형이다.

『성공을 부르는 내면 혁명』은 자신 스스로의 내면을 들여다보고자 무진한 고뇌를 했음이 묻어나오는 책이다. 이는 '붓다가 바라본 내면세계와 다를 바가 있을까?'라는 생각마저 들게 한다. 즉 자신의 삶의 경험과 명상 수행이 만나면서 이 책이 쏟아 내는 나지막한 포효를 느끼게 했다.

책의 원고를 접하는 순간, 이 책만 명상하듯 찬찬히 들여다봐도 자신 내면의 혁명이 다가올 것을 느끼게 한다. 글이 간결하지만 주제가 분명하다. 글의 흐름 또한 연속되는 리듬이 살아서 숨 쉬고 있다. 그리고 에너지가 느껴진다. 이는 파워다. 성공을 세속적인 모습에서가 아니라 삶의 가치에서 진동시키게 하고 있는 것이다.

인생에서 처절한 실패를 했던 세계적 인물들을 유튜브로 제작해 방영했던 적이 있다. 빌게이츠, 오프라 윈프리, 타이거 우즈 등 이들은 모두 웃지도 못하고, 여유 없이, 스스로 불안과 강박에서 떨쳐나오지 못했지만, 명상을 만나 이를 치유해 지금은 옛 명성과 자유로운 삶을 살고 있다.

라의형 저자의 『성공을 부르는 내면 혁명』을 몇 장 접하는 순간부터 억지로 버티는 삶에서 벗어나, 자연스럽고 맑게 피어나는 삶을 건너가는 다리, 그 여정으로 향하는 길을 만나게 될 것이라는 생각이 일어나며, 의식이 깨어나는 그 순간, 자신의 삶은 이전과는 전혀 다른 차원으로 펼쳐지기 시작함을 깨닫게 될 것이다.

홍무홈 | 서울외대 겸임교수 역임, 원효사상 대표

저자 소개

라의형은 "삶은 축제다"라는 신념을 일관되게 견지하며, 유쾌하고 즐거운 삶의 태도를 늘 강조해 왔다. 그는 단순한 이론가가 아니라, 삶의 궤적을 통해 자신의 메시지를 실천적으로 증명해 온 인물이다. 어린 시절 대전역에서 신문을 팔고, 중학생 시절에는 거리에서 구두를 닦았으며, 대학 1학년 시절에는 자퇴 후 10년간 노동운동에 참여하는 등 사회 구조의 밑바닥에서 실존적 경험을 축적해 왔다. 이후 30대 초반, 그는 창업을 통해 강남에서 세 개의 사업체를 성공적으로 이끌며 경제적 성취를 이루었고, 그로 인해 사회적 성공의 외형을 완성한 인물로 평가되었다.

2019년, 일련의 깊은 내적 각성을 경험한 라의형은 삶의 궤도를 전면적으로 재구성한다. 이후 그는 '오투힐(O2Heal)'이라는 내면 회복 및 의식 성장 중심의 "축제의 삶" 공동체를 설립하고, 사람들에게 강박과 고통의 궤도에서 벗어나 즐거움과 유쾌함을 중심에 둔 새로운 삶의 방식을 제안하고 있다. 그의 메시지는 개인의 심리적 회복을 넘어서, 분열과 갈등으로 분화된 사회적 구조를 치유하고 회복시키려는 비전을 담고 있다.

2021년에는 제주에 정착하여 내면 의식 탐구와 실천을 통합하는 '내면 혁명' 과정을 완성하였으며, 이후 2025년부터는 '성공하는 사람들의 9가지 법칙'을 중심으로 본격적인 외부 활동을 전개하고 있고, 제주와 전국을 오가며 강의와 워크숍을 진행하면서 자기 성찰을 기반으로 한 의식 전환 교육의 실천가로 자리매김하고 있다.

라의형의 메시지는 기존의 종교적·철학적 담론과는 명확히 구분된다. 그는 진리를 무겁고 추상적인 언어로 전달하기보다는 일상적이고도 유쾌한 언어로 풀어낸다. 이로 인해 그의 명상은 복잡한 교리를 배제하고 누구나 쉽게 실천할 수 있는 간결한 형태로 구성되어 있으나, 그 효과는 매우 깊고 구조적이다.

'내면 혁명'은 붓다, 예수, 노자, 오쇼 등 고대의 영적 스승들의 가르침에 뿌리를 두고 있으며, 동시에 현대 심리학과 뇌과학, 그리고 에너지 이론에 이르기까지 다학문적 토대를 융합한 통합적

의식의 성장 모델이다.

라의형의 작업은 동시대 사람들의 심리적 고통과 실존적 불안을 근본적으로 재구조화하여 삶을 축제로 전환하는 길을 제시하는 실천 지침이다. 따라서 그의 메시지는 단순한 위로가 아닌, 의식의 각성을 통한 삶의 본질적 재구성에 대한 구체적 안내서로 기능하고 있다.

송순현 | 전 정신세계사 대표

목차

추천사 5 저자 소개 11 서문 18

1부 성공의 길, 깨달음의 길

브라더 이야기 **25** 위기 **29** 새로운 출발 **31** 각성과의 만남 **35**
통째로 바뀐 삶 **38** 내면 혁명의 시작 **44** 무의식에서 벗어나기 **46**
윤회와 원죄 **49** 내면 혁명 **53** 깨달음 **56** 깨달음 이후 **57**

2부 즐거움이 성공의 시작이다

즐거움이 성공을 부른다 **63** 성공의 세 가지 기준 **68** 잘못 낀 첫 단추 **70**
성공을 부르는 힘, 차력(借力) **72** 운 7, 기 3 **76** 두 가지 에너지 흐름 **78**
의식 수준이란 무엇인가? **80** 의식 수준만큼 성공한다 **82**

3부 성공과 자아 이미지

자아 이미지가 삶을 결정한다 **87** 자아 이미지의 형성 과정 **89**

자아 이미지 항법 시스템 **92** 조율하고 각색하는 자아 이미지 **94**

자아 이미지 찾기 **96** 자아 이미지를 바꿀 수 있을까? **98** 자아 이미지 바꾸기 **99**

4부 나는 누구인가

나는 누구인가? **105** 나는 어디에서 왔을까? **109**

나는 자연의 일부이다 **112** 나는 곧 이름이다 **114**

나는 곧 내가 가진 물건이다 **116** 나는 곧 국적과 민족이다 **117**

나는 곧 종교이다 **119** 나는 곧 정치이다 **120** 나는 곧 지위, 역할, 경험이다 **122**

나는 곧 에고가 만든 스토리이다 **124** 3층 뇌의 혼란 **127** 감정 **131** 사랑 **134**

두려움 **138** 내 안에 수많은 나 **140** 나를 강조할 때 벌어지는 일 **144**

5부 무의식

무의식이란? **151** 더 늘어난 사자들 **153** 무의식은 질병이다 **158**

돈보따리를 싸 들고 찾아와도 모른다 **161** 무의식은 죄이다 **163**

무의식은 형벌이다 **164** 손봐 주려 하지 말라 **167**

6부 명상

몸, 마음, 그리고 중심 178 중심 179 에너지 보존과 삶의 변화 181

동서양의 명상 181 호흡의 과학 185 미주신경 활성화 186

심박 변이율의 증가 188 내부 감각의 회복 190 4단계의 각성 191

명상의 숨겨진 열쇠, 주시 202 뇌파 206 경계해야 할 일 207

명상은 의식 각성의 디딤돌이다 210 9가지 법칙을 시작함에 앞서 211

7부 전체적인 삶

바람처럼, 강물처럼 217 일상에서 벌어지는 일들 218

정신적 에너지 220 삶을 고통스럽게 만드는 세 가지 분열 현상 221

좋고 싫음의 구분이 만드는 세상 223 부정성 편향 224

나와 너의 분리가 만드는 세상 226 왜 우리는 이렇게 끊임없이 나누는가? 228

옳고 그름이 만든 세상 229 전체적인 삶 239 신체적 선물 241

심리적 선물 243 저항하지 않음 248 태어난 2차 목적 253

전체적인 삶 3가지 법칙 260

8부 매 순간의 삶

낡은 삶의 시작 267 두 가지 죽음 270 조건화된 행복 272

과거로 가는 마음 276 미래로 가는 마음 279 총체적인 부실 282

프랑스 여행의 목적 285 삶은 매 순간의 총합이다 287

지금, 이 순간이 전부다 289 즐긴다는 것 292 영적인 선물 295

시장 안에서의 선물 297 즐기는 게 능력 302 지금 발걸음이 전부이다 307

돋보기에서 배우는 성공의 원리 309 쉽고 즐거운 일부터 하라 311

단순하게 살기 314 위대한 사람으로 살기 316 매 순간의 삶 3가지 법칙 319

9부 성공을 만드는 창조자의 삶

구석기의 뇌, 넘치는 정보 323 두 가지 선택지 324 세상은 당신의 캔버스 328

3가지 질문 330 사랑, 자비, 감사, 이성 336 마음이 물질을 만든다 340

많이 웃고 즐겁게 살기 344 지금 있는 곳에서 활짝 피어나기 350

욕망을 억압하지 말라 357 있는 자는 더 얻고 없는 자는 빼앗기리라 360

그 무엇도 당신을 해치지 못한다 361 조르바 붓다, 조르바 예수의 혁명 365

창조자의 삶을 위한 법칙 3가지 371

10부 수련의 힘

즐거움으로 시작하는 하루 만들기 379 아침 수련 6단계 동작 구성 380

서문

"무의식에서 깨어나
자신을 전환한 사람만 성장한다."

_by 라의형

열심히 노력하면 성공하는 줄 알았습니다. 가치관이 바르고 노력과 열정이 흘러 넘치면, 삶도, 사업도 성공할 줄 알았습니다. 세상에 좋은 일도 많이 하면서 남들도 잘 챙기고 도와주면 하늘이 도와주는 줄 알았습니다. 어리석은 생각이었습니다. 삶도, 사업도 성공하려면 무의식에서 깨어나고 의식이 성장해야 하더군요. 그렇지 않으면 늘 같은 문제로 고통을 겪고 에너지를 낭비하며 진전을 하지 못한다는 것을 알았습니다. 성공은 몸과 마음을 살리는 에너지 흐름이 결정합니다. 반대로 몸과 마음을 병들게 하는 에너지 흐름은 삶도, 사업도 병들게 합니다. 신이 존재한다면 그것은 에너지일 것입니다. 에너지의 흐름이 우리의 모든 것을 결정합니다. 그리고 마음의 상태가 에너지의 흐름을 결정합니다.

우리가 살아가는 세상은 단단한 물질의 덩어리가 아니라, 끊임없이 진동하고 상호 작용하는 거대한 에너지의 흐름입니다. 그리고 우리의 몸과 마음도 그 흐름 안에 포함되어 있습니다. 지금 떠오르는 생각, 지금 느끼는 감정, 지금 내뱉는 말 한마디가 현재의 에너지 상태를 결정하며, 그 에너지가 삶 전체의 방향을 이끌어 갑니다. 에너지가 흐르면 삶은 풀리고, 막히면 꼬입니다. 결국 삶의 방향도 에너지의 흐름에 따라 자연스럽게 달라집니다. 삶을 에너지의 흐름으로 이해한다면, 우리가 성공을 위해 해야 할 일은 분명해집니다. 내 안의 흐름을 성장하는 방향으로 바꾸는 일, 거칠고 무거운 흐름을 멈추고 맑고 따뜻한 흐름으로 전환하는 것, 바로 그것이 삶을 반전시키는 시작입니다. 그러나 우리는 오랫동안 성공을 심각함 속에서 배워 왔습니다. 웃지 않고, 여유 없이, 스스로를 몰아붙이는 것을 노력이라 여기고, 불안과 강박을 성실함이라 착각하며 살아왔습니다.

너무도 오랫동안 잘못 알고 있었습니다. 삶은 그렇게 반응하지 않습니다. 삶에는 단순한 원칙이 있습니다. 심각함은 실패를 부르고, 유쾌함은 성공을 불러옵니다. 에너지는 곧 감정이고, 감정은 지금 세상을 어떻게 마주하고 있는지를 가장 정직하게 보여 주는 신호입니다. 많은 사람들이 노력이 성공을 만든다고 믿지만, 실력보다 더 깊이 작동하는 힘은 유쾌함과 멋진 인간성입니다. 즐겁고 유쾌하게 살아가며, 타인에게 따뜻함을 주는 사람이 결국 더 많은 기회와 신뢰를 얻게 되고, 그 흐름이 자연스럽게 성공으로 이어집니다. 자연의 법칙에 따라 흐르게 하는 삶이 되어야 합니다. 강박과 긴장으로 몰아가는 삶이 아니라, 흐름을 감각하며 그 안에 조화롭게 머무는 삶이 더 건강하고 지속 가능한 삶입니다. 이 책은 외부로 쏠린 시선을 자신의 내면으로 바꾸어 삶에 전환을 만들어 내는 '내면 혁명'을 안내합니다.

여기서 우리는 세 가지 중요한 개념에 주목하게 됩니다. 바로 '구분', '분리', '분별'입니다. 이 세 가지는 인간 인식의 기본적 작용 방식이지만, 동시에 삶을 고통스럽게 만들고 실패의 흐름으로 빠지게 하는 정신적 분열의 원인이기도 합니다. 또한, 이 책에서는 삶의 활력을 앗아가는 세 가지 무의식적 패턴, 즉, 우리의 삶을 죽은 삶으로 만드는 심리적 구조에 대해서도 살펴보고자 합니다. 그 과정을 통해 삶을 정돈하고, 얽혀 있던 감정과 오래된 고통에서 벗어나, 삶을 축제처럼 살아가는 방법을 구체적으로 찾아가게 됩니다.

지금 어떤 상황에 있든, 어떤 조건을 가지고 있든, 그것은 본질적인 문제가 아닙니다. 배경이나 나이, 학력, 자산의 유무가 삶의 본질을 결정하지는 않습니다. 몇 년 동안 내면 혁명 워크숍에 참석한 사람들 대부분 내면 혁명이 만들어 내는 변화를 경험하였으며, 삶이 무너졌다고 느껴지는 순간에도 내면에서 깨어나 자신을 새롭게 전환한 사람들은 예외 없이 성공의 흐름을 만들어 냈습니다. 그 변화는 거창한 사건이 아닌, 지금 이 순간 깨어나기로 선택하는 바로 그 자리에서 시작됩니다.

이 책은 삶의 즐거움을 빼앗아 가고 성공을 가로막는 무의식에서 해방되는 길을 안내하는 책입니다. 그리고 깨달음에 대한 구조적 기술서입니다. 특정한 교리에 구속되지 않으며, 복잡하고 추상적인 이론을 설명하지도 않습니다. 5년이라는 짧은 시간이지만 약 300여 명의 사람들과 함께 실제로 경험하고, 실천하고, 검증해 온 '내면 혁명'의 여정을 바탕으로, 삶의 흐름을 성장과 성공의 방향으로 전환시키는 구체적이고 실질적인 기술을 소개합니다. 억지로 버티는 삶에서 벗어나 자연스럽고 맑게 피어나는 삶으로 건너가는 다리, 그것이 이 여정이 향하는 길입니다. 의식이 깨어나는 그 순간, 삶은 이전과는 전혀 다른 차원으로 펼쳐지기 시작합니다. 그리고 그 시작은 늘 지금, 바로 여기에서 가능합니다.

1부
성공의 길, 깨달음의 길

우리는 경험하기 위해 태어났다.
그래서 특별히 무엇이 되지 않아도 괜찮다.

_by 라의형

브라더 이야기

이 책은 의식의 깨어남, 곧 깨달음으로 나아가는 길을 구체적으로 안내하는 책입니다. 동시에 깨달음을 얻어 의식이 깨어난 사람들이 실제로 성공에 이르는 과정을 증명하는 책이기도 합니다. 의식이 번쩍 깨어나는 순간, 우리는 이전보다 훨씬 더 즐겁고 흥미진진한 삶을 살아갈 수 있습니다. 새로운 차원의 삶은 멀리 있는 것이 아닙니다. 이미 수많은 성인들이 그 길을 밝혀주었고, 눈부신 과학의 진보와 심리학을 비롯한 인문학의 성과가 그 길을 뒷받침해 주고 있습니다. 누구든 마음을 열고 조금만 노력한다면 충분히 그 길 위에 설 수 있습니다. 저 또한 제 삶 속에서 작은 체험과 깨달음을 얻었고, 그 경험이 이 책을 읽는 분들께 보탬이 되기를 바라는 마음으로 이 책을 썼습니다. 독자들의 이해를 돕기 위해 잠시 저의 이야기를 나누고자 합니다.

필자의 20대는 사회적 구조를 바꾸기 위한 열망으로 채워져 있었습니다. 10년에 가까운 시간 동안 노동 운동에 참여하며, 변화는 정치와 경제 구조에서 시작되어야 한다고 믿었습니다. 서른 살에 시작한 사업은 비교적 빠른 시간 안에 성과를 이루었습니다. 삶의 전선은 사회적 이상에서 개인적 성공으로 옮겨 갔지만, 내면에는 늘 공허함과 의문이 함께 있었습니다.

그런 필자에게 한 전환점이 찾아온 것은 서른여섯 살 무렵, 법륜 스님이 진행하던 4박 5일의 정토회 프로그램에 참석하면서입니다. 그 프로그램을 계기로 처음으로 명상을 시작했고, 예수의 가르침 중심이던 내면의 세계에 처음으로 붓다의 가르침이 들어오기 시작했습니다. '무아(無我)', 즉 '나'라는 실체가 존재하지 않는다는 가르침은 철저히 자아 중심적으로 살아온 필자의 사고에 커다란 충격을 주었습니다. 슬픔과 괴로움은 실체 없는 환영이며, 세상의 고통은 어리석음이 만들어 내며, 모든 일은 인연에 의해 일어난다는 붓다의 통찰은 제게 깊은 감동으로 다가왔습니다. 이 시기를 지나며 타 종교에 대한 배타적인 시각도 자연스레 내려놓게 되었지만, 붓다를 알게 되면서 예수의 삶에 대한 이해도 한층 깊어졌습니다.

 2019년까지 필자는 서울 강남에서 세 개의 회사를 운영하고 있었습니다. 하나는 국내 최초로 유료 재무 상담을 도입해 이름을 알린 회사였고, 다른 하나는 모기지론 상품 판매를 중심으로 안정적인 수익 구조를 갖춘 회사였으며, 마지막 하나는 "희망 만드는 사람들"이라는 사회적 미션을 가진 회사였습니다. "희망 만드는 사람들"을 창업한 배경은 IMF 시절까지 거슬러 올라갑니다. 그 시절은 저 역시 개인적으로 혹독한 고통을 겪는 때였습니다. 하루 아침에 삶의 기반이 무너지고, 길이 보이지 않는 터널 속을 헤매는 듯한 날들이 이어졌습니다. 그때 하늘과 약속을 했습니다. 만약 이 난관을 벗어나 다시 일어설 수만 있다면, 돈 문제로 고통을 겪는 사람들을 반드시 돕겠다고 말입니다. 그로부터 12년후 저는 그 약속을 지키기 위해 제 사재를 출연하고, 아발론 어학원 창업자 김명기 대표와 D3 쥬빌리 파트너스의 이덕준 대표의 도움을 바탕으로 2009년경, "희망 만드는 사람들"을 설립하게 되었습니다. 그때는 사채 금리가 무려 66%에 달하던 암울한 시절이었습니다. 빚으로 허덕이던 많은 사람들이 하루하루를 버티지 못하고 무너져 가던 때였지요. 66%에 달하는 금리는 사람들의 삶과 가정을 무너트리기에 충분했습니다. 그 참혹한 현실을 목격하며, 누군가 나서지 않으면 안 된다는 절박감 속에서 만들어진 것이 바로 "희망 만드는 사람들"이었습니다.

이곳에서 가장 먼저 한 일은 단순히 돈을 빌려주는 것이 아니었습니다. 먼저 찾아온 이들의 삶을 차분히 들여다보고 재정 진단을 세심하게 진행해 주었습니다. 무분별한 대출이 아니라, 그 사람이 다시 설 수 있는지, 어떤 길이 회복으로 이어질 수 있는지를 함께 살펴보았습니다. 그 과정에서 워크아웃 제도나 개인 회생 제도를 활용하도록 안내했고, 제도권 안에서 회생할 수 있는 길을 열어 주었습니다. 특히 신용등급 8~10등급자, 다시 말해 사회에서 누구도 돈을 빌려주지 않는 사람들을 주요 대상으로 삼았습니다. 이들은 제도권 금융에서는 이미 배제된 사람들이었고, 결국 고금리 대출의 덫에 걸려 삶이 더 무너져가는 악순환에 빠져 있었습니다. 그리고 다시 일어설 수 있는 가능성이 보이는 이들에게는 최저 금리의 대출을 지원했습니다. 그러나 그것이 끝이 아니었습니다. 빌려주고 손을 떼는 방식이 아니라, 지속적인 관리와 동행을 통해 빚의 무게를 서서히 벗고 삶을 회복하도록 도왔습니다. 단순한 채무 조정이 아니라 인간의 존엄과 자립의 가능성을 지켜 낸 것이지요.

이 혁신적인 모델은 많은 이들의 관심을 끌었습니다. 언론과 사회도 주목했고, 이후 이 상담 모델은 공공기관과 지자체가 채택하여 확산되기에 이르렀습니다. "희망 만드는 사람들"의 핵심 가치는 고금리 부채로 무너진 사람들을 일으켜 세우고 다시 살아 볼 용기를 심어 주는 것이었습니다. 지금 돌이켜 보면 한국 사회의 부채 문제 해결에 있어 하나의 전환점이 되었던 소중한 실험이었습니다. 설립 이후 약 10년간 1만 건 이상의 부채 상담을 진행하며 사회적으로도 주목받았고, 혁신적 모델로 평가받아 아쇼카 재단의 사회적 기업가 최종 후보에 오르기도 했습니다.

위기

그러나 어느 날, 예기치 못한 위기가 찾아왔습니다. "희망 만드는 사람들"이 누적된 적자로 흔들리기 시작하면서, 필자가 쌓아온 모든 기반이 순식간에 무너질 위기에 처하게 된 것입니다. 회사를 함께 꾸려 온 선배이자 경영을 맡고 있던 대표가 손을 들었고, 그 순간부터 세 회사 모두에 위기가 번지기 시작했습니다. 그 이후의 시간은 한마디로 무력감과 고통의 연속이었습니다. 분노, 두려움, 불안이 하루하루를 잠식했고, 더 이상 어떻게 살아야 할지 판단조차 서지 않았습니다. 잠든 사이 조용히 삶이 끝나기를 바랄 만큼, 삶 자체가 버겁고 막막했습니다. 주변 사람들에 대한 분노와 원망이 깊어졌고, 밤마다 잠에서 깨어나 공포에 휩싸이는 일이 반복되었습니다. 그동안 축적해 온 지식과 경험도 도움이 되지 않았고, 머릿속으로 아무리 계산하고 분석해도 현실을 돌파할 방법은 보이지 않았습니다. 사람에 대한 분노와 상황에 대한 두려움이 한꺼번에 밀려왔습니다. 그때 배운 것이 있습니다. 바로 분노와 두려움은 서로 떨어져 있는 감정이 아니라, 쌍둥이처럼 함께 찾아온다는 것을요. 사람은 물론 하늘에 대한 배신감도 컸습니다. 사업을 하며 늘 남보다 바르게 살고자 했고, 돈보다는 가치를 소중히 여기며, 좋은 일에도 힘써 왔는데 '왜 이런 고통이 나에게 주어지는가?' 하는 억울함이 마음 깊은 곳에서 치밀어 올랐습니다. 하늘이 왜 나를 벌하듯 대하는지 이해할 수 없었고, 그 억울함과 원통함이 저를 괴롭혔습니다.

그 무렵, 오랜만에 젊은 시절을 보낸 울산을 찾게 되었습니다. 오랫만에 만난 후배가 방어진 바닷가에서 한 권의 책을 건넸습니다. 그것은 오쇼 라즈니쉬가 노자의 『도덕경』을 해석한 강의록이었습니다. 그 안에서 필자는 다음과 같은 문장을 접하게 됩니다. "길을 가다 붓다를 만나면 그와 춤을 출 것이다. 하지만 오래 출 수는 없다. 그는 뿌리가 없는 꽃이다. 인간이 다다를 수 없는 너무 높은 곳까지 올라갔다. 그래서 재미가 없다. 길을 가다가 예수를 만나면 반갑게 인사하고 그의 십자가를 잠시 들어줄 수는 있다. 하지만 오래가지는 못한다. 그는 고귀했지만 너무 고통스러운 길을 걸었다. 힘든 삶을 살았다. 나는 나의 길을 간다." 이 문장은 붓다와 예수를 재해석한 표현이었고, 필자에게는 신선하고 통쾌하게 다가왔습니다. 오쇼라는 인물에 대한 강한 호기심이 생겼고, 짧은 글이었지만 그 안에서 삶의 다른 가능성을 발견하는 느낌을 받았습니다. 죽더라도 이 책은 읽고 죽어야겠다는 마음이 들었습니다.

새로운 출발

서울로 올라온 이후, 오쇼의 책들을 여러 권 구입하여 읽기 시작했습니다. 오쇼는 특유의 거침없는 언행으로 인해 많은 오해와 논란에 휘말리기도 했지만, 그의 가르침은 당시 할리우드 스타들을 비롯한 세계 각지의 지성인과 부유층, 그리고 많은 영적 구도자들에게 깊은 감동을 주었습니다. 수 많은 구설수에도 불구하고 그는 영적 세계에서 슈퍼스타와도 같은 존재였습니다. 오쇼의 책들을 몰입하여 읽어 내려가던 중, 저는 문득 '어쩌면 살 방법이 있을지도 모르겠다'라는 생각을 하게 되었습니다. 그리고 집 안 곳곳을 뒤져 오래전에 읽었던 경전들을 다시 꺼내 들었고, 명상도 이전과는 전혀 다른 마음가짐으로 새롭게 시작하게 되었습니다.

그즈음, 내면에서는 설명하기 어려운 변화가 시작되었습니다. 절박한 심정과 명상이 하나로 연결되자, 그동안 전혀 경험해 보지 못했던 의식의 움직임이 일어나기 시작했습니다. 책을 읽는 양도 많았지만, 그보다 더 깊은 몰입이 가능했고, 성인의 가르침에 대한 이해도 달라졌습니다. 그러던 중 제 안에는 묘한 오기와 같은 마음이 자리 잡았습니다. "만약 성인의 가르침이 진리라면, 이 극한의 상황 속에서도 웃을 수 있어야 하고, 두려움과 분노, 걱정과 근심도 사라져야 한다. 그렇다면 해 보자. 정말 안 되기만 해 봐라"라는 심정이었습니다.

저는 절박한 마음으로 책에 쓰인 가르침을 가능한 한 그대로 실천해 보기로 하였습니다. 땅에 누우라고 하면 그대로 누웠고, 나무와 대화를 하라고 하면 조용히 말을 걸어 보았습니다. 밤하늘의 달과 별과 함께 춤을 추라는 말에도 그대로 따랐고, 달리라고 하면 달렸으며, 흙을 찍어 먹으라는 문장을 읽으면 실제로 해 보았습니다. 며칠간 단식을 권하는 문구가 있으면 그대로 따라했고, 고통 속으로 들어가라는 조언에도 주저하지 않았습니다. 저는 스스로를 고통과 괴로움의 극한으로 밀어 넣으면서, 성인의 가르침이 실제로 어떤 힘을 가지고 있는지를 직접 체험하고자 했습니다.

그 과정에서 의식을 잃는 일도 몇 차례 있었습니다.

심지어 저는 가장 두렵고 끔찍한 상황들을 의도적으로 상상하며 그 안으로 깊이 들어가 보았습니다. 교도소에 수감되는 상황, 가족이 뿔뿔이 흩어지는 상황, 사람들의 손가락질과 조롱을 받는 상황 등, 감정적 고통이 가장 크게 증폭될 수 있는 장면들을 마음속에서 시뮬레이션하였습니다. 그렇게 머릿속에서 마치 영화를 돌리듯 상황을 반복해서 떠올리다 보면, 어느 순간 그것은 실제처럼 느껴졌고, 몸은 실제로 반응하기 시작했습니다. 식은땀이 흐르고, 손발이 떨리며, 혼잣말을 중얼거리거나 깊은 한숨을 내쉬기도 했습니다. 누군가의 얼굴을 떠올리면 분노가 솟구쳐 가만히 앉아 있는 것조차 힘들었고, 때로는 저도 모르게 소리를 지르며 방 안을 왔다 갔다 하기도 했습니다.

이런 과정 속에서 흥미로운 한 가지 사실을 발견하게 되었습니다. 인간은 고통을 느끼는 능력에도 한계가 있다는 것입니다. 아무리 크고 깊은 고통이라도 그것을 오랜 시간 동안 유지하는 것은 쉽지 않았습니다. 감정은 머물러 있지 않고, 끊임없이 변화하며 흘러갑니다. 고통에 집중하며 끝까지 들어가 보면, 그 고통은 마치 거품처럼 빠르게 사라지기 시작했습니다.

그 시기, 제가 읽고 있던 몇 권의 책에서 공통적으로 등장하는 호흡법이 있었습니다. 매우 간단하게 서술되어 있어서 주의를 기울이지 않으면 무심히 지나칠 수 있는 평범한 방식이었지만, 여러 저자들이 반복적으로 언급하고 있다는 점이 인상 깊었습니다. 저는 그 호흡법을 명상에 적용해 보기로 하였고, 그 순간 놀라운 체험이 뒤따랐습니다. 의도적으로 만들어 낸 분노나 두려움이 그 단순한 호흡법 하나만으로 눈에 띄게 사라지는 경험이 반복되었습니다. 수년간 명상을 해 오면서도 알지 못했던 '중심으로 들어가는 길'이 비로소 체감되기 시작한 것입니다.

그럼에도 불구하고, 머릿속에는 여전히 수많은 경전의 구절들과 성인의 가르침이 흩어져 있었고, 그것들이 하나로 통합되지 못한 채 산만하게 흘러 다니고 있었습니다. 저는 마치 삶의 깊은 어딘가에 도달하고 싶지만, 아직 결정적인 문 하나를 찾지 못한 듯한 답답함과 갈증을 느끼고 있었습니다. 그것은 다양한 감정과 상황들 속에서 끊임없이 흔들리는 자아를 근원적으로 가라앉혀 줄 '무엇'이 있을 것 같기도 하고 없을 것 같기도 한, 본질적인 탐색의 갈증이었습니다.

그 갈증은 삶에 대한 이해와 태어난 이유, 그리고 어디로 가는지에 대한 목마름이었습니다. 한마디로 이 고통스러운 삶이 끝나고 삶에 새롭게 펼쳐졌으면 하는 간절한 바람이었습니다.

각성과의 만남

명상과 독서, 경전 공부, 그리고 자연과의 일체감을 이루기 위한 수련을 지속하던 어느 늦가을, 저는 예상치 못한 내면의 강렬한 충돌과 맞닥뜨리게 되었습니다. 평소와 다름없이 호흡에 집중하며 명상을 이어가고 있었지만, 갑작스레 가슴 깊은 곳에서 극심한 답답함이 밀려왔습니다. 그 상태로는 자리에 앉아 있는 것조차 불가능했습니다. 저는 마치 무언가에 이끌리듯 자리에서 일어나 건물을 뛰듯 내려가 밖으로 나가 달리기 시작했습니다. 한참을 달린 후 한참을 더 걸었습니다. 그러는 사이, 몸속의 열기는 점차 가라앉았고, 어느 순간 시야에 들어온 한강의 풍경은 제게 놀라운 감각의 전환을 안겨 주었습니다. 바람에 흔들리는 갈대, 하늘을 가르며 날아오르는 철새들, 잔잔한 물결 위로 부서지는 햇빛은 형언할 수 없는 아름다움으로 다가왔습니다. 세상은 나의 내면적 고통과 상관없이 여전히 찬란하게 존재하고 있었습니다. 그리고 그 풍경 앞에서 문득 마음속 깊은 곳에서 울림처럼 이런 문장이 떠올랐습니다.

"내가 죽든 말든 세상은 아랑곳없이 이렇게 아름답게 돌아가고 있구나."

집으로 돌아와 잠시 휴식을 취한 뒤, 몸을 씻고 다시 명상에 들어가던 중, 놀라운 내면적 전환이 일어났습니다. 그것은 일종의 '의식의 번쩍임'이었으며, 극히 짧은 찰나였지만 그 짧은 순간 세상의 본질이 완전히 이해되고 정리되는 경험이 일어났습니다. 그 순간 세상의 모든 움직임이 멈춘 것처럼 느껴졌고, 방 안은 빛으로 가득 찼으며, 오랫동안 마음을 짓눌러 왔던 분노와 두려움, 원망과 강박이 마치 눈 녹듯 사라졌습니다. 삶과 죽음의 관계, 존재의 기원과 목적, 인간의 본질과 우주적 질서에 이르기까지 그 모든 것이 하나의 구조로 직관적으로 이해되었고, 제 안에서 이렇게 탄성이 터져 나왔습니다.

"아, 그렇구나. 모든 것이 풀렸다!"

말로 설명하기 어려운 경이로움과 환희가 가슴 깊은 곳에서부터 솟아올랐고, 이내 주체할 수 없는 눈물이 흐르기 시작했습니다. 고마움과 기쁨이 동시에 폭발하며, 말 그대로 손톱만큼의 크기로 솟구친 눈물이 계속 흘렀고, 몸과 마음을 누르던 모든 고통이 씻은 듯이 사라졌습니다. 그로 인해 경험한 평화는 이전의 어느 순간에서도 느낄 수 없었던 새로운 차원의 고요였습니다. 이후 저는 깊고 안정적인 수면을 취할 수 있었고, 이후 명상할 때와 길을 걷는 중에도 유사한 각성의 순간이 두 차례 더 찾아왔습니다. 이후 나타난 또 하나의 흥미로운 변화는 타인에 대한 직관적 통찰이었습니다. 누군가와 마주 앉아 대화를 시작하면, 상대방이 말하지 않은 과거의 경험이나 앞으로의 흐름이 마치 영상처럼 떠오르곤 했습니다. 이는 어릴 적부터 무의식에 저장되어 있던 감각 정보가 각성의 순간을 계기로 활성화된 결과라고 해석됩니다. 비언어적 정보, 표정과 에너지, 말투와 느낌 같은 미세한 단서들이 종합적으로 작동하며 발생한 직관적 통찰일 수 있습니다. 그러나 그러한 통찰이 과연 실제적 가치가 있는가에 대한 회의도 곧 찾아왔습니다. 타인의 과거나 미래를 보는 능력이 있다 한들, 그것이 그 사람의 삶에 실질적인 도움이 되지 않으면 무슨 의미가 있겠나 싶었습니다. 또한 그것은 진리라 확신할 수도 없었고, 보편적 윤리나 이성에도 온전히 부합하지 않았기에 저는 그 능력을 의도적으로 사용하지 않기로 하였습니다.

우리는 무엇이 되기 위해서가 아니라, 그저 살아보고 느끼기 위해 이 세상에 왔습니다. 잘된 일도, 망가진 일도, 모두가 하나같이 소중한 경험이었고, 그 순간을 온전히 겪는 것만으로 삶은 이미 완성되고 있었습니다.

기쁨은 기쁨대로, 아픔은 아픔대로 그 자체로 충분하며 따로 의미를 붙일 필요도 없었습니다. 삶은 해석되어야 할 이야기가 아니라, 오롯이 경험되어야 할 것이기 때문입니다.

빈털터리가 되는 일도, 사랑을 잃는 순간도, 믿었던 것을 잃고 무너지는 순간마저도 삶은 우리에게 하나의 경험을 건네 주며 풍성함이라는 선물을 주고 있었습니다.

삶은 문제를 풀어야 할 대상이 아니라, 느끼고 흘러가며 살아낼 존재의 흐름이었습니다. 그렇기에 어떤 순간도 밀어낼 필요가 없었습니다. 그저 살아내면 되는 것이었습니다. 그것이 바로 삶이 준 선물이었습니다.

이러한 일련의 경험은 삶을 대하는 방식과 의식을 근본적으로 바꾸는 내면의 전환을 불러왔습니다. 이 각성은 이후 제 삶을 180도 바꾸었습니다.

통째로 바뀐 삶

명상과 의식의 각성은 저의 삶 전체를 통째로 바꾸어 놓았습니다.

의식이 깨어나면서, 제가 얼마나 오랫동안 무의식적 반응과 습관 속에 살아왔는지 뚜렷하게 보이기 시작했습니다. 분노와 강박, 초조함이 제 삶의 기반을 형성하고 있었고, 그것이 제 일과 인간관계, 더 나아가 사업 전반에 어떤 영향을 끼치고 있었는지도 선명하게 인식되었습니다. 그때 저는 분명히 알게 되었습니다. 무의식의 틀에 갇혀서 이런 정서들이 계속 삶을 지배한다면, 아무리 좋은 전략과 자원이 있어도 성장은 어렵다는 것을…. 무엇보다 깊이 다가온 통찰은, 같은 경험이라도 의식의 상태에 따라 전혀 다른 현실이 된다는 사실이었습니다. 의식이 깨어 있으면 모든 경험은 삶을 풍요롭게 하는 자산이 되지만, 의식이 닫혀 있으면 그 경험은 고스란히 고통이 되었습니다.

저는 세 개의 회사를 모두 다시 살릴 수 있다는 확신이 생겼고, 가장 먼저 한 일은 임원들과 관리자들을 대상으로 한 2박 3일간의 명상 워크숍이었습니다. 혼자만의 체험으로 남기고 싶지 않았고, 명상을 통해 얻게 된 저의 통찰들을 함께 나누고 싶었습니다. 그동안 써 두었던 글들을 정리해서 함께 읽고, 내용을 설명하며, 질문과 응답을 나눈 뒤, 명상을 실습하는 흐름으로 구성했습니다. 직원들은 이전에도 분기마다 명상 워크숍을 경험해 왔기에 익숙한 편이었지만, 당시 회사는 위기의 한가운데 있었기 때문에 분위기는 처음부터 무거웠고, 말 한마디 없이 조용히 시작되었습니다. 그런데 시간이 조금씩 흐르자, 경직되었던 표정에 미소가 번지기 시작했고, 마음이 안정되고 있다는 느낌이 서로 간에 전달되었습니다.

저는 그 자리에서 다시 한번 이야기했습니다. 삶은 어떤 목적지에 도달하기 위한 수단이 아니라, 지금 이 순간을 온전히 살아 내는 경험 그 자체가 목적이라고요. 그리고 앞으로 어떤 상황이 오든, 피하거나 억지로 이겨 내려 하기보다는 그 안에서 생겨나는 감정들을 그대로 느껴 보자고 제안했습니다. 두려움이든 초조함이든, 억누르지 말고 충분히 느끼며 함께 나누자고요. 무슨 일이 오더라도 제가 가장 먼저 마주하겠다고 이야기했습니다. 기꺼이 그 경험을 받아들이고, 그것을 있는 그대로 살아 내겠다고 했습니다. 그리고 모두가 할 수 있는 만큼 최선을 다하되, 그 결과가 예상과 달라도 받아들이자고 했습니다.

두려움과 고통도, 불확실성과 혼란도 으레 거부하거나 피할 것이 아니라, 삶이 우리에게 건네는 또 하나의 경험이라는 것을 나누었습니다. 참석자들 모두가 이 태도에 공감해 주었고, 그날 이후 서로를 대하는 분위기와 눈빛 속에서 분명한 변화가 느껴졌습니다.

워크숍을 마친 후, 각자의 자리로 돌아간 직원들은 이전과는 분명히 달라진 태도로 업무에 임하기 시작했습니다. 특히 임원들은 더욱 깊어진 집중력과 강한 책임감을 바탕으로 조직의 방향과 운영에 주도적으로 참여하였으며, 어떠한 이탈자도 없이 전원이 함께 위기를 돌파해 나갔습니다. 불가능해 보였던 상황이 몇 개월 만에 눈에 띄게 정상화되었고, 그 변화는 누구의 눈에도 분명한 전환점으로 인식될 만큼 극적이었습니다. '기적'이라는 표현이 과장처럼 들리지 않을 정도였습니다.

이러한 변화는 단순한 전략적 대응이나 외부 자원에 의한 것이 아니라, 구성원 개개인의 내면적 전환에서 비롯된 것이었습니다. 구성원들은 두려움에서 벗어나 현재에 집중하기 시작했고, '지금 이 순간'에 머무를 때 에너지가 분산되지 않는다는 것을 직접 체험하게 되었습니다. 관리자들은 호흡과 중심 감각, 삶의 근본적인 원리에 대한 이해를 바탕으로 내면의 불안을 다스릴 수 있었고, 그 안정된 에너지가 조직 전반의 회복과 전환에 자연스럽게 연결되었습니다.

저 역시 무의식적인 반응에 사로잡혀 있던 상태를 벗어나면서, 그동안 제 삶을 지배하던 스트레스, 분노, 두려움과도 거리 두기가 가능해졌습니다. 그러자 복잡하게만 보였던 문제들의 본질이 명확히 보이기 시작했고, 자연스럽게 해결의 실마리가 하나씩 떠올랐습니다. 그 과정에서 저는 제 손에 쥐고 있던 많은 것들을 미련 없이 내려놓았습니다. 다행히 가족들도 이 변화의 흐름에 함께해 주었습니다. 만약 그때도 여전히 억울함이나 고통에 매몰되어 있었다면, 세 개의 회사 모두를 잃고 제 신체적·정신적 건강 역시 심각하게 훼손되었을 것입니다.

그러나 저는 상황을 있는 그대로 수용하기로 하였고, 설령 바닥에 내려앉게 되더라도 괜찮다는 마음으로 다시 삶을 설계해 나갔습니다. 놀랍게도 필요한 자금은 제때 준비되었습니다. 필요한 사람들은 때맞춰 나타났으며, 계획했던 모든 흐름은 마치 정교하게 짜인 구조물처럼 차질 없이 전개되었습니다. 저항 없이 움직일 때, 삶이 얼마나 유연하게 풀려나갈 수 있는지를 처음 실감하게 되었습니다.

그 과정에서 만난 또 하나의 소중한 사건은, 저의 후임으로 성장할 인재를 발견하게 된 일이었습니다. 그는 눈에 띄는 이력을 지닌 인물은 아니었지만, 조직 안에서 늘 차분하고 성실하게 업무를 수행하던 중간 관리자였습니다. 위기 상황 속에서 제가 전달한 메시지를 가장 깊이 이해하고 실천으로 옮긴 인물이었으며, 그를 통해 저는 진정한 리더십은 배경이나 언변이 아닌, 내면의 진정성과 책임감에서 비롯된다는 사실을 다시금 확인할 수 있었습니다. 사람을 대하는 그의 따뜻한 태도와 일에 대한 몰입, 그리고 위기 속에서도 흐트러지지 않는 중심은 그를 자연스럽게 새로운 리더의 자리로 이끌었고, 이후 저는 그를 차기 대표로 선임하였습니다. 이후 그는 회사를 3배나 성장시키는 놀라운 능력을 보여 주었습니다.

한편 주변을 돌아보니, 많은 CEO들이 여전히 치열하고 고단한 삶을 살아가고 있더군요. 그들의 모습은 불과 얼마 전까지의 제 모습과 다르지 않았습니다. 늘 시간이 부족하다는 압박감 속에 쫓기듯 살아가는 이들, 사업과 일상이 힘겨운 노동이 되어 버린 이들, 화를 억누르며 근심과 걱정으로 한시도 편할 틈 없는 이들, 끝없이 성공을 좇으며 자신을 혹사시키는 이들, 분열과 갈등 속에서 편을 나누고 원망에 사로잡혀 살아가는 수많은 사람들, 삶이 준 선물을 거부하는 사람들, 그들의 모습에서 저는 제 과거를 보았습니다.

내면 혁명의 시작

경영 전반을 신뢰할 수 있는 후임자에게 위임한 이후, 저는 주말 시간을 활용하여 '의식 혁명 워크숍(2박 3일 과정)'을 기획하고 진행하기 시작했습니다. 주요 대상은 과거 사업 현장에서 오랜 관계를 맺어 온 기업 대표들이었습니다. 이들은 대부분 명상이나 내면 수련과는 거리가 먼 삶을 살아왔고, 저의 이전 모습을 잘 알고 있던 이들이었기 때문에, 이들에게 의식 성장을 주제로 한 프로그램을 소개하고 설득하는 일은 그리 간단하지 않았습니다. 초기에는 참가자를 모집하는 것조차 큰 과제였습니다. 어렵게 모인 이들 또한 프로그램에 대한 신뢰를 갖지 못한 채 조심스럽게 자리에 앉았고, 워크숍의 구성이나 목표 자체에 회의적인 반응을 보이기도 했습니다. 어떤 참가자는 프로그램의 인쇄물에서 오탈자를 지적했고, 또 다른 이는 음식이 입에 맞지 않는다는 불만을 제기하거나, 저녁에는 술자리가 있어야 한다고 주장하기도 했습니다. 명상을 권유하면 "그건 사탄들이 하는 짓이에요"라며 거리감을 표현한 경우도 있었고, 프로그램의 핵심을 보지 못한 채 주변적인 요소에만 몰입하는 태도도 종종 마주해야 했습니다.

그럼에도 불구하고, 워크숍을 여러 차례 반복하며 구조를 정비하고 진행 방식을 세심하게 조율한 결과, 점차 안정적인 흐름이 자리잡게 되었습니다. 그리고 눈에 띄는 변화가 나타나기 시작했습니다. 참가자들의 표정과 에너지, 말투와 사고방식에 실질적인 변화가 감지되었고, 이러한 변화는 단기간 내에 개인의 삶과 경영 현장에서도 구체적인 효과로 이어졌습니다. 일례로, 한동안 성장이 정체되어 위기를 겪던 기업가가 새로운 확장 전략을 수립하며 다시 활력을 되찾는 사례가 있었고, 극심한 경영난 속에 있던 한 대표는 감정적으로 무너지지 않고 그 상황을 평정하게 수용하며 기업 구조 조정을 단행하기도 했습니다. 파산이라는 현실 앞에서도 삶을 온전히 받아들이며 내면의 평화를 지켜 낸 사례는, 물질적 조건만으로는 설명할 수 없는 의식의 전환이 실제 삶에 어떻게 작용하는지를 명확히 보여 주는 지표였습니다.

이러한 경험들은 저에게 중요한 통찰을 안겨 주었습니다. 성공을 결정짓는 핵심 요인은 정보나 전략이 아니라 '의식의 수준'이라는 사실입니다. 의식의 각성은 에너지의 흐름과 직결되어 있으며, 이는 곧 조직의 분위기와 성과, 개인의 선택과 감정 반응, 장기적 생존 가능성에까지 영향을 미치는 요인으로 작용합니다. 사업이든 조직이든, 혹은 인간관계이든 사회적 역할 수행이든, 결국 우리는 각자의 의식 수준만큼만 성공할 수 있으며, 성장의 한계는 곧 의식의 한계가 드러났다는 신호일 수 있습니다. 의식 수준은 바로 무의식의 영향력에서 벗어난 거리와 비례합니다. 이는 5부 무의식을 다루는 부분에서 더 자세히 다루겠습니다.

요컨대, 성공과 성장은 외형적인 지식이나 도구만으로 이루어지지 않으며, 그 근본을 구성하는 것은 개인의 내면에서 일어나는 의식의 진화입니다. 무의식에서 깨어나면, 성장과 성공의 문이 열리며 새로운 차원의 삶이 시작됩니다.

무의식에서 벗어나기

모든 근본적 변화는 '무의식'에서 벗어남으로써 출발합니다. 무의식은 개인이 인식하지 못한 채 반복하는 자동화된 감정과 사고의 패턴으로서, 이는 스트레스, 분노, 두려움, 불안, 초조함 등의 형태로 끊임없이 삶을 침식시킵니다. 무의식이 지속적으로 작동할 때 가장 먼저 손상되는 것은 신체와 정신의 활력이며, 이는 만성적 피로감과 감정적 소진으로 나타납니다. 신체적·심리적 에너지가 고갈되면 삶을 유쾌하게 받아들이거나 웃음을 지을 여유조차 사라지게 됩니다. 이러한 상태에서는 지각 능력이 위축되고, 사소한 자극에도 과도하게 반응하며, 타인과의 관계에서도 긴장과 방어가 우세하게 작동하게 됩니다.

무의식은 인식의 틀을 흐리게 만들고, 판단력을 왜곡시켜 현실을 있는 그대로 바라보는 것을 어렵게 합니다. 삶은 본질적으로 타인과의 관계, 즉 끊임없는 상호 작용과 소통을 바탕으로 이루어지는 구조를 가지고 있습니다. 직장 생활, 사업, 가족 관계 등 모든 사회적 활동은 결국 '혼자서가 아닌, 함께' 이루어지는 과정이며, 일종의 '집단적 에너지의 상호 순환'이라 할 수 있습니다. 이때 개인이 지나치게 경직되거나 무거운 에너지 상태에 머물러 있으면, 타인과의 공명은 차단되고 사회적 지지는 약화할 수밖에 없습니다.

그럼에도 불구하고 많은 사람들은 자신이 무의식의 작동 안에 있다는 사실조차 인식하지 못한 채 살아갑니다. 하지만 일단 무의식의 존재를 자각하고 그것으로부터 벗어나기 위한 실천이 시작되면, 개인의 의식 수준은 급격히 확장되고 내면의 전환이 일어납니다. 그리고 이 전환은 삶의 전 영역에 걸쳐 구체적이고도 지속적인 변화를 일으키는 동력이 됩니다.

이러한 배경하에 저는 2018년 10월부터 최근까지 "의식 각성과 내면 회복"이라는 주제로 수십 차례의 워크숍을 진행해 왔습니다. "성공을 부르는 내면 혁명"으로 명명된 이 프로그램은 2박 3일 동안 진행되며, 참가자들이 자신의 무의식적 반응을 자각하고 의식의 중심으로 돌아올 수 있도록 설계되었습니다. 이 과정에는 종교인, 영성 지도자, 명상가, 의사, 변호사, 회계사, 직장인, 기업 CEO, 심리 상담사, 예술가, 운동선수, 연구자, NGO 활동가 등 다양한 배경을 가진 사람들이 참여하였으며, 각자의 삶의 조건과 문화적 맥락 속에서 새로운 통찰을 얻게 되었습니다.

참가자들은 워크숍을 통해 자신 안에 축적되어 있던 분노, 불안, 강박적 사고로부터 벗어나기 시작했고, 점차 삶의 전반에 걸쳐 실제적인 변화가 일어나기 시작했습니다. 예컨대, 장기간 성장의 한계에 부딪혀 있던 기업인들은 다시금 전략과 의사 결정에서 창의적 유연성을 회복하였고, 만성적인 불안에 시달리며 평온을 누리지 못했던 이들은 깊은 내면의 휴식을 경험하였습니다. 위기에 처한 부부 관계의 대부분은 대부분 해결되었으며, 심한 고부간의 갈등 역시 쉽게 풀렸습니다. 또한 시한부 판정을 받는 환우들이 고통과 두려움을 거의 완전히 극복한 것도 의미 있는 사례였습니다. 무의식에서 빠져나온 사람들에게 질병은 더 이상 공포가 아니었으며, 그것은 삶에 혁명적 변화를 가져오는 선물이 되었습니다. 특히 의미 있었던 몇몇 사례는 오랜 시간 깨달음을 구하며 명상, 요가, 종교나 영적 경로를 탐색했지만 명확한 해답을 찾지 못했던 이들이, 이 워크숍을 통해 마침내 자신 안에서 스스로가 찾고자 했던 질문의 본질과 해답을 발견한 경우입니다.

윤회와 원죄

인간은 본질적으로 삶의 변화와 전환을 갈망하는 존재입니다. 그러나 실제로 의미 있는 변화에 성공하는 경우는 많지 않습니다. 이는 변화와 성장을 위한 구조적 흐름을 이해하지 못한 채, 기존의 익숙한 방식과 반복된 습관 안에서 머물러 있기 때문입니다.

사람들은 삶을 새롭게 만들고자 하면서도 기존의 사고 패턴, 정서 반응, 행동 방식은 그대로 유지한 채 변화가 일어나기를 기대합니다. 이 모순된 기대는 곧 내면의 시스템이 여전히 과거에 머물러 있다는 증거이며, 결과적으로 반복되는 문제의 굴레에서 벗어나지 못하게 합니다. 이러한 현상은 불교에서 말하는 '윤회'의 개념이나, 기독교에서 이야기하는 '원죄'의 구조와도 깊이 맞닿아 있습니다. 이 반복의 근저에는 인간의 뇌가 형성되어 온 진화적,

경험적 경로가 존재합니다.

인간의 뇌는 생애 초기부터 반복된 자극과 사건을 생존 중심으로 분류하고 해석하는 데 최적화되어 왔습니다. 이러한 신경 발달의 결과로 우리는 일상에서 '좋고 싫음', '나와 너', '옳고 그름'과 같은 이분법적 틀을 통해 세상을 인식하게 됩니다. 이 해석의 틀은 시간이 지남에 따라 점점 더 고정되고 견고해지며, 일종의 심리적·인지적 상자로 굳어집니다. 이 상자는 우리의 사고와 감정, 의사 결정의 범위를 일정한 틀 안에 가두며, 대부분의 삶의 시도와 선택을 제한된 방식으로 반복하게 만듭니다. 이러한 인지적 고착은 궁극적으로 개인의 전환 가능성을 구조적으로 차단합니다.

무의식적 반복은 단순한 습관이 아니라, 진화적으로 각인된 생존 전략의 결과물입니다. 인류는 수십만 년에 걸쳐 긴장과 경계, 불안을 생존의 핵심 메커니즘으로 삼아왔으며, 이러한 특성은 오늘날까지도 인간의 정서적 반응 체계에 깊숙이 자리 잡고 있습니다. 이는 물동이를 이고서 춤추며 살아가는 치치르보다, 늘 경계하고 조심했던 미치르가 생존에 유리했다는 진화의 서사와도 일맥상통합니다. 마음은 본래 불안, 초조, 강박, 의심이라는 감정을 기본값으로 품고 있으며, 이러한 마음의 작동 원리는 신경생물학적으로도 설명 가능합니다. 특히 편도체(amygdala)를 중심으로 한 위협 탐지 시스템은 일상의 사소한 자극조차 생존과 연결 지어 해석하도록 만들며, 이러한 상태는 만성적인 교감신경 활성과 코르티솔(cortisol) 분비 증가로 이어집니다.

문제는 이러한 상태가 지속될 경우, 뇌의 회로는 특정 방향으로 강화되고, 생존 모드가 일상적 작동 방식으로 고착된다는 데 있습니다. 이때 인간은 '좋다 – 싫다', '내 편 – 네 편', '우호 – 위협'이라는 단순화된 인식 구조에 따라 반응하게 되며, 이로 인해 모든 상황이 긴장, 불안, 방어, 대립의 프레임으로 해석됩니다. 이 상태에서는 이성적 판단력과 창의적 사고가 현저히 저하되고, 감정과 몸의 반응이 우선적으로 개입되면서 의식의 작동 가능성은 급속히 위축됩니다. 결국, 삶은 '살아 있는 경험'이 아니라, 과거의 반응 패턴이 자동 반복되는 무의식적 회로망의 반영으로 축소됩니다.

이러한 무의식적 삶의 구조 안에서는 직장이나 조직 안에서도 인간관계의 충돌, 문제의 재현, 감정 소진, 육체적 탈진 등이 일상화됩니다. 심화되는 내적 고통과 반복된 외적 갈등은 결국 삶 전반의 피로와 무력감을 유발하며, 행복해야 할 삶을 방해합니다. 마음의 지배를 받는 한, 인간은 기본적으로 긴장 상태에 놓이게 되며, 자비나 사랑, 평화와 같은 감정은 뇌에서 우선적으로 활성화되지 않습니다. 타인과의 건강한 연결도, 자기 자신과의 신뢰 형성도 제한됩니다. 이 상태에서는 일시적인 성공이나 긍정적 결과가 나타날 수는 있으나, 그것이 장기적으로 지속되기는 어렵습니다. 성장과 전환을 위해 수많은 사람들이 다양한 방법을 시도하지만, 그 대부분은 무의식의 회로를 근본적으로 해체하지 못한 채 외형만을 바꾸는 데 그칩니다. 진정한 변화는 기존의 뇌 회로, 즉 두려움과 의심, 강박적 사고와 정서에 기반한 반응 체계로부터 벗어날 때에만 가능해집니다. 이는 단순히 마음을 잘 다스리는 수준의 노력이 아니라, 뇌의 생물학적 회로 자체를 새롭게 설계하고 재구성하는 수준의 깊은 전환을 요구합니다. 수많은 명상법, 심리치유 기법, 행동수정 기법들이 이러한 전환을 시도하지만, 인간의 뇌 회로가 갖는 보존성과 탄성은 생각보다 훨씬 강력하며, 오랜 시간에 걸친 반복과 지속적 실천 없이는 실질적인 변화가 일어나기란 어렵습니다.

결론적으로, 변화와 성장은 외부의 전략이 아니라 내부 인식 체계의 해체와 재구성에서 출발해야 하며, 이는 '무의식의 지배 구조'를 벗어나는 데서부터 시작됩니다. 단지 마음을 다스리는 것으로는 부족하며, 의식의 각성이라는 더 근본적인 지점에 도달할 필요가 있습니다. 그리고 이 지점에 도달했을 때, 비로소 인간은 삶을 반복이 아닌 창조의 흐름으로 전환할 수 있게 됩니다.

내면 혁명

그렇다면 삶의 근본적인 변화는 어떻게 가능해질 수 있을까요? 결론부터 말하자면, 진정한 변화는 영적인 각성이 수반될 때에만 가능해집니다. 이 각성의 중심에는 **"내면 혁명 = 깨달음 = 의식 각성"**이라는 경험이 존재합니다. 깨달음에 도달하면, 세상을 해석하고 응답하는 방식 자체가 바뀌며, 그에 따라 뇌 속의 신경 회로망은 기존의 반응 경로를 해체하고 새로운 통합적 구조로 재편되기 시작합니다. 이러한 신경생리학적 변화는 일종의 '의식적 재조직화' 과정으로서, 인식의 프레임이 바뀌는 순간부터 뇌는 그것을 반영하는 방향으로 스스로를 재구성하게 됩니다. 이 과정에서 명상은 중요한 출발점이 됩니다.

명상은 우리가 일상적으로 반복해 온 감정적 충동과 인지적 소음을 가라앉히고, 내면의 중심과 접속하는 수단으로 작용합니다. 다만 여기서 말하는 '깨달음'은 초월적이거나 신비적인 체험을 전제로 한 것이 아닙니다. 오히려 그것은 삶의 보편적 원리와 자연

법칙에 대한 깊은 이해를 의미하며, 이는 누구에게나 열려 있고 충분히 도달 가능한 인식의 수준입니다. 명상은 이러한 각성으로 향하는 입구이지만, 그 자체로 모든 것을 완성하는 도구는 아닙니다. 실제로 명상을 통해 깊은 진리의 문턱에 도달하는 이들은 극히 드뭅니다. 명상은 물컵에 담긴 흙탕물을 가라앉히고 맑은 물로 정화하는 과정에 비유할 수 있습니다. 지금까지 무의식적으로 받아들여 온 탁한 감정과 생각, 즉 자동적 반응의 물을 걸러 내는 행위입니다. 그러나 진정한 변화는 그 물이 흘러들어오는 '근원' 자체를 정화하는 데서 출발해야 합니다. 다시 말해, 의식 각성이란 단순한 마음의 정화가 아니라, 삶을 작동시키는 근원적 법칙에 대한 자각이며, 그 법칙과의 일치를 실현하는 능동적 의식의 전개입니다.

이와 같은 의식 혁명이 일어나지 않는 한, 명상이라는 도구만으로는 근본적인 변화에 도달하기 어렵습니다. 아무리 오랜 시간 명상에 몰입한다 하더라도, 그 자체로 의식의 틀이 바뀌지 않는다면 문제의 본질은 여전히 남아 있게 됩니다. 진정한 의식의 각성을 가능하게 하는 조건은, 명상을 포함하여 삶과 존재에 대한 총체적 통찰을 확장하는 지식적 기반과 인식의 유연성, 그리고 진리에 대한 반복적 탐구와 숙고, 그리고 체화된 실천의 지속성입니다. 이것은 심리학, 뇌과학, 의학, 인문학, 철학 등 다양한 영역의 학습과 교차적 사유, 그리고 내면의 고요함 안에서 이루어지는 깊은 숙성의 과정을 필요로 합니다. 그러나 바쁜 일상에 몰려 살아가는 현대인에게 이와 같은 여정은 현실적으로 높은 진입 장벽을 형성합니다. 시간이 부족하고, 지속적인 몰입이 어려우며, 무엇보다도 이러한 통합적 학습과 내면의 수행이 함께 작동할 수 있는 조건을 갖추기 어렵습니다. 바로 이 지점에서 이 책이 수행하고자 하는 역할이 있습니다. 그 과정을 어렵지 않게 해 낼 수 있도록 안내하는 것입니다.

그 핵심 흐름은 다음과 같은 단계를 포함합니다. 첫째, 신체적 긴장으로부터 벗어나 몸의 이완을 실현하는 것입니다. 둘째, 마음의 분주한 활동을 가라앉히고 감정의 파동을 정화하여 심리적 평형을 회복하는 단계입니다. 셋째, 호흡을 매개로 의식의 중심에 접속하며, 주의의 초점을 지금 이 순간으로 회귀시키는 작용입니다. 그리고 마지막이자 가장 결정적인 단계는, 삶을 구성하는 보편 법칙에 대한 명확한 인식과 이해입니다. 이 법칙에 대한 통찰이 깊어질 때 비로소 삶은 자동적 패턴이 아닌 자각된 흐름으로 작동하며, 그 순간부터 변화는 가능성과 희망이 아닌, 실제 현실로서 전개되기 시작합니다.

깨달음

세상이 다른 차원으로 보이는 순간, 그것이 바로 깨달음이며 의식 각성의 핵심입니다. 이 책은 바로 그 각성이 일어나는 과정과 흐름을 하나하나 설명하기 위해 만들어졌습니다. 실제로 "내면 혁명 워크숍"을 경험한 많은 분들의 삶이 눈에 띄게 달라진 이유는 삶의 원리와 법칙을 이해하고, 그 이해가 자연스럽게 의식의 전환으로 이어졌기 때문입니다.

많은 사람들이 '나는 쉽게 깨달음을 얻을 수 없다'라고 생각합니다. 하지만 그런 생각 속에는 두 가지 오해가 숨어 있습니다. 첫 번째는 깨달음이 특별한 사람만이 할 수 있는 일이라는 잘못된 믿음이고, 두 번째는 깨달음을 얻으려면 세속적인 즐거움이나 일상의 기쁨을 모두 버려야 한다는 오해입니다. 그러나 이 두 가지 모두 사실과는 다릅니다. 깨달음은 누구에게나 열려 있는 것이며, 삶을 더 깊고 풍요롭게 만드는 강력한 열쇠입니다. 오히려 깨달음을 통해 우리는 일상의 기쁨을 더 깊이 느낄 수 있게 됩니다. 깨달음은 세속적인 즐거움을 거부하는 것이 아니라, 오히려 그것들을 더 생생하게 경험할 수 있는 문을 열어 줍니다. '에너지의 흐름'에 대한 이해에 도달하게 되면, 이러한 오해는 자연스럽게 사라집니다.

실제로 프로그램에 참여했던 많은 분들이 "예전보다 훨씬 더 자연스럽게, 성숙한 방식으로 원하는 것을 이루고 있다"라고 증언합니다. 의식의 흐름을 이해하고 그 흐름을 따라가기 시작한 사람들은 매일매일 조금씩 성장하며, 삶을 더 이상 고통의 연속이 아닌 하나의 축제처럼 경험하게 되었습니다. 이 책은 그 여정을 함께하기 위한 안내서입니다. 단순히 명상을 가르치는 것이 아니라, 명상을 출발점 삼아 몸과 마음을 이완하고 중심을 찾는 과정, 그리고 마지막으로 삶의 법칙을 이해함으로써 의식이 전환되는 흐름을 보여 주고자 하는 것입니다. 깨달음은 신비나 철학의 문제가 아닙니다. 그것은 삶을 구성하고 있는 법칙에 대한 깊고 명확한 자각이며, 우리 삶의 질서를 근본적으로 전환시키는 조용한 혁명입니다.

깨달음 이후

깨달음 혹은 의식의 각성 이후에도 무의식적 패턴의 잔재는 완전히 소멸되지 않습니다. 무의식은 오랜 시간에 걸쳐 형성된 신경 회로와 정서적 조건화의 결과이기 때문에, 여전히 일정한 자극 상황에서 반복적으로 활성화될 수 있습니다. 그러나 의식이 각성된 이후에는 결정적인 변화가 일어납니다. 바로, 자기 내면에서 일어나는 무의식적 충동이나 반응을 빠르게 포착할 수 있는 '즉각적 알아차림'의 능력이 비약적으로 향상된다는 점입니다.

이러한 알아차림의 증가는 곧 무의식적 자기 동일시로부터의 이탈을 가능하게 하며, 이로써 과거처럼 자동적이고 감정적인 반응에 휘말리는 일이 현저히 줄어듭니다. 다시 말해, 동일한 내적 자극이 발생하더라도, 의식화된 주체는 그것을 단순한 반응으로 연결 짓기보다는 '관찰 가능한 현상'으로 인식하게 되는 거리감과 공간을 확보하게 됩니다. 이로 인해 감정의 에너지 낭비나 파편화된 인지 반응이 줄어들고, 보다 통합적이고 조율된 방식으로 현실을 해석하고 응답할 수 있는 여지가 생깁니다.

결국, 의식의 각성은 무의식의 제거가 아니라 무의식과의 관계 방식의 전환이며, 그것은 곧 일상에서의 인식 구조와 에너지 흐름을 본질적으로 변화시키는 핵심 요인이 됩니다.

만약 여러분이 신비주의적인 명상에 깊이 빠져 있거나, 세상과 거리를 둔 채 산속이나 수도원에서 고요히 머물고 계신다면, 이 책이 크게 필요하지 않을 수 있습니다. 이 책이 진심으로 전하고자 하는 메시지는 그런 특별한 환경에 있는 사람들보다는, 세상 한복판에서 치열하게 살아가는 사람들을 위한 것입니다.

삶의 기쁨과 고통이 교차하는 매일의 현실 속, 때로는 시장 바닥이라 불릴 만큼 거칠고 복잡한 일상에서 하루하루를 살아 내는 사람들. 이 책은 바로 그런 사람들, 그 삶의 현장에서 진짜 자유와 성장을 찾고자 하는 사람들을 위해 쓰였습니다. 왜 시장 바닥이 중요할까요? 삶의 시작도, 삶의 완성도 결국은 그곳에서 이루어지기 때문입니다. 우리가 부딪히고, 넘어지고, 다시 일어나는 그 자리야말로 가장 깊은 배움과 성장이 일어나는 현장이기 때문입니다.

그래서 이 책은 특히 다음과 같은 사람들에게 도움이 될 수 있습니다.

- 지금보다 훨씬 나은 삶을 원하는 사람
- 부모로부터 물려받은 안 좋은 기질을 바꾸고 싶은 사람
- 성장, 성공하고 싶은 기업가
- 삶을 기쁨과 즐거움 그리고 감사함으로 흘러넘치게 하고 싶은 사람
- 존재에 대한 의미를 찾고자 하는 사람

이 책에서는 몇 가지 중요한 개념들을 쉽게, 또 단순하게 설명하려고 노력했습니다. 그 내용들을 일일이 논리적으로 분석하고 따져 보려고 하기보다는, 삶의 흐름처럼 자연스럽게 받아들이는 마음을 가져 보면 좋겠습니다. 혹시 책 속에서 낯설게 느껴지는 단어들이 있다면, 굳이 그 표현 그대로 받아들일 필요는 없습니다. 본인의 삶과 더 잘 맞는 말로, 자신의 신념과 맥락에 맞게 바꾸어도 괜찮습니다.

만약 읽는 과정에서 어떤 문장이나 표현, 비유가 마음에 걸린다면, 잠시 그 거부감을 내려놓고 책 전체가 전하려는 큰 흐름을 바라보길 권합니다. 작은 차이는 미련 없이 흘려보내세요. 중요한 것은 손가락 끝이 아니라, 그 손가락이 가리키는 '달', 다시 말해 이 책이 안내하려는 더 넓고 깊은 방향입니다.

2부
즐거움이 성공의 시작이다

삶은 전쟁이 아니라 축제다.
문제는, 당신이 그것을 전쟁처럼 살고 있다는 것이다.
삶을 축제로 살아 손해 볼 게 무엇인가?

_by 라의형

즐거움이 성공을 부른다

약 12년 전, 한 기업인과 처음 만났을 때의 기억은 지금도 뚜렷합니다. 그는 국내 굴지의 식품 그룹의 계열사 대표로 재직 중이었으며, 첫인상부터 인상적인 사람이었습니다. 늘 웃는 얼굴과 유쾌한 태도로 사람들을 대하던 그는 유머 감각이 풍부했고, 관계에 있어 세심한 배려를 아끼지 않았습니다. 바쁜 업무 속에서도 직원들의 사소한 일상에 귀를 기울였고, 모임에서도 모든 이가 소외되지 않도록 주의를 기울였습니다. 훗날 그가 그룹 전체를 총괄하는 대표 자리에 올랐다는 소식을 들었을 때, 그 누구도 놀라지 않았습니다. 그의 리더십은 이미 주변에 긍정적 파장을 만들어 내며, '어떻게'가 아니라 '어떤 사람으로' 존재하느냐의 중요성을 보여 주고 있었기 때문입니다.

하나은행을 창립한 고(故) 윤병철 회장 역시 그러한 리더십의 전형을 보여 주는 인물입니다. 그는 긍정적 사고, 따뜻한 리더십, 탁월한 유머 감각을 바탕으로 사람들을 춤추게 만들었으며, 언제나 웃는 얼굴로 주변에 밝고 안정적인 에너지를 불어넣었습니다.

반면, 또 다른 대기업 최고경영책임자(CEO)의 사례는 전혀 다른 양상을 보여 줍니다. 그는 언제나 진지하고 신중한 태도를 유지했으며, 현실을 지나치게 비판적으로 분석하는 습관을 갖고 있었습니다. 대화에서는 신뢰보다 의심이 먼저였고, 늘 세상의 어두운 면에 주목하는 인식 구조를 지녔습니다. 그의 리더십은 사람들의 에너지를 확장시키기보다는 수축시키는 방식으로 작동했고, 결국 조직은 정체되기 시작했습니다. 조직은 경영자의 내면적 태도와 정서 상태에 민감하게 반응하며, 이는 기업의 지속 가능성에 중대한 영향을 미칩니다.

서울 구로에서 만난 한 중견 기업 경영자의 사례 또한 시사점을 제공합니다. 그는 수년간 안정적인 매출을 유지하며 경영을 이어 왔지만, 어느 순간 급격한 하락세에 접어들며 회복하지 못하고 있었습니다. 심각한 표정과 어두운 시선, 폐쇄된 공간과 잦은 흡연은 그가 처한 내면 상태를 상징적으로 보여 주었습니다. 산책, 햇빛, 가벼운 운동 등에 대해서도 그는 "고통을 감내해야 새로운 길이 열린다"라는 믿음으로, 스스로를 고통에 가두는 인식 안에 머물러 있었습니다. 그가 본 것은 고통이 삶을 바꾸는 힘이 될 것이라는 강한 확신이었지만, 현실은 그와 반대로 흘러갔습니다.

최근 심리학 및 신경과학 연구들은 이와 같은 신념의 오류를 체계적으로 검증하고 있습니다. 하버드 대학교, 노스캐롤라이나 대학교 등에서 진행된 다수의 연구들은 긍정 정서가 인지 능력, 창의성, 동기 유발, 사회적 관계 형성에 이르는 다양한 영역에 긍정적 영향을 미친다는 사실을 입증하고 있습니다. 대표적으로 바바라 프레드릭슨(Barbara Fredrickson)의 '확장-구축 이론(Broaden-and-Build Theory)'은 즐거움과 호기심, 유쾌함과 같은 긍정 정서가 뇌의 확장 회로를 활성화시켜 더 넓은 시야, 더 높은 수준의 문제 해결 능력, 더 강한 회복 탄력성을 유도한다고 설명합니다.

뇌는 스트레스와 긴장보다는 즐거움과 유쾌함에 반응할 때 가장 창의적으로 작동합니다. 전전두엽은 긍정 정서하에서 활성화되고, 도파민과 세로토닌, 옥시토신 등의 신경 전달 물질은 인지적 유연성과 사회적 유대를 증진시킵니다. 반면, 강박과 긴장, 불안과 심각함은 편도체를 과활성화시키며 뇌의 인지 기능을 저하시킵니다. 성공을 위한 전략은 '더 열심히'가 아니라 '더 즐겁게' 하는 쪽에 있다는 점이 과학적으로도 입증되고 있습니다.

요컨대, 즐거움과 유쾌함은 삶의 방향성과 성과를 결정짓는 핵심적 변수입니다. 즐거움은 뇌의 효율을 극대화하고, 관계를 따뜻하게 만들며, 자신과 타인을 긍정적으로 재해석하게 만듭니다. 따라서 성공의 조건은 '얼마나 심각한가'가 아니라 '얼마나 즐겁게 살아가고 있는가'로 바뀌고 있습니다.

"한강에 고니가 있었군요"

관세사인 김명곤 씨는 철두철미한 사람입니다. 숫자는 틀림이 없었고, 서류에는 작은 오타 하나도 용납하지 않았습니다. 직원들에게도 "꼼꼼함이 생명"이라며 늘 강조하곤 했습니다. 그는 늘 걱정과 근심이 많았습니다. 그래서 속으로는 언제나 무거운 돌을 짊어진 듯한 기분이었습니다.

관세 신고 기한을 맞추느라 밤을 새우고, 직원들이 작은 실수라도 할까 봐 걱정했습니다. 집에 돌아가서도 자녀들의 교육과 미래가 걱정이었고, 자신이 아프기라도 하면 어쩔까 늘 걱정이 많았습니다. 그는 늘 긴장했고, 그 긴장감이 결국 그의 몸과 마음을 갉아먹기 시작했습니다. 우울함이 깊어져 약을 복용하는 것이 일상이 되었습니다.

"내가 쓰러지면 어떡하지?"

이 불안한 질문이 늘 머릿속을 떠나지 않았습니다.

그러던 어느 날, 내면 혁명 워크숍에서 성공과 삶에 대해 깊게 생각하게 되며 전환이 일어났습니다.

"삶은 전쟁이 아니라 축제입니다. 문제는, 당신이 그것을 전쟁처럼 살고 있다는 것이죠. 삶을 축제로 살아 당신이 손해 볼 게 무엇인가요?"

그 말을 듣는 순간, 그의 머릿속에서 무언가 '딱' 하고 부서지는 소리가 났습니다. 그때 그는 심각함이 자신의 삶을 갉아먹고 있었다는 것을 알았습니다. 미래를 걱정하느라 즐거울 틈 없이 살고 있는 자신의 모습을 인식한 것이죠. 그리고 지금을 즐겁게 살아가는 것이 아주 중요하다는 것을, 그동안 마음에 끌려 다니며 너무 많은 것을 짊어지고 가느라, 정작 삶이 주는 기쁨을 누리지 못했다는 것을 인식한 것입니다.

그는 그 순간 오랜 시간 복용하던 약을 끊었습니다. 그리고 삶에 전환이 일어났습니다.

이제 그의 눈에는 한강 위에서 우아하게 노니는 고니들, 바람 소리, 새의 노래, 물결이 부딪히는 소리가 들린다고 합니다. 한강이 살아 있음을, 그곳에서 펼쳐지는 작은 축제를 느끼고 즐길 수 있는 능력이 생긴 것이죠.

그가 변하자 놀랍게도, 직원들의 사기가 높아지고 회사 분위기도 달라졌습니다. 이전에는 오로지 효율과 정확성만을 강조했지만, 이제는 직원들이 편안한 분위기에서 일할 수 있도록 배려했습니다. 그리고 사업의 목표도 성

> 장하는 방향으로 명확하게 정하고 실력 있는 관세사들을 더 채용하였습니다. 이전에 생각하지 못했던 새로운 영역이 보이고 자신감이 생긴 것입니다. 그는 내면 혁명을 통하여 오래 복용하던 약을 끊은 것도 기적 같은 일이라고 말합니다. 그의 삶은 즐거움을 통하여 '확' 바뀌었습니다.

성공의 세 가지 기준

최근 몇 년간 다양한 사람들에게 '성공이란 무엇인가'라는 질문을 던지며, 그 개념에 대한 사회적 인식과 개인적 해석을 살펴본 결과, 예상대로 성공에 대한 정의는 각자의 가치관과 삶의 배경에 따라 매우 다르게 나타났습니다. 어떤 사람은 '성공'을 경제적 부의 축적이라 말했고, 또 다른 사람은 유명세를 얻는 것이라 응답했습니다. 어떤 이들은 자율성과 자유를 중시하며, 하고 싶은 일을 마음껏 하며 살아가는 상태를 성공으로 정의하기도 했습니다. 성공이라는 의미를 돈과 권력으로 해석하여 거부감을 갖는 사람들도 의외로 많습니다.

이러한 배경 속에서 내면 혁명 프로그램을 개발하며 보다 보편적이고 통합적인 성공의 기준을 탐색하게 되었고, 다음의 세 가지

요소를 중심으로 성공의 본질을 재정의해 보았습니다.

첫째, 성공은 무엇보다도 즐거움과 유쾌함이 지속되는 상태를 의미합니다. 이는 쾌락이나 감각적 만족을 의미하는 것이 아니라, 삶을 살아가는 내면의 감정 상태가 경쾌하고 안정되어 있다는 것을 뜻합니다. 삶이 외형적으로 아무리 성취로 가득하더라도, 지속적인 불안과 걱정, 긴장 속에 있다면 그것은 온전한 의미의 성공이라 보기 어렵습니다. 정서적 안정과 일상의 기쁨이야말로 성공을 구성하는 핵심적인 기반이라 할 수 있습니다.

둘째, 경제적 안정성은 성공의 또 다른 필수 요소입니다. 정신적 만족이나 자유로움만으로는 현대 사회에서의 지속 가능한 삶을 구성하기 어렵기 때문입니다. 경제적 여유는 단지 물질적 풍요를 의미하는 것이 아니라, 자기 결정의 자유, 타인을 책임질 수 있는 능력, 그리고 의미 있는 삶을 선택하고 지속할 수 있는 조건을 포함합니다. 경제적 자립은 결국 인간의 존엄성과 자율성을 지지하는 구조적 기반입니다.

셋째, 의미 있는 삶을 추구하고, 그것이 사회적 기여로 확장되는 것 역시 성공의 중요한 기준입니다. 인간은 본능적으로 자기 존재를 외부로 확장하고자 하며, 그 확장은 타인과 사회에 긍정적 영향을 미치려는 방향으로 나아갈 때 비로소 깊은 차원의 만족과 정체성의 확립이 가능해집니다. 여기서 말하는 의미란 세상에 유익한 방식으로 흔적을 남기고, 타인과 공동체에 긍정적인 영향을 미치는 삶의 형태를 포함합니다. 명예, 존경, 가치 창출 등은 이러한 삶의 결과로 나타나는 사회적 반응입니다.

요컨대, 내면 혁명에서 말하는 성공은 다음의 세 가지로 구성됩니다. 첫째, 삶이 본질적으로 유쾌하고 즐거운 상태일 것. 둘째, 경제적으로 자율성과 안정성을 확보하고 있을 것. 셋째, 자신과 타인 모두에게 의미 있는 가치를 창출하고 실현하는 삶일 것.

이러한 기준은 지속 가능한 삶의 질과 인간 존재의 총체적 충만감을 고려한 통합적 접근입니다. 성공을 새롭게 사유하려는 이들에게 이 세 가지 기준은 실천적이면서도 철학적인 기준점이 될 수 있을 것입니다.

잘못 낀 첫 단추

많은 사람들이 성공의 기준을 물질적인 것에 둡니다. 바로 그 지점에서 삶의 첫 단추가 잘못 끼워지기 시작합니다. 단추 하나가 어긋나면 그 다음 단추들도 모두 어긋나듯, 성공을 물질에만 집중하는 태도는 이후 삶의 모든 방향을 왜곡시키는 출발점이 됩니다.

이러한 선택은 자연스럽게 강박과 심각함을 불러오고, 삶이라는 여행에서 즐거움은 점점 사라지게 됩니다. 매 순간은 의무와 부담으로 채워지고, 자신에게 부과한 성공이라는 기준은 무게로 작용합니다. 결국 삶은 기쁨과 여유가 사라진 채, 무거운 짐을 짊어지고 버티는 과정으로 전락하게 됩니다.

뿐만 아니라, 부를 향한 집착은 사람들 사이에 경계선을 만들어냅니다. 원하는 것을 얻는 데 방해가 된다고 판단되는 요소는 곧 적으로 간주되고, 타인과의 관계는 경쟁과 비교로 얼룩집니다. 이 과정에서 타인과 자신을 분리하는 인식이 고착화되며, 마음은 점점 닫히고 외로워집니다. 이러한 상태에서는 더 나은 방식의 삶, 더 성숙한 시야를 갖는 것이 매우 어려워집니다.

결국 이는 많은 사람들이 실패하는 본질적 원인으로 작용합니다. 외면적으로는 성공을 좇는 듯하지만, 내면은 갈등과 분열로 인해 에너지를 과도하게 소모하게 됩니다. 끊임없이 '더 많이', '더 빨리', '더 높이'를 외치며 스스로를 몰아붙이는 삶은 지속 가능하지 않습니다. 마음은 늘 불안하고, 현재는 늘 부족하게 느껴집니다. 설령 일시적으로 물질적 성공을 이뤘다 하더라도, 내면에 쌓인 강박은 끝없는 문제를 야기합니다. 진정한 만족은 찾아오지 않고, 이미 손에 쥔 것조차 모래처럼 흩어지고 맙니다. 내면 혁명에서는 성공의 기준을 위와 같이 3가지로 명확하게 규정하며, 그중에서도 가장 중요한 것은 첫 번째인 즐겁고 유쾌한 삶입니다. 무의식에 빠져 있는 한 즐겁고 유쾌할 수 없으며, 즐겁고 유쾌하지 않는 한 에너지는 늘 몸과 마음이 병드는 흐름으로 흘러가고, 결국 물질적인 성공도 이룰 수 없게 됩니다. 즐겁고 유쾌해야 합니다. 그것이 빠진 성공은 아무런 의미가 없습니다.

성공을 부르는 힘, 차력(借力)

성공은 결코 혼자의 힘만으로 이루어지지 않습니다. 성공을 위해서는 차력이 필요합니다.

세상은 자기 혼자만의 힘으로 살아가지 못합니다. 그것은 구석기 시대에도, 지금도, 미래에도 그럴 것입니다. 차력은 남의 힘을 빌리는 능력이며 성공하는 삶을 위해 필수적인 능력입니다. 성공은 수많은 사람들의 인연으로 에너지가 모이고 집중되어 만들어집니다. 하지만 무의식에 빠진 많은 사람들이 남의 도움을 받을 만한 상태가 되어 있지 못합니다.

사업가 A는 IMF 당시 기업 구조조정회사를 만들어 엔진제조 회사와 보일러 제조업체, 악기 회사 등을 구조 조정 한 뒤 성공적으로 매각하여 빠른 속도로 승승장구하며 회사의 규모를 키웠습니다. 그는 누구보다 똑똑하고 재능이 뛰어났으며, 자신의 감각을 믿었습니다. 그는 똑똑했지만 독선적이었고 사람들을 비난했으며 함께 일하는 법을 모르는 사람이었습니다. 그러한 그의 성격으로 인해 사람들은 점점 수동적이 되어 갔고 그를 위해 정성을 기울여 일할 사람은 거의 남아나지 않게 되었습니다. 함께 뛸 사람들이 있어야 했지만, 좋은 인재들이 거의 떠나 버렸습니다. 그의 회사는 어느 순간 성장을 멈추었고 헐값에 매각된 후 이름만 남았습니다.

반면, 다른 사업가 B는 자신이 속한 기업을 나스닥에 상장시킨 후 자신이 받은 스톡옵션을 바탕으로 사업을 일구어 나갔습니다. 그는 사람들에게 항상 친절했으며 그의 조직에는 항상 웃음이 끊이지 않았습니다. 그는 각 분야의 전문가들을 적극적으로 활용했으며, 그들이 함께 성장할 수 있는 제도를 만드는 데 진심이었습니다. 그는 누구보다 일을 많이 하면서도 누구보다 많이 직원들을 챙겼습니다. 그에게는 많은 기회와 정보가 찾아왔습니다. 그와 함께 일하는 사람들은 하는 일과 조직에 정성을 다합니다. 그는 계속 성장하여 소셜 임펙(Social Impact) 투자업계의 리더가 되었습니다.

사람들은 본능적으로 자신에게 긍정적인 영향을 주는 사람에게 끌립니다. 차력을 가진 사람들은 능력만 아니라 태도와 성품으로도 사람들을 이끌며, 자연스럽게 좋은 인연과 기회를 만납니다.
차력을 얻으려면 어떤 능력이 필요할까요?
첫번째, 인간성이 좋아야 합니다. 인간성은 구석기 시대에도 중요했고 지금도 중요하며, 인류가 존재하는 한 성공에 있어서 영원히 중요한 덕목입니다.
두번째, 일을 잘해야 합니다. 일을 잘하지 못하는 사람은 주변에 피해를 줍니다. 적어도 빼어나게 잘하지는 못해도 잘하려고 노력은 하는 사람이어야 합니다. 똑똑하고 능력이 있어도 지금 있는 곳에서 자신의 일을 하기 싫은 노동으로 하루하루를 보내고 있는 사람은 성장도 성공도 할 수 없습니다.
차력이 있는 사람에게는 자연스럽게 좋은 사람들이 모입니다. 결국, 좋은 사람들이 많아지면, 좋은 기회도 따라오게 됩니다. 반면 차력의 힘이 없는 사람은 실패합니다. 한때 큰 성공을 거둔 사람이라 해도 차력을 잃으면 결국 힘든 말년을 보내게 됩니다.

필자의 지인 중 사모펀드를 설립하여 상업용 부동산과 증권사를 인수한 사람이 있었습니다. 그는 머리가 비상하게 좋았고 기회 포착 능력이 탁월했지만, 차력의 힘이 없었습니다. 한 예로 투자를 결정하는 과정에서 변호사와 회계사들로 팀을 꾸려 미팅을 했는데, 몇 시간 만에 그들을 모두 내쫓았습니다. 자신의 머리를 따라오지 못해 답답하다는 이유였습니다. "혼자서 모든 걸 할 수 있다!", "믿을 사람이 없다!", "내가 다 해야 한다!"라는 생각에 갇혀 주변과의 연결을 거부했고, 심지어 식사도 혼자 하는 경우가 많았습니다. 결국 시간이 흐르면서 사람들이 하나둘씩 그를 떠났고, 그의 사업은 위축되기 시작했습니다.

반대로, 성공한 사람들 모두 예외 없이 남의 힘을 활용하는 능력이 뛰어납니다. 그 힘은 좋은 인간성, 좋은 품성의 토대 위에 만들어집니다. 직장이든 사업이든 자신이 하는 일이 잘 풀리지 않고 화나 걱정이 끊이지 않으면, 무엇보다 자신의 인간성과 일하는 태도부터 살펴봐야 합니다.

운 7, 기 3

인생에서 성공과 실패를 결정짓는 요인에 대해 많은 사람들이 "운 7, 기 3"이라는 말을 자주 씁니다. 사람들은 운을 마치 하늘이 내려주는 특별한 복처럼 생각합니다. 그래서 내가 아무리 노력해도 운이 따라 주지 않으면 기회를 잡을 수 없다고 오해합니다. 진실은 이렇습니다. 운은 성공하는 프로세스를 가진 것을 의미합니다. 성공하는 프로세스와 실패하는 프로세스가 있으며, 이것을 "운이 좋다"와 "운이 나쁘다"라고 표현합니다.

그렇다면 그 프로세스는 무엇일까요? 아침 5시에 일어나 밤 10시까지 부지런히 일해도 마음이 산만하고 집중되지 않은 상태라면 피곤할 뿐 진전이 일어나지 않습니다. 마음이 방치된 상태이기 때문입니다. 마음이 방치된 채 살면 십중팔구 무의식의 지배를 받아 우리 몸과 마음은 생존 모드가 되며 스트레스에 노출된 상태가 됩니다. 이 상태가 바로 운이 없는 상태로, 눈과 귀가 있어도 잘 보이지 않고 들리지 않습니다. 사고력과 감각이 제한됩니다.

반대로 이런 현상에서 비교적 자유로운 사람들이 있습니다. 그들은 차분하게 중심이 잡혀 있습니다. 그들의 마음은 방치되지 않은 상태로 잘 관리됩니다. 그래서 명료한 의식으로 살아가는 사람들이죠. 잘 보이고 잘 듣는 사람들입니다. 이러한 상태를 우리는 '운이 좋다'라고 표현합니다.

실제로 외식 사업에서 큰 성공을 거둔 한 기업가가 있습니다. 주변에 늘 사람들이 모여듭니다. 언뜻 보면 운이 좋은 사람처럼 보일 수도 있겠지요. 하지만 그를 10년 넘게 가까이서 지켜보았음에도 단 한 번도 화를 내는 모습을 본 적이 없습니다. 그는 언제나 흔들림 없는 중심을 유지하는 사람입니다. 늘 평화롭고 인자하며, 누구를 대할 때든 웃음을 잃지 않는 모습이 인상적이지요. 여러 차례 위기가 있었지만, 그것이 그의 삶을 흔들지는 못했습니다. 그는 언제나 같은 태도로 세상을 바라보며, 어떤 상황에서도 에너지를 낭비하지 않고 살아갑니다.

그의 삶은 마치 춤을 추는 것과 같습니다. 주변 사람들도 그를 따라 춤을 춥니다. 남들은 그를 보고 "운이 좋은 사람"이라고 말하지만, 그 운은 결코 외부에서 온 것이 아닙니다. 그의 운은 그의 맑은 의식에서 비롯된 것이며, 삶의 태도에서 자연스럽게 형성된 것이라 할 수 있지요. 결국, 운이란 단순히 하늘이 내려주는 선물이 아니라, 스스로 만들어 가는 흐름입니다. 우리가 어떤 태도로 살아가는가에 따라 운이 달라집니다. 운이 좋은 사람들은 인간성이 좋아 주변 사람들과 잘 지내므로, 에너지를 소모할 일도 없고 일도 잘합니다.

두 가지 에너지 흐름

우리는 살아 있는 생체 에너지 시스템입니다. 그리고 이 에너지는 두 가지 흐름으로 나타납니다. 하나는 몸과 마음이 살아나는 흐름이며, 이는 삶에 활력을 불어넣고 성공을 이끄는 방향으로 흐릅니다. 다른 하나는 몸과 마음이 병드는 흐름으로, 점차 에너지를 소진시키며 실패로 향하게 만듭니다.

우리의 모든 생각, 말, 행동 하나하나는 에너지를 소모합니다. 따라서 삶의 질과 성공 여부는 결국 어떤 에너지 흐름 속에 들어가 있는가에 달려 있습니다. 다행히 우리는 아주 간단한 방법으로 자신의 현재 상태를 진단할 수 있습니다. 바로 지금, 자신의 감정 상태를 살펴보는 것입니다. 마음이 즐겁고 유쾌하며 편안하다면 몸과 마음이 살아나는 흐름 속에 있는 것이고, 반대로 불편하고 걱정과 근심이 많다면 병드는 흐름 속에 놓여 있는 것이죠.

그렇다면, 미래는 이미 정해져 있는 것일까요? 거의 그렇다고 볼 수 있습니다. 우리의 미래는 지금까지 살아온 방식과 현재의 상태에 의해 어느 정도 결정됩니다. 다시 말해, 과거와 현재가 미래를 만들어 가는 것입니다. 삶을 대하는 태도, 반복되는 생각과 습관, 그리고 작은 행동 하나하나가 쌓여 미래의 윤곽을 자연스럽게 형성합니다.

과거가 힘들었고 지금도 고단하다면, 미래 역시 힘들 가능성이 높습니다. 반대로 과거가 즐거웠고 지금도 그렇다면, 앞으로의 삶 또한 즐거울 확률이 큽니다. 우리의 무의식은 과거의 경험을 기반으로 현재의 선택을 유도하며, 그 선택이 다시 미래를 형성하기 때문입니다. 마음은 익숙한 패턴을 반복하려는 경향이 있으므로, 부정적인 감정과 사고에 익숙해져 있다면 미래 또한 그 흐름을 따를 가능성이 높습니다. 그러나 지금 이 순간부터 즐거움을 발견하고 그것을 키우기 시작한다면, 미래의 흐름도 점점 긍정적인 방향으로 전환될 수 있습니다.

결국 미래의 운명을 바꾸는 유일한 방법은 현재를 다루는 방식에 달려 있습니다. 지금과는 다른 삶을 원한다면, 지금 이 순간부터 세상을 대하는 태도, 타인을 바라보는 시선, 그리고 삶에 반응하는 방식을 바꾸어야 합니다. 이것이 바로 내면 혁명입니다.

구체적으로 내면 혁명이란, 세상과 타인을 바라보는 방식을 근본적으로 바꾸는 일입니다. 그렇게 함으로써 우리는 병드는 흐름에서 살아나는 흐름으로, 실패의 패턴에서 성공의 가능성으로, 고통의 되풀이에서 자유로운 삶의 축제로 나아갈 수 있습니다. 이는 9부에서 더 자세히 다루도록 하겠습니다.

의식 수준이란 무엇인가?

의식 수준은 단순한 지적 능력이나 정보의 양이 아니라, 지금 이 순간 자신을 얼마나 명확히 인식하고 있으며, 감정과 사고, 행동의 흐름을 얼마나 자각하고 조절할 수 있는지를 의미합니다. 다시 말해, 의식 수준이 높다는 것은 자기 내면을 깊이 들여다보는 능력, 그리고 외부 자극에 자동반응 하지 않고 선택적으로 응답할 수 있는 자기 통제력을 갖추었다는 것을 뜻합니다.

반대로 의식 수준이 낮을 경우, 인간은 자주 무의식적 패턴에 휘둘리고, 감정의 파동에 끌려가며, 외부 환경에 의해 행동이 좌우되는 경향이 커집니다. 이때 자아는 통합적인 주체로서 기능하기보다는 순간의 감정과 생각에 파편화되어 반응하게 되며, 그 결과 삶은 주체적으로 설계되기보다 상황에 의해 끌려다니는 형국이 됩니다.

특히 의식 수준이 낮은 개인은 자기중심적인 사고에 갇혀 타인의 입장을 충분히 고려하지 못하며, 장기적인 관점보다 즉각적인 만족과 생존에만 몰두하는 경향이 큽니다. 이러한 개인이 조직 내 다수를 차지하거나 리더십의 자리에 있을 경우, 조직은 신뢰 기반보다는 이해관계 중심으로 작동하게 되고, 결과적으로 조직 문화는 분열과 갈등, 무책임과 사적 이익을 챙기는 경쟁으로 기울게 됩니다. 다시 말해, 평균 의식 수준이 낮은 조직은 지속 가능할 수 없으며 성공하지도 못합니다.

반면 의식 수준이 높은 구성원은 자아 성찰을 통해 자기 내면을 돌아보고, 타인의 관점을 이해하며, 개인의 성장을 공동체의 가치와 연결시킬 수 있는 능력을 갖추고 있습니다. 이들은 변화에 유연하게 대처하고, 갈등 상황에서도 내면의 중심을 유지하며, 조직 내에서 창의적이고 지속 가능한 흐름을 만들어 냅니다. 즉, 의식 수준은 개인의 성공 가능성을 결정할 뿐 아니라, 조직 전체의 방향성과 지속 가능성에 결정적인 영향을 미치는 본질적 요소입니다. 결국 삶의 질과 성취, 조직의 성과와 혁신은 그 집단이 가진 평균 의식 수준의 함수라고 할 수 있으며, 진정한 변화는 정보나 기술, 외부 조건의 개선 이전에 '의식의 각성'이라는 내적 전환에서 출발합니다. 지금 내가 얼마나 깨어 있는가, 지금 이 조직은 어떤 의식 수준으로 움직이고 있는가를 묻는 것이 가장 근본적인 성찰이자 혁신의 시작입니다.

의식 수준만큼 성공한다

성공은 결국 의식 수준에 비례합니다. 인간은 누구나 자신의 의식 수준이 허락하는 만큼만 성장할 수 있으며, 이 원리는 누구에게나 예외 없이 적용됩니다. 진정한 성장을 원한다면, 가장 먼저 해야 할 일은 자신의 의식 수준을 인식하고 그것을 끌어올리는 일입니다. 의식 수준이 낮을수록 개인은 자신의 삶을 보다 넓고 깊게 조망하는 데 한계가 있으며, 이는 곧 새로운 기회를 인식하거나 보다 나은 해결 방식을 떠올리는 데 장애가 됩니다. 성장의 가능성이 눈앞에 있음에도 불구하고 이를 회피하거나 심지어 거부하게 되는 이유 또한 여기에서 비롯됩니다. 같은 상황을 마주하더라도 누구는 그것을 성장의 발판으로 삼고, 또 다른 누구는 억울함과 불평 속에 주저앉습니다.

이처럼 동일한 자극에 대해 전혀 다른 반응과 결과가 나타나는 이유는, 개인이 가진 의식 수준의 차이에서 기인합니다. 의식이 낮은 상태에서는 반복적인 문제에 갇혀 같은 실수를 되풀이하고, 유사한 갈등 속에서 동일한 방식으로 반응하는 경향이 강합니다. 이러한 무의식적 순환은 개인의 삶을 제한된 궤도 안에 가둡니다. 그러나 의식 수준이 높아지면 삶을 해석하는 관점 자체가 달라지며, 동일한 조건 속에서도 보다 성숙하고 창의적인 선택을 할 수 있게 됩니다. 결국 인간의 성장은 의식의 확장과 정비례 관계에 있으며, 이로 인해 의식 수준의 성찰과 향상이야말로 성장의 본질적 출발점이라 할 수 있습니다. 의식이 깨어나기 시작하면 삶을 바라보는 시선과 타인을 대하는 태도에 근본적인 변화가 생깁니다. 세상은 더 이상 경쟁과 생존의 무대로만 인식되지 않고, 함께 살아가며 배우는 상호 작용의 장으로 재해석됩니다.

이러한 변화의 흐름 속에서 중요한 감정적 기반이 되는 것이 바로 '즐거움'과 '유쾌함'입니다. 높은 지적 능력과 탁월한 자기 절제력을 갖춘 이들조차 심각함과 강박에 사로잡히면, 에너지 흐름이 막히고 내면의 활기도 점차 소진됩니다. 반면 유쾌함과 즐거움이 일상 속에 자리잡을 때, 개인은 내면의 정체성을 보다 자연스럽게 표현하며 역동적인 에너지와 연결됩니다. 즐거움과 유쾌함은 생동의 에너지이며, 개인의 잠재력을 실현하게 만드는 창조적 힘입니다. 마음 수련도 심각하게 할 필요가 없습니다. 심각하다는 것은 에고가 작동하고 있다는 증거입니다. 수행도 즐거움과 유쾌함의 여정을 동반한다면 더 온전하게 이루어질 수 있습니다. 우리가 삶을 통해 열어야 할 문은 외부에 존재하지 않습니다. 그것은 자신의 의식 안에 있으며, 그 문은 즐거움과 유쾌함이라는 열쇠로 쉽게 열릴 수 있습니다.

3부
성공과 자아 이미지

자아 이미지가 운명을 결정하며
세상과 타인을 대하는 방식을 바꿀 때
자아 이미지는 창조적으로 바뀌며
성공의 길 또한 열린다.

_by 라의형

자아 이미지가 삶을 결정한다

어쩌면 우리의 삶은 보이지 않는 설계도 속에서 이미 정해진 운명대로 움직이고 있을는지도 모릅니다. 그리고 그 운명을 설계하는 것이 있다면 그것은 바로 자아 이미지입니다. 자아 이미지는 우리가 어떤 결정을 내리고, 어떤 감정을 느끼고, 사람을 어떻게 대하고, 어떤 삶을 살게 될지를 지배하는 요소로서, 자동 정밀 유도탄처럼 정확하게 작동합니다.

우리의 두뇌와 신경 체계는 단순한 정보 처리 기능보다 훨씬 정교한 일을 합니다. 자신이 설정한 목표와 일치하는 방향으로 스스로를 조율하는 자동 추적 시스템 역할을 합니다. 마치 목표물을 자동으로 찾아가는 유도 미사일처럼 작동하며, 우리가 의식적으로 인식하지 못하는 순간에도 지속적으로 우리의 행동과 사고를 조정합니다. 이러한 시스템을 자아 이미지 항법 시스템(Self-Image Navigation System)이라고 부를 수 있습니다. 이 시스템은 우리가 가진 내면적 신념과 기대치에 따라 감각, 감정, 판단, 행동을 통제하는 역할을 합니다. 결국 우리가 경험하는 성공과 실패, 성취와 좌절은 이 시스템이 설정한 방향에 따라 결정됩니다. 목표를 달성하기 위해 노력한다고 해도, 내면의 자아 이미지와 목표가 일치하지 않는다면 의식적인 노력만으로는 지속적인 변화가 이루어지기 어렵습니다.

이러한 이유로 자신의 자아 이미지를 들여다보는 것은 사업을 하든, 직장 생활을 하든, 삶을 주체적으로 살고 싶은 사람이라면 거쳐야 하는 과정입니다. 우리가 세상을 살아가는 방식은 외부 환경보다도 내면의 틀에 의해 훨씬 더 강하게 영향을 받지만 사람들은 눈앞의 목표와 문제 해결에 몰두하느라 정작 그것을 결정하는 내면의 구조를 돌아볼 기회를 갖지 못하므로 계속하여 같은 흐름을 반복합니다.

자아 이미지는 무의식이 일정한 패턴으로 형성되어 우리의 삶을 지배하는 반응 시스템입니다. 그리고 신경과학적, 심리적, 사회적 요인이 복합적으로 작용하여 형성되며, 우리의 행동과 감정, 나아가 인생의 방향까지 결정합니다. 자신의 자아 이미지가 긍정적인 사람은 어려운 상황에서도 희망을 유지하며 해결책을 모색하지만, 부정적인 자아 이미지를 가진 사람은 같은 상황에서 쉽게 포기하거나 자신을 탓하며 무력감을 느낍니다.

자아 이미지는 오랜 시간에 걸쳐 형성된 신념이며, 어린 시절부터 쌓인 경험과 주변 환경, 반복된 사고 패턴에 의해 점차 굳어집니다. 그리고 한 번 굳어진 자아 이미지는 이후의 삶에서 지속적으로 강화됩니다. 마치 특정한 색안경을 끼고 세상을 바라보는 것처럼, 자아 이미지는 우리가 인식하는 모든 현실을 자의적으로 해석하고 편집합니다. 같은 사건을 겪더라도 누군가는 성장의 기회로 삼고, 누군가는 좌절의 계기로 받아들이는 이유가 바로 여기에 있습니다.

자아 이미지의 형성 과정

자아 이미지의 약 95%는 18세 이전에 형성되며, 이후 성인기에 이르러 강화됩니다. 이는 유년기와 청소년기에 접하는 부모의 피드백, 또래 관계, 학업 경험, 사회적 평가 등이 우리의 자아 이미지를 결정하는 중요한 요소가 된다는 것을 의미합니다.

[태아기 ~ 3세]
감정 조절과 신경 발달 (약 15%)

이 시기는 신경 발달과 감정 조절의 기초가 형성되는 단계입니다. 태아와 영유아는 외부 환경과 직접적으로 상호 작용할 수 없지만, 어머니의 정서적 안정이 아이의 정서 발달에 큰 영향을 미칩니다. 어머니가 안정적인 감정을 유지하면 태아의 신경 체계도 균형 있게 발달하여, 세상을 안전한 곳으로 인식할 가능성이 높아집니다. 반면, 어머니가 지속적인 스트레스를 경험하면 태아의 자율신경계, 특히 교감신경계가 과활성화될 가능성이 높고, 이후 세상을 불안하고 위협적인 곳으로 인식할 확률이 증가합니다.

출생 이후 3세까지는 아이가 세상을 신뢰할 수 있는지, 자신이 보호받을 수 있는 존재인지에 대한 기본적인 신념이 형성됩니다.

[3~7세]
자기 개념의 기초 확립 (약 30%)

이 시기는 자아 이미지 형성에 있어 가장 중요한 단계로, 아이가 스스로를 어떻게 인식하는지가 결정됩니다. 특히 부모의 피드백과 애착 관계가 중요한 요소로 작용합니다. 부모가 일관된 애정을 표현하면 아이는 자신을 사랑받을 가치가 있는 존재로 인식하고,

반대로 지속적으로 부정적인 피드백을 받으면 "나는 부족한 사람이다"라는 자기 개념이 형성될 가능성이 커집니다. 이 시기에는 부모의 말 한마디가 아이의 자아 이미지에 큰 영향을 미칩니다.

[7~12세]
사회적 비교와 학습 경험 (약 25%)

이 시기에는 또래 집단과의 상호 작용이 본격적으로 시작되면서, 사회적 비교를 통해 자아 이미지가 조정됩니다. 학교에서 경험하는 교사의 피드백, 학업 성취, 친구와의 관계가 자아 이미지 형성에 중요한 영향을 미칩니다. 또래 관계는 특히 중요한 역할을 합니다. 친구들에게 인정받으면 "나는 사람들과 잘 어울릴 수 있는 존재다"라는 긍정적 자아 이미지가 형성됩니다. 반면, 또래 집단에서 거부당하거나 따돌림을 경험하면 "나는 소외될 수밖에 없는 존재다"라는 부정적 자아 이미지가 형성될 가능성이 높습니다. 학업 성취 경험도 자아 이미지에 영향을 미칩니다. 꾸준한 성공 경험이 쌓이면 "나는 성공하는 사람이다"라는 믿음이 형성되지만, 반복적인 실패를 경험하면 "나는 성공할 수 없는 사람이다"라는 신념이 자리 잡을 수 있습니다.

[12~18세]
자아 정체성 확립 (약 25%)

이 시기는 자아 정체성이 본격적으로 확립되는 단계로, 사회적 평가가 자아 이미지에 강한 영향을 미칩니다. 부모의 영향보다는 또래 친구들과 선생님, 사회적 환경이 더 중요한 역할을 하게 됩니다. 이 시기에 형성된 자아 이미지는 이후 성인이 되어서도 지속적으로 영향을 미치며, 삶의 방향성을 결정하는 중요한 기준이 됩니다.

[18세 이후]
기존 자아 이미지의 강화 또는 수정 (약 5%)

성인이 되면 자아 이미지는 비교적 고정된 형태를 유지하지만, 특정한 경험을 통해 수정될 수도 있습니다. 이때, 이후 바뀔 수 가장 좋은 방법이 바로 영적으로 깨어 나는 것인데, 그것이 바로 지금 이 책에서 다루는 주제입니다.

자아 이미지 항법 시스템

자아 이미지 항법 시스템은 다음과 같은 단계를 거쳐 작동합니다.

목표와 자아 이미지의 일치 여부 확인

우리가 새로운 목표를 설정하면, 두뇌는 자동으로 이를 기존의 자아 이미지와 비교합니다. 만약 목표가 현재의 자아 이미지와 일치하면 자연스럽게 목표를 달성하기 위한 행동을 지속하게 됩니다. 무엇을 꾸준히 하는 사람은 무엇을 해도 꾸준히 하는 자아 이미지가 내면에 형성되어 있으며, 반대의 경우 무엇을 오래하기보다 새로운 경험을 많이 하는 것에 대한 자아 이미지가 형성되어 있습니다.

자아 이미지에 맞춰 행동이 조정됨

우리의 두뇌는 우리가 설정한 자아 이미지에 맞는 행동을 하도록 끊임없이 조정합니다. "나는 성실한 사람이야"라고 믿는 사람은 자연스럽게 책임감을 가지고 행동하며, 작은 약속도 철저하게 지킵니다. 반대로, "나는 운이 나쁜 사람이야"라고 믿는 사람은 좋은 기회가 와도 회의적으로 받아들이고, 스스로 그 기회를 놓쳐 버리는 행동을 하게 됩니다.

자아 이미지의 검열을 통과하지 못하면 행동이 지속되지 않음

우리의 모든 행동과 판단은 자아 이미지의 검열을 받습니다. 자아 이미지와 일치하지 않는 행동을 할 경우, 두뇌는 이를 지속할 수 없도록 조정합니다. 예를 들어, "나는 사회성이 부족한 사람이야"라는 자아 이미지를 가진 사람이 갑자기 적극적인 인간관계를 시도하면, 처음에는 노력을 하더라도 점점 어색함을 느끼고 결국 원래 상태로 돌아가려 합니다. "나는 돈을 모을 수 없는 사람이야"라는 자아 이미지를 가진 사람이 저축을 시도하면, 처음에는 계획을 세우더라도 얼마 지나지 않아 충동적인 소비를 하며 원래 상태로 돌아가게 됩니다. 새로운 습관을 만들려다 포기한 경험이 있나요? 자아 이미지와의 불일치 때문이었을 가능성이 큽니다.

이처럼 자아 이미지는 우리의 삶을 자동으로 조정하는 항법 시스템입니다. 아무리 좋은 목표를 세워도, 자아 이미지가 그 목표와 일치하지 않는다면 지속적으로 행동을 이어 가기 어렵습니다.

조율하고 각색하는 자아 이미지

또한 자아 이미지는 우리가 경험하는 현실 자체를 조율하고 재구성합니다. 같은 사건을 경험하더라도 이를 어떻게 해석하고 반응하는가는 개인이 가진 자아 이미지의 프레임(Frame)에 의해 결정됩니다. 즉, 자아 이미지가 우리의 현실을 형성하는 필터링 역할을 합니다. 어떤 사람은 실패 속에서도 성장의 기회를 발견하고, 또 어떤 사람은 같은 상황에서 절망을 느낍니다. 이 차이를 만드는 것이 바로 자아 이미지입니다.

우리의 내면 자아 이미지는 성공으로 안내하는 자아 이미지와 실패로 안내하는 자아 이미지가 공존합니다. 대체로 부정적 자아 이미지의 영향력을 많이 받는 사람은 부정적인 현실을 창조하고, 긍정적 자아 이미지의 영향을 많이 받는 사람은 긍정적인 현실을 창조합니다. 같은 기회를 두고도 어떤 사람은 "이건 나를 위한 기회야"라고 받아들이고, 또 다른 사람은 "나는 이런 걸 해낼 사람이 아니야"라고 회피합니다. 삶을 대하는 태도, 경험을 해석하는 방식, 그리고 행동을 지속하는 힘은 모두 우리의 자아 이미지에서 비롯됩니다. 우리의 두뇌는 자신이 가진 자아 이미지에 맞춰 세상을 해석하는 습관을 가집니다. 우리가 현실을 경험하는 방식은 곧 자아 이미지가 설정한 틀 안에서만 이루어지며, 이를 통해 우리는 자신이 믿고 싶은 세상을 만들어 갑니다.

자아 이미지는 표층, 중간층, 심층이라는 세 가지 층위에서 작용하며, 각 층위는 상호 작용하면서 우리의 행동과 감정을 결정짓습니다.

자아 이미지의 첫 번째 층위는 '표층적 자아 이미지'입니다. 이 층위는 개인이 의식적으로 자신을 어떻게 정의하는지를 나타냅니다. 두 번째 층위는 '중간층 자아 이미지'입니다. 이 층위는 무의식적으로 형성된 신념과 감정적 반응 패턴을 포함합니다. 세 번째 층위는 '심층적 자아 이미지'입니다. 이는 개인의 가장 깊은 무의식 속에서 작용하는 자기 개념과 정체성을 형성합니다.

자아 이미지는 이러한 세 층위에서 상호 작용하며 작동합니다. 표층적 자아 이미지는 사회적 환경에 따라 쉽게 변하지만, 중간층과 심층적 자아 이미지는 오랜 시간에 걸쳐 형성되며 쉽게 변화하지 않습니다. 특히 심층적 자아 이미지는 개인의 전반적인 삶의 방향을 결정하는 중요한 요소로 작용합니다.

자아 이미지 찾기

자아 이미지를 찾기 위해 우리는 자신의 무의식을 다양한 방식으로 들여다볼 수 있습니다.

첫째, 반복되는 삶의 패턴을 관찰하는 것입니다. 비슷한 실패나 성공이 반복된다면, 그 이면에는 고정된 자아 이미지가 작용하고 있을 가능성이 높습니다.

둘째, 감정이 강하게 흔들리는 순간을 주의 깊게 바라보는 것입니다. 분노, 불안, 두려움, 수치심과 같은 감정은 무의식 깊숙이 자리한 자아 이미지의 신호일 수 있습니다.

셋째, 평소 자신에게 무심코 건네는 말을 유심히 살펴보는 것입니다. 특히 어려움에 부딪혔을 때 스스로에게 어떤 말을 반복하는지 관찰하면, 무의식적으로 형성된 자아 이미지가 드러납니다.

넷째, 꿈을 활용하는 방법도 있습니다. 반복되거나 감정적으로 인상 깊은 꿈은 무의식의 상징이며, 자아 이미지가 투영된 결과일 수 있습니다.

다섯째, 어린 시절의 중요한 기억을 되짚는 것입니다. 부모, 교사, 또래 친구로부터 반복적으로 들었던 말이나 특정 사건에서의 강한 감정 경험은 깊은 무의식에 각인되어 자아 이미지를 결정짓는 핵심 요소가 됩니다. 이런 요소들을 활용하면 자신의 자아 이미지를 정돈하는 데 도움이 됩니다.

여러분은 어떤가요? 저의 경우는 혼잣말을 통해서 저의 내면 자아 이미지를 종종 확인합니다. 짜증과 화가 짙게 배어 있는 말들이 저도 모르게 튀어나오는 순간들이 있습니다. 심층적 자아 이미지 깊은 곳에 형성되어 있는 남을 탓하고 원망하는 자아 이미지의 영향이라 생각합니다. 이처럼 내면의 자아 이미지는 '나'를 규정하는 요소입니다. 이것은 우리의 생각과 행동을 현실 속에 그대로 반영하며 타인과 상호 소통하는 기준이 됩니다. 부정적 자아 이미지가 크면 고통이, 긍정적 자아 이미지가 크면 편안하고 행복한 세상이 펼쳐지는 것이죠.

자아 이미지를 바꿀 수 있을까?

"저는 오랜 시간 사업을 했지만 성공을 경험하지 못했습니다. 제 문제는 부정적인 자아 이미지 때문이라고 생각합니다. 무의식에 깊이 뿌리내린 자아 이미지를 정말로 바꿀 수 있을까요?"

또 어떤 사람은 이런 질문을 합니다. "저는 걱정과 근심이 너무 많습니다. 그간 여러가지 시도를 해 보았는데 바뀌지 않더라고요. 정말 변할 수 있을까요?" 결론적으로 자아 이미지는 의식적인 노력에 의해 바뀔 수 있습니다. 실제 오프라 윈프리처럼 부정적인 자아 이미지를 바꾸고 성공하는 삶을 만들어 낸 사례들은 우리 주변에 수없이 많습니다. 신경과학적으로 볼 때, 자아 이미지는 오랜 기간 동안 학습된 신경망의 패턴이지만, 뇌는 변하는 성질인 가소성을 가지고 있어 지속적인 경험과 연습을 통해 신경망을 재구성할 수 있습니다. 이는 새로운 사고방식과 신념이 자리 잡으면 기존의 패턴을 대체할 수도 있음을 의미합니다.

심리학자 윌리엄 제임스(William James)는 인간의 습관이 변할 수 있음을 강조하며, 새로운 자아 이미지를 구축하는 과정이 새로운 습관을 형성하는 과정과 유사하다고 보았습니다.

자아 이미지 바꾸기

자아 이미지의 변화는 단순한 심리적 위안이나 긍정적 암시만으로 이루어지지 않습니다. 흔히 자기 암시나 '끌어당김의 법칙'을 통해 이상적인 자아상을 반복적으로 주입하는 방식이 시도되곤 하지만, 이러한 접근은 일시적인 심리적 위로를 제공할 수 있을 뿐, 실질적인 정체성 변화나 삶의 전환으로 이어지기는 어렵습니다. 자아 이미지의 근본적인 변화는 단순한 인식 수준을 넘어 삶의 방식 자체를 전환하는 데서 시작되며, 그 출발점에는 무의식의 구조에 대한 이해와 개입이 전제되어야 합니다.

자아 이미지는 결국 반복된 감정, 사고, 행동의 경험들이 내면화되며 형성된 자기상(Self-schema)입니다. 그렇기에 진정한 변화는 외면적 주문이 아니라 내면의 감정 상태와 반응 양식을 재구성하는 일상적 훈련에서 비롯됩니다. 특히 무의식 속 깊이 자리 잡은 자기 인식의 뿌리를 다루지 않으면, 자아 이미지는 반복된 실패 경험이나 심리적 저항에 의해 쉽게 원래의 자리로 되돌아가게 됩니다. 반면 삶의 방식이 실제로 전환되면, 그에 따라 뇌의 정보 처리 방식과 정서 반응 패턴이 변화하며, 자아 이미지는 더 확장된 방향으로 움직이기 시작합니다.

자아 이미지를 바꾸는 데 강력한 효과가 있는 쉽고 간결한 두 가지 방법을 소개합니다. 첫째는 심각함의 습관에서 벗어나 즐거움과 유쾌함을 회복하는 것이고, 둘째는 세상과 타인을 대하는 태도를 사랑, 자비, 감사, 그리고 이성의 마음으로 전환하는 것입니다. 이 두 가지는 자아 이미지 형성에 영향을 미치는 감정적, 신경학적 메커니즘에 직접 개입하는 구체적이고 실용적인 전략입니다.

첫째, 즐거움과 유쾌함은 뇌의 인지적 확장을 돕고, 새로운 가능성에 마음을 열게 하며, 자기 효능감을 회복시키는 정서적 자원입니다. 바바라 프레드릭슨(Barbara Fredrickson)의 긍정정서 확장 이론(Broaden-and-Build Theory)에 따르면, 즐거움 · 웃음 · 호기심과 같은 긍정 감정은 뇌에서 확장과 구축의 회로를 작동시켜 인지적 유연성과 자원 형성을 유도합니다. 또한 신체 기반 자아 이론(Embodied Self Theory)은 자아가 인지의 산물이 아니라, 감각과 정서 에너지의 축적을 통해 형성된다는 점을 강조합니다. 실제로 활기차게 움직이고 감탄하거나 웃는 경험이 반복될수록, 우리는 자신을 '살아 있는 존재'로 인식하게 되고, 이는 긍정적 자아 이미지 형성의 기초가 됩니다. 이러한 감정 경험은 도파민과 옥시토신의 분비를 촉진하여 뇌의 보상 회로를 활성화시키며 전전두엽 활동을 증가시켜 자율성과 계획 능력을 증진시키고, 세로토닌에 의해 안정감과 정서 조절 능력을 강화시켜 긍정적 자기 개념을 뒷받침합니다. 이 모든 변화는 반복될수록 정체성의 일부로 통합되어, 결과적으로 성공을 지향하는 자아 이미지로의 전환을 유도합니다.

둘째, 세상과 타인을 마주하는 방식을 사랑, 자비, 감사, 그리고 이성적 인식의 마음으로 전환하는 것은 자아 이미지의 윤리적·정서적 토대를 전면적으로 재구성하는 일입니다. 내면 혁명에서 제시하는 이 네 가지 마음은 내면의 에너지를 정제하고 확장된 자아상을 구성하는 강력한 토대입니다. 사랑은 타인을 분리된 존재가 아닌 연결된 존재로 인식하게 하며, 자비는 타인의 고통에 대한 반응 능력을 회복시켜 정서적 공명과 안정감을 부여합니다. 감사는 현재의 자원과 관계를 인식하게 해 주며, 이성의 마음은 무의식의 충동에서 벗어나 균형 있는 판단과 선택을 가능하게 합니다.

결론적으로, 자아 이미지는 삶의 방식이 바뀌지 않는 한 표면적 의지나 긍정적 상상만으로는 바뀌지 않습니다. 자아 이미지를 바꿀 수 있을까요? 바꿀 수 있습니다. 삶을 즐거움과 유쾌함으로 채우고, 세상과 타인을 사랑, 자비, 감사, 그리고 이성의 마음으로 바라보기 시작할 때, 그 내면적 상태는 점차 신경학적, 정서적, 인지적 메커니즘을 변화시키며 성공을 향한 자기 구조의 전환을 이끌어 냅니다. 이것이 자아 이미지의 근본적인 변화를 이끌어 내는 가장 과학적이며 지속 가능한 방법입니다. 성공하는 운명을 만들고 싶으세요? 그렇다면 지금 바로 삶을 즐거움과 유쾌함으로 채우세요. 많이 웃고 즐겁게 사세요. 그리고 세상과 타인을 감사함과 온화함으로 마주한다면 운명이 성공을 향하여 바뀌기 시작합니다.

4부
나는 누구인가

'나'
'나'
지독스러운 '나'라는 경계를 버릴 때
모든게 수월해진다.

_By 라의형

나는 누구인가?

무의식은 '나'의 정체성을 형성하는 요소가 외부 세계에 대해 보이는 반응이며 감정의 뿌리입니다. 또한 무의식은 우리를 걷고 달리게 하며 빠른 판단으로 우리의 생존 가능성을 올려 주는 자동화된 반응입니다. 위험한 상황에서 빠르게 반응해야 했던 원시 시대에는 이러한 무의식적 작동 방식이 생명을 보호하는 중요한 역할을 했지만, 인류 역사 이래 가장 복잡하게 된 현대 사회에서 이러한 무의식적인 반응은 고통을 만들어 내는 중요한 원인입니다. 무의식적인 반응의 특징은 강박과 불안, 두려움 같은 부정적인 감정들을 양산한다는 것입니다. 무의식은 자아 이미지에 의해서 만들어지며, 여기서 다루는 무의식은 무의식적인 반응이 만들어 내는 부정적인 현상을 총칭합니다. 먼저 무의식을 만드는 뿌리인 '나'에 대해 알아보겠습니다.

저의 이야기입니다. 25년 전, 깊은 산속의 한 선방에 어느 스님과 24명의 사람들이 마주 앉아 있었습니다. 삶의 길을 찾고자 한 사람, 내면의 갈등에서 벗어나고자 한 사람 등등 그곳에 모인 이들은 저마다의 이유로 그 자리에 있었습니다. 스님은 조용히 주위를 둘러보시더니 깊이 있는 목소리로 첫 질문을 던졌습니다.

"당신은 누구십니까?"

황당하더군요. 그리고 당황스럽기도 했습니다. 누군가 조심스레 대답했습니다.

"저는 김철수입니다."

스님은 고요히 고개를 저으셨습니다.

"그것은 당신의 이름일 뿐이지요. 다시 묻겠습니다. 당신은 누구십니까?"

조금의 침묵이 흐른 뒤, 다른 이가 대답했습니다.

"저는 회사원입니다."

"그것은 당신의 직업이지요. 당신이라는 존재 자체를 설명하는 것은 아닙니다."

그렇게 질문과 대답이 이어졌습니다.

"저는 한 가정의 가장입니다."
"그것은 역할이지요."

"저는 성실한 사람입니다."
"그것은 성격일 뿐입니다."

"저는 제 경험과 기억으로 이루어진 존재입니다."
"그 경험도, 기억도, 변하고 사라질 수 있는 것이지요."

질문은 끊임없이 반복되었습니다. 참가자들은 자신을 설명할 수 있는 모든 것을 찾아 말했습니다. 이름, 직업, 역할, 성격, 취미, 신념, 가치관, 심지어는 좋아하는 음식까지….

시간이 흐를수록 사람들의 얼굴에는 당혹감과 불안이 서려 갔습니다. 더이상 어떤 대답을 내놓아야 할지 알 수 없었습니다. 사람들은 스님과 눈을 마주치지 않으려 했죠. 그 질문은 늦은 밤까지 계속되었습니다. 밤이 깊어 갈수록 공기는 점점 무거워졌고, 머릿속은 점점 하얘져 갔습니다.

참 어이가 없더군요. 정말 내가 누군지 모르겠더라고요. 37년을 살아오면서 단 한 번도 '내가 누구인가'를 진정으로 고민해 본 적이 없었다는 것도 참 황당했습니다. 너무나도 당연하다고 여겼던 것들이 하나둘씩 부정되자 머릿속이 혼란스러워졌습니다.

내가 분명 '나'라고 믿었던 것들이 전부 허상이라면? 나는 정말 존재하는가? 더 깊이 탐문해 보았습니다.

나는 내 생각인가? 그러나 생각은 끊임없이 변하고 있었습니다.

나는 내 감정인가? 그러나 감정 또한 늘 흘러가고 있었습니다.

나는 내 경험인가? 그러나 과거의 기억은 이미 지나가고, 남은 것은 희미한 흔적입니다.

그렇게 계속 파고들다 보니, 어느 순간 하나의 결론에 도달했습니다. '나'라는 존재는 "실체가 없다"라는 것이었죠. 내가 '있다'고 여겼던 것은 단지 관념에 불과했습니다. '나'라고 믿었던 것들은 단지 붙잡고 있던 이미지였을 뿐, '본질로서의 나'는 찾을 수 없었습니다. 황당하고도 놀라운 순간이었습니다.

그 순간, 마음이 이전과는 전혀 다른 방식으로 열렸습니다.

'내가 없으니, 모든 것이 나였다.'

나라는 것이 사라지니, 산도, 바람도, 나무도, 새소리도 모두 나와 분리되지 않은 하나였더군요. 내가 미워하고 원망하고 탓했던 사람들이 나와 하나였던 겁니다. 함께한 사람들도, 깊고도 고요한 밤하늘도, 나와 따로 존재하는 것이 아니었습니다. 나는 더 이상 어떤 형체로도 존재하지 않았지만, 동시에 모든 것 속에 있었습니다. 그것은 두려움이 아니라, 자유였습니다.

나는 어디에서 왔을까?

이 질문은 우리의 존재에 대해 탐구할 때 가장 먼저 떠오르는 질문입니다. 우선 가장 가까운 기원을 살펴보면, 우리는 부모님으로부터 태어났습니다. 부모님은 그들의 부모님으로부터, 그리고 그 조상들은 더욱 먼 과거의 조상들로부터 이어져 왔습니다. 이 흐름을 따라가다 보면, 결국 우리는 450만 년 전 인류의 공통 조상과 만나게 됩니다. 인류 이전에는 원시적인 영장류가 있었고, 그 이전에는 포유류, 더 거슬러 올라가면 파충류, 어류, 그리고 바다에서 살던 단세포 생물에까지 도달하게 됩니다. 마치 고대 생물들의 퍼레이드를 보는 듯한 이 여정은, 우리가 단절된 존재가 아니라 수십억 년 동안 이어져 온 생명의 흐름 속에 있다는 사실을 깨닫게 해줍니다.

생명의 기원은 훨씬 더 이전으로 올라가야 합니다. 단세포 생물이 처음 탄생하기 전, 지구에는 단백질과 유기 분자들이 존재했습니다. 그러나 우리의 탐색은 아직도 충분하지 않습니다. 생명을 구성하는 원소들은 어디에서 왔을까요? 여기서 우리의 시선은 더 먼 곳으로, 지구를 벗어나 우주로 향합니다. 우리의 몸을 이루는 주요 원소들은 산소, 탄소, 수소, 질소 등입니다. 이 원소들은 우연히 지구에 존재한 것이 아니라, 아주 먼 과거에 우주에서 만들어졌습니다.

시간은 이제 약 138억 년 전, 빅뱅(Big Bang)으로 거슬러 올라갑니다. 빅뱅이 일어나면서 우주는 극도로 뜨거운 상태였으며, 시간이 지나면서 가장 가벼운 원소들인 수소(H)와 헬륨(He), 그리고 소량의 리튬(Li)이 형성되었습니다. 이 원소들은 우주 공간에 퍼졌고, 중력에 의해 뭉쳐지면서 최초의 별들이 탄생하기 시작했습니다. 이후 거대한 별들이 생겨나면서, 별 내부에서 강력한 핵융합 반응이 일어났습니다. 별들은 수소를 태워 헬륨을 만들었고, 헬륨은 탄소로 변하고, 다시 산소와 네온, 마그네슘, 규소, 철로 이어지는 연쇄 반응을 거쳐 다양한 원소들을 만들어 냈습니다.

하지만 여기서 또 하나의 의문이 생깁니다. 지구에는 금(Au), 은(Ag), 구리(Cu) 같은 철보다 무거운 원소들도 존재하는데, 이들은 어떻게 만들어졌을까요? 이 원소들은 단순한 핵융합 과정에서 생성되지 않습니다. 초신성(Supernova) 폭발이나 중성자별 충돌과 같은 극단적인 우주적 사건에서 생성되었을 가능성이 큽니다. 거대한 별이 생을 마감하면서 폭발할 때, 엄청난 에너지가 방출되며 철보다 무거운 원소들이 생성됩니다. 이 원소들은 다시 우주로 퍼져 나가 새로운 별과 행성의 재료가 되었고, 수백억 년이 흐른 후 그 재료들로 태양계가 형성되었습니다.

약 46억 년 전, 태양계가 형성되면서 지구도 함께 탄생하였습니다. 초기 지구는 뜨겁고 불안정한 용암 덩어리였지만, 시간이 흐르면서 표면이 식고, 바다가 형성되었으며, 생명이 존재할 수 있는 조건이 마련되었습니다. 지구에 존재하는 모든 원소들은 이전에 죽어간 별들이 남긴 것이었으며, 그 별들은 또 그 이전 세대의 별들로부터 원소들을 물려받았습니다. 결국, 우리 몸속에 있는 모든 원소들은 수십억 년 전, 우주의 어딘가에서 별들이 탄생하고 폭발하면서 만들어진 것입니다.

우리는 먼 우주에서 온 존재입니다. 우리가 마시는 공기, 우리가 마시는 물, 우리가 먹는 음식, 그리고 우리를 구성하는 모든 원소들까지도 결국 우주가 만들어 낸 것입니다. 우리가 현재 존재하는 것은 빅뱅에서 시작된 원소들의 여정 속에서 태어난 필연적인 결과입니다. 우리는 우주에서 태어나 우주를 경험하며, 언젠가 다시 우주로 돌아갈 것입니다.

이러한 과학적 사실은 지적 탐구를 넘어서, 우리가 존재한다는 것 자체가 얼마나 신비롭고도 경이로운 일인지를 깨닫게 해 줍니다. 우리는 우주의 한 조각이며, 그 흐름 속에서 살아가고 있습니다. 우리가 매일 마시는 물, 우리가 들이마시는 숨, 우리의 생각조차도 우주가 만들어 낸 결과입니다. 우리는 단순한 개별적 존재가 아니라, 우주의 일부로서 그 흐름 속에서 살아가고 있는 것입니다.

우리는 우주로부터 태어났으며, 지금 이 순간도 우리는 우주의 일부로 살아가고 있습니다. 어쩌면 우리는 별들이 우주를 여행하며 남긴 이야기의 한 조각일지도 모릅니다. 지금 밤하늘을 올려다보면, 저 반짝이는 별들 중 하나가 먼 옛날 우리의 조상일 수도 있습니다.

나는 자연의 일부이다

우리는 거대한 흐름 속 일부이며, 우주가 만들어 낸 순환의 일부입니다. 우리가 개별적인 존재처럼 보일지라도, 사실 우리는 모든 것과 연결되어 있으며, 우주의 법칙 속에서 살아가고 있습니다. 우리의 몸을 구성하는 원소들은 별에서 비롯되었고, 우리가 숨 쉬는 공기와 마시는 물조차도 수십억 년 동안 순환해 온 자연의 일부입니다. 우리의 세포 하나하나는 자연과 조화를 이루며 존재하고 있으며, 우리의 의식 또한 더 넓은 차원의 흐름 속에서 연결되어 있습니다.

이 세상에 존재하는 모든 생명체는 하나의 거대한 시스템 속에서 조화를 이루며 살아가고 있습니다. 우리가 숨 쉬는 공기, 마시는 물, 바라보는 태양과 달, 그리고 우리가 먹는 음식까지도 이 시스템 속에서 유기적으로 연결되어 있습니다. 태양은 모든 생명의 원천이며, 태양이 내뿜는 빛 에너지는 식물에 의해 광합성을 통해 저장되고, 이 에너지는 초식 동물과 육식 동물을 거쳐 생태계 전체로 퍼져 나갑니다. 우리가 먹는 음식, 우리가 들이마시는 산소, 우리가 마시는 물은 모두 이 순환의 일부입니다.

　지구의 모든 요소는 서로 영향을 주고받으며 조화를 이루고 있습니다. 한 그루의 나무가 공기를 정화하면, 우리는 그 나무가 만들어 낸 산소를 들이마시며 살아갑니다. 바다의 조류가 움직이며 기후를 조절하고, 벌과 나비가 꽃가루를 옮기며 생태계를 지속시킵니다. 이처럼 생명은 결코 독립적으로 존재하는 것이 아니라, 우주와 지구, 그리고 자연 전체가 얽혀 있는 거대한 흐름의 일부입니다.

　에너지는 소멸하지 않고 형태를 바꾸며 끊임없이 순환합니다. 우리가 살아가는 이 세상은 끊임없이 변하는 에너지의 흐름 속에서 움직이며, 모든 생명체는 그 에너지 흐름에 의해 서로 연결되어 있습니다. 흙은 죽어 풀이 되고, 풀은 죽어 사슴이 되며 사슴은 죽어 사자가 되고, 사자는 죽어 흙이 됩니다. 한때 작은 씨앗이었던 나무는 꽃을 피우고 열매를 맺으며, 그 열매는 다른 생명체의 에너지원이 되고, 결국 시간이 지나면 다시 흙으로 돌아가 또 다른 생명을 키워 냅니다. 우리의 몸도 마찬가지입니다. 우리가 숨 쉬는 공기는 이전 세대의 생명들이 내쉬었던 공기이며, 우리가 마시는 물은 수백만 년 동안 강과 바다를 순환하며 생명을 이어 온 물입니다. 우리는 과거로부터 이어져 온 생명의 흐름 속에서 살아가며, 우리가 남기는 모든 흔적 역시 미래로 이어집니다.

나는 곧 이름이다

세상은 매 순간 새롭고 신비롭고 경이롭지만, 우리는 마주하는 모든 것을 이름과 몇 개의 이미지로 단순하게 규정하며, 단순한 개념 속에 가두어 버립니다. 나무를 볼 때 우리는 '저것은 나무입니다'라고 생각하고 더 이상의 탐색을 멈춥니다. 사람을 볼 때도, 사물을 볼 때도 마찬가지입니다. 우리의 두뇌는 효율성을 위해 대상의 모든 특징을 파악하는 대신, 최소한의 정보로 빠르게 판단하고 분류하려 합니다.

이러한 과정은 일반화와 범주화를 통해 이루어집니다. 아이가 처음으로 본 사과는 단순한 빨간색의 둥근 과일이 아니라 수많은 의미와 호기심으로 바라본 신비롭고 놀라운 존재입니다. 하지만 사과라는 이름을 배우고 난 뒤, 아이는 더 이상 사과를 새롭게 보지 않습니다. "이건 사과입니다." 그렇게 이름과 이미지가 덧씌워진 순간, 사과는 특별한 존재가 아니라 그저 일상적인 물건으로 바뀌어 버립니다. 우리는 사과뿐만 아니라 우리의 주변 세계를 그렇게 바라봅니다.

이름을 붙이고 몇 개의 이미지로 규정하는 것은 편리한 방식이지만, 그 대가로 우리는 '새로움'을 잃어버립니다. 낡은 아내, 낡은 남편, 낡은 직장, 낡은 태양, 낡은 하늘, 낡은 바다. 하루하루가 새로울 수 있음에도 불구하고 우리는 그것들을 익숙한 이미지와 개념 속에서 해석하고, 낡은 틀 안에서 상호 작용합니다. 아침에 떠오르는 태양을 볼 때도 '저건 그냥 태양입니다'라고 생각하고, 하늘을 올려다볼 때도 '늘 보던 하늘입니다'라고 받아들이며 지나칩니다. 재미없는 세상, 낡은 세상은 그렇게 만들어집니다.

이러한 사고 방식은 세상을 낡은 틀 속에 가두고, 새로운 가능성을 차단합니다. 배우자와의 관계도, 직장도, 일상도 마찬가지입니다. 우리는 사람을 만날 때 그 사람의 과거 경험과 외형적 특징,

직업, 나이에 따라 판단하고, 그 사람에 대한 고정된 이미지를 형성한 뒤에는 더 이상 새롭게 알아보려 하지 않습니다. 그것은 오래된 친구에게도, 가족에게도 마찬가지입니다. '저 사람은 원래 그런 사람이야'라는 생각이 들면, 우리는 상대방이 가지고 있는 수많은 가능성을 닫아 버리고 맙니다. 우리는 편의상 단어와 개념을 사용하여 세상을 단순화했지만, 그 과정에서 삶의 풍부한 경험과 무한한 가능성도 동시에 잃었습니다.

나는 곧 내가 가진 물건이다

현대 사회에서 많은 사람들은 자신이 '소유한 것들'을 곧 자기 자신이라고 여깁니다. 내가 사는 집, 내가 타는 자동차, 내가 거주하는 동네, 나의 가족, 나의 통장 잔고 같은 외적인 요소들은 본래 나와는 구분되는 대상이지만, 우리는 그것을 곧 '나'로 받아들이며 무의식적으로 동일시합니다. 그렇게 존재(being)는 소유(having)로 환원되고, 행복은 점점 외부 조건에 의존하게 됩니다.

이런 동일시는 필연적으로 비교를 불러옵니다. 그리고 타인의 소유는 나의 존재 가치를 가늠하는 척도로 전락합니다. 내가 가진 것이 남보다 많다고 느낄 때는 우월감이 생기고, 부족하다고 판단되는 순간 열등감이 고개를 듭니다. 이 비교의 구조 속에서 자아는 끊임없이 흔들리고, 삶은 불안정한 욕망의 연속이 됩니다. 우리는 충만하기 위해 더 많은 것을 갈구하지만, 소유가 늘어날수록 충족은 점점 멀어지고, 자아는 그만큼 공허해집니다. 이미 가진 것을 누릴 여유는 사라지고, 더 나은 무언가를 향한 갈증만이 삶을 지배하게 됩니다. 그렇게 인간은 어느새 만족을 알지 못하는 존재가 됩니다. 더 많이 가졌음에도 행복하지 않고, 더 넓은 선택지를 갖고 있음에도 내면은 더 좁아집니다.

나는 곧 국적과 민족이다

우리는 태어나는 순간부터 자연스럽게 특정한 국가, 문화, 민족의 틀 안에서 자라며 자신을 인식하게 됩니다. 국적과 민족이라는 집단 정체성은 개인에게 소속감과 안정감을 제공해 주며, '우리'라는 울타리 안에서 연대감과 공동체 의식을 형성하는 데 큰 역할을 합니다.

하지만 이러한 정체성이 비정상적으로 확대되어 자신이 속한 국적이나 민족을 곧 '나'라고 동일시하게 되면, 다른 문화와 사람들을 무의식적으로 배척하거나 왜곡된 시선으로 평가하게 됩니다. 이러한 배타성은 일상 속 작은 시선에도 스며들어 있습니다. 같은 행위를 하더라도 유럽인의 일광욕은 세련되고 낭만적인 문화로 받아들여지지만, 아시아인이 같은 행동을 하면 낯설고 부적절하다고 여겨지는 편견이 존재합니다. 이는 곧 문화적 우열과 민족적 서열에 대한 무의식적 관념이 내면화되어 있음을 보여 주는 예입니다. 자신이 속한 민족이 우월하다는 믿음은 때때로 타인을 배제하고 차별하는 근거가 되며, 심지어는 국가 간 갈등이나 전쟁의 정당화로 이어지기도 합니다. 보스니아와 세르비아 전쟁, 러시아와 우크라이나의 충돌, 이스라엘과 팔레스타인 간의 폭력, 그리고 미얀마 군부에 의한 로힝야족 학살처럼, 역사적으로 반복되어 온 수많은 집단 간의 충돌은 결국 '우리'와 '그들'이라는 경계선 위에서 벌어진 비극입니다.

이처럼 무의식 속에 자리한 집단 정체성은 사람들의 감정을 자극하고, 정치 지도자들은 이를 활용하여 자신의 권력을 유지하거나 확장하려는 수단으로 삼습니다. 이러한 구조는 결코 외국의 이야기만이 아닙니다. 한국 사회에서도 정치적 양극화, 지역 간 갈등, 세대 간 혐오와 같은 현상으로 나타나고 있습니다.

나는 곧 종교이다

내가 이름을 올린 종교도 곧 나의 정체성을 형성합니다. 믿음의 공동체에 속해 있다는 소속감은 내 삶의 방향을 정하고, 내가 누구인지에 대한 답을 만들어 줍니다. 종교는 오랜 세월 동안 인간이 삶의 고통과 불안, 죽음에 대한 두려움을 마주할 때 붙잡을 수 있었던 가장 깊은 위안이었습니다. 존재의 의미를 묻고, 선과 악의 경계를 가르며, 인간으로서 어떻게 살아야 하는지를 안내해 주는 내면의 나침반이었습니다. 종교는 때로는 눈물 속에서, 때로는 고요한 침묵 속에서 인간의 존엄을 일깨웠고, 서로를 향한 연대와 자비의 마음을 싹 틔우는 뿌리가 되어 주었습니다. 하지만 그 신성한 길이 '오직 하나의 진리'라는 이름 아래 절대화되며 나의 정체성이 되는 순간 우리는 타 종교와 타 신념을 가진 이들을 무의식적으로 배척하게 됩니다. 구원받은 자와 구원받지 못한 자, 정통과 이단이라는 경계는 마음의 문을 닫고 서로를 향한 자비를 가로막습니다. 그렇게 종교는 본래의 목적을 잃고, 무의식 속 집단 정체성을 강화하고 나를 지배하는 도구로 전락하게 됩니다. 어떤 사람은 신을 믿지 않는 이들을 안타까워하며 고개를 젓고, 또 어떤 사람은 신을 믿는다 하면서도 탐욕과 증오, 배타적 언어로 세상을 대하는 모습을 보며 한숨을 쉽니다. 종교의 이름보다 더 중요한 것은 그 믿음이 나의 삶을 얼마나 따뜻하게 변화시키고 있는가, 나와 세상을 얼마나 포용하고 있는가 하는 점입니다. 믿음은 '내가 옳다'라는 외침이 아니라, '우리 모두는 다르지만 서로 연결되어 있다'라는 조용한 자각에서 출발해야 합니다. 진정한 종교적 영성은 도그마를 넘어선 자리에서 꽃피우며, 사랑과 자비, 평화와 조화의 에너지로 삶과 세상을 치유하는 힘이 됩니다. 하지만 많은 사람들은 자신이 이름을 올린 종교를 자신이라 생각하며, 종교 산업의 이해 당사자들이 만들어 낸 교리와 경계 속에 갇힌 채 나와 너로 편을 가르며 살아갑니다.

나는 곧 정치이다

많은 사람들이 정치적 신념을 자신의 정체성으로 규정하고 그것과 자신을 동일시하며 살아갑니다. 정치적 입장은 단순한 생각이나 견해를 넘어 '나'라는 존재를 설명하는 기준이 되어 버리고, 그 신념이 강할수록 세상을 '우리 편'과 '적'으로 나누는 경계가 더욱 선명해집니다. 더구나 같은 생각을 가진 이들과는 자연스럽게 소속감과 친밀감을 느끼며, 반대 입장의 사람들에게는 거리감, 불신, 심지어는 적의까지 품게 됩니다. 정치적 반대편은 더 이상 함께 살아가는 시민이 아닌, 때로는 '개조해야 할 대상, 또는 '사라져야 할 장애물'로 여겨지기도 합니다. 문제는 이러한 이분법적 사고가 개인의 심리와 태도에만 머무르지 않고, 집단적인 감정으로 증폭되며 사회 전반을 뒤흔든다는 점에 있습니다. 정치적 신념이 집단 속에서 증폭되는 순간, 한 개인이 지닌 판단력과 이성은 매우 쉽게 마비됩니다. 서로 다른 생각은 곧바로 배신과 적대의 증거로 간주됩니다. 그리하여 사회는 대립과 투쟁의 장으로 전락하고, 대화와 타협은 사라지며, 남는 것은 오직 승패와 증오뿐입니다.

이러한 흐름은 인류의 역사 속에서 수도 없이 반복되어 왔습니다. 전체주의 체제는 정치적 반대자들을 '국가의 적'으로 낙인찍으며 탄압했고, 이념에 따른 숙청은 수많은 무고한 생명을 앗아갔습니다. 독재자들은 '정의'를 가장한 정치적 광기를 이용해 대중을 선동했고, 민주주의조차도 때로는 극단적 대결 구도 속에서 '다름'을 받아들이지 못한 채 스스로를 무너뜨리는 위험에 빠지기도 했습니다.

정치도 결국은 나의 정체성을 구성하는 요소가 될 수 있습니다. 그러나 그것이 곧장 나의 전부가 되고, 그 믿음을 통해 세상을 재단하고 타인을 판단하게 되는 순간, 정치적 신념은 더 이상 건강한 사회를 위한 수단이 아니라, 분열과 갈등을 확대시키는 도구가 됩니다. 정치적 신념은 정체성의 일부일 수 있지만, 그것이 나라는 존재 전체를 규정하지는 않습니다. 진정한 성숙은 내 정치적 신념과 '나'를 동일시하지 않고, 그것을 하나의 관점으로 유연하게 다룰 수 있어야 합니다. 하지만 많은 사람들이 정치적 입장과 동일시되어 많은 에너지를 소모하고 고통을 겪습니다. 극단적인 정치는 많은 사람을 병들게 합니다. 아무리 옳아도, 누군가를 저주하고 증오한다면 그 사람은 병든 사람일뿐입니다.

나는 곧 지위, 역할, 경험이다

사람은 누구나 일상 속에서 다양한 이름을 가지고 살아갑니다. 자식으로서, 부모로서, 동료이자 상사로서, 사회적 구성원으로서 우리는 끊임없이 역할을 수행합니다. 그리고 그 역할에 부여된 지위와 책임, 그 속에서 받은 인정과 존경, 그것을 곧 '나'라고 믿기 시작합니다. 가정에서의 위치, 직장에서의 직위, 사회에서의 권위와 타인의 시선은 점차 우리의 정체성과 겹쳐지면서, 결국 그 자체가 '나'가 되어 버립니다. 그래서 그 지위와 역할이 흔들릴 때 우리는 곧바로 정체성의 위기를 경험하게 됩니다. 마치 나라는 존재가 무너져 내리는 듯한 허망함에 사로잡히게 됩니다. 이와 같은 동일시는 경험의 영역에서도 동일하게 반복됩니다. 우리는 과거의 기억, 상처, 배움, 스쳐간 말들과 사건들을 통해 자신을 정의합니다. 어린 시절 부모가 건넨 한마디, 청소년기에 읽었던 책 한 권, 특정 시기의 아픔과 기쁨, 스쳐 간 인연들까지도 곧 '나'를 규정하는 요소가 됩니다. 나의 사고방식, 감정의 반응, 삶을 바라보는 방식이 그 경험들에 의해서 결정됩니다.

지위도, 역할도, 경험도 모두 시간 속에서 생성되고 사라지는 파도와 같지만 우리는 종종 이 껍질들에 스스로를 가두고, 과거의 경험에서 벗어나지 못한 채 반복되는 감정의 굴레를 안고 살아갑니다.

진정한 자유는 이러한 동일시의 껍질을 인식하고 내려놓는 데서 시작됩니다. 역할은 수행하는 것이지 존재를 정의하는 것이 아니며, 경험은 지나온 여정일 뿐 지금 이 순간의 '나'는 언제나 새로울 수 있습니다. 지위도, 역할도, 경험도 내 삶의 한 조각일 뿐, 그것이 나는 아닙니다. 이 인식이 깊어질수록 우리는 외적인 변화에도 중심을 잃지 않고, 존재의 고요한 본질에 조금씩 다가설 수 있게 됩니다. 그리고 그때 비로소 나라는 존재는 역할이나 경험이 아닌 더 깊고 넓은 의식의 빛으로 드러나기 시작합니다.

나는 곧 에고가 만든 스토리이다

에고(Ego)는 끊임없이 이야기를 만들어 냅니다. 에고는 이야기를 통해 자신을 정의하고, 과거와 현재를 해석하며, 미래를 예측하고, '나는 이런 사람이다'라는 스토리를 만들며, 이 스토리를 자신이라고 믿으며 살아갑니다. 에고는 스토리의 주인공이 항상 자신이어야 한다고 주장합니다. 세상은 나를 중심으로 돌아가야 하며, 나는 더 많은 주목과 인정, 사랑과 소유를 받아야 한다고 속삭입니다. 남들과 다르지 않으면 무력감을 느끼고, 남들과 다르면 고립감을 느끼는 딜레마에 빠집니다. 에고가 만들어 낸 이야기는 스스로를 옭아매는 덫이 됩니다.

인간은 본능적으로 자신을 중심으로 세상을 바라보며, 자신이 경험한 것이 곧 진실이라고 믿는 경향이 있습니다. 에고는 더 나아가 자기 보존(Self-preservation)과 자아 정체성(Self-identity)을 유지하기 위해 과거의 기억을 조작하기도 합니다. 또한 타인의 성공을 자신의 실패처럼 느끼고, 타인의 실수는 확대하면서 자신의 영향력을 확대하려고 합니다. 오랜 시간 분노가 쌓여 만들어진 원한은 삶을 망가트리는 원인이 됩니다. 지속되는 원한이 신체와 정신에 미치는 영향은 심각합니다. 분노와 스트레스가 장기간 지속되면, 우리 몸은 만성적인 교감신경 항진 상태에 놓이게 됩니다. 이는 혈압을 상승시키고, 심장 박동을 빠르게 하며, 근육을 긴장시키고, 소화 기관의 기능을 떨어뜨립니다. 에고에 사로잡혀 특정한 대상에게 원한을 품고서 지속적으로 스트레스를 받는 상태가 심해지면, 삶이 결국 강제적으로 개입하여 상실을 만들어 행위를 중단하게 합니다. 우리는 종종 이러한 개입을 '불행' 혹은 '불운'이라고 여기지만, 사실 이는 삶이 우리를 살리기 위한 작용입니다.

김태수 씨(가명)는 50대 중반의 사업가로, 오랜 시간 성실하게 회사를 운영하며 성공을 일구어 왔습니다. 그러나 가장 믿었던 친구이자 동업자가 회사의 영업 비밀과 거래처, 그리고 핵심 인재들을 데리고 나가 경쟁자가 되었습니다. 충격과 배신감에 휩싸인 김 씨는 깊은 분노를 품게 되었습니다.

"그 사람은 내 모든 걸 빼앗아 갔어. 절대 용서할 수 없어."

그날 이후 김 씨는 정민 씨를 향한 원한을 가슴 깊이 새기고 살았습니다. 시간이 지나도 그 감정은 사그라지지 않았습니다. 오히려 시간이 흐를수록 더 깊어졌습니다.

"어떻게든 망하는 모습을 봐야 분이 풀릴 텐데."

그는 지인을 통해 정민 씨의 근황을 수소문했고, 그가 사업을 성공적으로

운영하고 있다는 소식을 들을 때마다 분노가 치밀어 올랐습니다. 그의 마음 속 원한은 집착으로 변해 갔고, 매일 그를 떠올리며 괴로워했습니다.

그렇게 분노와 스트레스 속에서 김 씨의 몸과 마음은 서서히 무너져 갔습니다. 늘 예민해진 상태였던 그는 작은 일에도 폭발하듯 화를 냈고, 밤에도 깊은 잠을 이루지 못했습니다. 불안과 분노로 인해 이를 갈았으며, 꿈에서도 정민 씨와 다투는 장면이 반복되었습니다. 자연스럽게 술과 담배 의존도가 높아졌고, 결국 만성적인 위장병과 고혈압을 얻게 되었습니다.

가족과의 관계도 악화되었습니다. 직장에서도 분위기가 좋지 않았습니다. 직원들은 김 씨의 날카로운 태도에 위축되었고, 회사의 핵심 인재들이 하나둘 회사를 떠났습니다. 사업 운영에도 문제가 생기기 시작했지만, 김 씨는 여전히 과거에 얽매여 있었습니다.

그러던 어느 날, 김 씨는 갑작스럽게 가슴이 조여오는 듯한 통증을 느꼈습니다. 눈앞이 흐려지고 숨이 가빠지면서 결국 쓰러졌습니다. 급히 병원으로 옮겨진 그는 심장 질환 진단을 받았습니다. 의사는 "심각한 스트레스가 주요 원인입니다. 생활 방식을 바꾸지 않으면 더 위험할 수 있습니다"라고 경고했습니다.

그날 밤, 김 씨는 오랜만에 거울을 보았습니다. 거울 속에는 초췌하고 쇠약해진 남성이 서 있었습니다. 건강은 되돌릴 수 없을 만큼 악화되었고, 가족과의 관계는 너무 멀어졌습니다. 그제야 김 씨는 깨달았습니다. 친구가 자신의 인생을 망친 것이 아니라, 자신이 원한과 분노에 사로잡혀 스스로 삶을 망가뜨렸다는 사실을…

3층 뇌의 혼란

우리의 뇌는 단순한 하나의 기관이 아니라, 마치 고대의 유적 위에 현대 건물을 쌓아 올린 것처럼, 진화의 과정에서 쌓여 온 세 개의 층으로 구성되어 있습니다. 가장 원시적인 뇌 위에 감정을 담당하는 뇌가 더해졌고, 그 위에 논리적 사고를 담당하는 뇌가 추가되었습니다. 이 세 개의 뇌는 서로 다른 방식으로 작동하며, 때로는 협력하고, 때로는 충돌하면서 우리를 끊임없이 혼란스럽게 만듭니다. 예를 들어, 우리가 식당에서 친구를 기다리고 있는데 친구가 약속 시간보다 30분 늦게 도착했다고 가정해 봅시다. 이때 뇌의 세 개의 층은 각기 다른 방식으로 반응합니다. 파충류의 뇌는 '이게 뭐야? 나를 무시하는 건가? 화를 내야 해!'라고 즉각적으로 반응합니다. 포유류의 뇌는 '혹시 친구가 나를 싫어하는 걸까? 내가 뭔가 잘못한 걸까?'라며 감정을 부풀립니다. 반면, 영장류의 뇌는 '교통 체증이 심했을 수도 있지. 늦을 수도 있는 상황이었겠네'라며 이성적으로 분석합니다. 이렇게 각기 다른 세 개의 층이 동시에 작동하면서 우리는 감정의 혼란을 경험하게 됩니다.

우리의 가장 원초적인 뇌는 생존을 위해 진화해 온 파충류의 뇌입니다. 이 뇌는 가장 오래된 구조로, 생존을 최우선으로 하며 빠르게 반응하고 본능적인 행동을 유도합니다. 위협을 감지하면 '싸울 것인가(공격)? 도망갈 것인가(회피)? 얼어붙을 것인가(무반응)?'라는 선택지를 빠르게 분석하고 즉각적인 반응을 결정합니다.

예를 들어, 운전을 하다가 누군가 갑자기 끼어들었을 때, 파충류의 뇌는 즉각적으로 '위험하다!'라고 판단하며 분노를 느끼게 하거나 손에 힘이 들어가도록 만듭니다. 순간적으로 욕이 튀어나오거나 경적을 세게 울리는 것도 이 뇌의 작용입니다. 하지만 한편으로는 공포심이 작용하여 브레이크를 밟고 몸을 움츠리게 만드는 역할도 합니다. 이 뇌는 본래 생존을 위한 필수적인 기능을 담당하지만, 현대 사회에서는 불필요한 위협에 대해서도 과도하게 반응할 때가 많습니다. 예를 들어, 직장 상사가 무심코 던진 말 한마디에도 '생존 위협'을 느끼며 불안해지거나, 누군가 나보다 더 잘 나가는 모습을 보면 '내 영역이 위협받았다'는 착각에 빠져 과도한 경쟁심을 느끼게 합니다.

포유류의 뇌, 즉 변연계(Limbic System)는 감정을 담당하는 영역입니다. 인간이 단순한 생존을 넘어 관계와 감정을 형성하며 살아가게 만든 중요한 역할을 합니다. 사랑, 기쁨, 분노, 슬픔, 질투, 수치심 등의 감정을 만들어 내며, 사회적 관계를 중시하고 타인의 반응에 민감하게 반응하도록 설계되었습니다. 예를 들어, SNS에서 친구가 멋진 여행 사진을 올린 모습을 본다고 가정해 봅시다. 논리적으로 보면 '좋은 곳에 다녀왔구나' 하고 받아들이면 되지만, 변연계는 이렇게 반응합니다. '나도 저기 가고 싶다! 왜 나는 저렇게 살지 못할까?' 질투와 열등감이 올라오고, 비교하는 감정이 솟아납니다.

또 다른 예로, 연인이 평소와 달리 연락을 늦게 한다고 했을 때, 논리적으로 보면 '아, 바쁜가 보네' 하고 받아들이면 되지만, 변연계는 '혹시 나를 좋아하지 않는 걸까? 다른 사람과 있는 건 아닐까?'라며 감정을 과장하고 불안을 증폭시킵니다. 이 뇌의 작용 덕분에 우리는 사랑과 공감을 경험하지만, 동시에 감정의 소용돌이에 쉽게 휘말리고, 상처를 받으며, 타인과 비교하는 습관을 가지게 됩니다.

영장류의 뇌, 즉 신피질(Neocortex)은 논리적 사고와 문제 해결을 담당하는 영역입니다. 덕분에 우리는 복잡한 문제를 해결하고, 미래를 계획하며, 창조적인 사고를 할 수 있습니다. 하지만 동시에 이 뇌는 너무 많은 생각을 만들어 내며 과거와 미래를 넘나들며

'지금'을 놓쳐 버리게 만듭니다. 예를 들어, 시험을 앞둔 학생이 있다고 가정해 봅시다. 논리적으로 보면 '공부를 하면 된다'가 해결책이지만, 신피질은 다음과 같은 생각을 만들어 냅니다. '혹시 내가 시험을 망치면 어떡하지? 이번 시험이 내 미래를 결정하는 건 아닐까? 지난번에도 실수했는데, 이번에도 또 그러면 어떡하지?' 이러한 생각들이 꼬리를 물며 계속해서 불안을 증폭시킵니다. 또한, 누군가와 말다툼을 한 뒤 밤에 잠들기 전에 그 상황을 다시 떠올리며 '그때 이렇게 말했어야 했는데…', '왜 그렇게밖에 대답하지 못했을까?'라고 후회하는 것도 신피질의 과도한 분석 때문입니다. 우리는 문제를 해결하기 위해 신피질을 사용하지만, 그 과정에서 불필요한 걱정과 불안을 만들어 내는 부작용도 경험합니다.

이 세 개의 뇌는 각기 다른 방식으로 작동하며, 때로는 협력하고 때로는 충돌합니다. 이 세 개의 뇌가 각자 자신의 역할을 가지고 경쟁적으로 우리를 조종하며, 우리는 이로 인한 혼란을 겪습니다. 명상은 호흡을 통하여 이 세 개의 뇌를 조화롭게 조율하는 방편입니다. 천천히 깊게 호흡하면 파충류의 뇌가 안정됩니다. 감정을 지켜보며 호흡하면 포유류의 뇌는 가라앉습니다. 호흡에 집중하면 영장류의 뇌는 과도한 생각에서 벗어납니다. 예를 들어, 화가 날 때 천천히 호흡하면 파충류의 즉각적인 반응이 줄어듭니다.

감정이 올라올 때 깊이 호흡하면 감정이 지나치게 증폭되지 않고 조용히 흘러갑니다. 밤에 과도한 생각이 떠오를 때 호흡을 조절하면 신피질의 끝없는 사고에서 벗어날 수 있습니다. 우리의 뇌는 본능, 감정, 사고라는 세 개의 층을 가지고 있으며, 그 안에서 끊임없는 소란이 일어납니다. 하지만 그것을 인식하고 조율하는 법을 배운다면, 우리는 그 혼란 속에서도 균형을 유지할 수 있습니다. 그리고 균형이 잡힌 순간, 우리는 더 이상 뇌의 자동 반응에 끌려가지 않고, 우리의 삶을 보다 의식적으로 선택할 수 있게 됩니다. 간단한 호흡과 명상만으로도 이 3개의 뇌는 빠르게 조화를 이루며 안정화됩니다. 이는 6부 명상 편에서 더 자세히 다루겠습니다.

감정

감정은 어떤 현상이나 일에 대해 일어나는 마음이나 느낌에 대한 몸의 반응입니다. 감정은 각자 축적된 경험을 기반으로 한 각자의 판단이라는 필터를 통하여 '좋고 싫음', '나와 너', '옳고 그름'으로 세상을 해석할 때 만들어집니다. 우리 각자의 경험과 판단이 다르기에 같은 현상을 놓고도 반응이 서로 다를 수밖에 없지요. 현실과 상상을 잘 구분하지 못하는 몸은 머릿속에서 다양하게 만들어지는 목소리에 대해서도 현실 상황처럼 반응하며, 이때 대부분의 반응은 부정적 감정입니다. 이렇게 올라온 감정은 마음을 자극하는 스토리를 계속 만들며 우리의 몸과 마음을 수시로 불안과 초조, 걱정과 분노, 두려움에 빠지게 합니다.

> "늦게 들어오는 남편이 보기 싫습니다. 부양 가족이 있음에도 불구하고 술을 마시는 게 더 보기 싫습니다. 가만히 생각해 보니 시댁 부모들이 술을 좋아합니다. 우리 남편에게 그런 습관을 만든 시부모가 밉습니다. 그리고 시부모는 우리 결혼 생활에 보태 준 것이 없습니다."

부정적인 감정은 이렇게 부정적인 스토리를 꼬리 물고 만들어 내며 관계를 엉망으로 만들어 버립니다. 내 의지대로 되지 않을 때는 기분이 안 좋아지고, 내 뜻 대로 될 때는 기분이 좋아지며 하루에도 수십 번, 몸 상태를 오락가락하게 합니다. 우리가 말하는 사랑도 집착의 다른 표현으로, 부정적인 감정을 만드는 원인으로 작용합니다. 칭찬과 좋은 평판은 나를 으쓱하게 하지만, 이어지는 비난과 질책은 큰 고통을 불러옵니다. 대부분의 감정은 부정적입니다.

제가 한창 젊었을 때인 20대 중반, 1985년에 저는 대학 생활을 접고 노동 운동을 한다며 서울 구로동의 의류 제조 회사에 다니고 있었습니다. 그 당시 아침 8시부터 일을 시작하여 저녁 9시까지 일하고 한달 내내 토요일과 일요일도 쉬지 않고 일을 하여 받는 월급이 15만 원 가량이었습니다. 주 84시간 일하고 (지금 돈으로 환산하여) 약 100만 원 정도 받은 것입니다. 먹고 사는 것 자체가 너무 힘들었습니다. 절로 욕이 튀어나오는 생활이었고, 이 당시 생산직에서 일하는 사람들 대부분 이런 환경이었습니다. 노동자들은 이런 상황을 타개하기 위해 노동조합을 만들기 시작했습니다. 저는 25살의 나이에 1,500명 사업장의 노조 위원장이 되었고, 이때 아주 극심한 스트레스를 경험했습니다. 1,500명의 사람들이 제 얼굴을 보고 있었고, 저는 노조 위원장으로서 항상 책임감 있는 행동을 해야 했거든요. 구사대와 싸우며 한편으로 계속되는 회사와 경찰 노동부의 압박에 시달리며 제대로 먹지도 못하고 잠도 못 자니, 온몸에 검은 반점이 올라오고 '이러다 죽겠구나'라는 생각이 들더군요. 그러다 결국 쓰러지고 죽을 고비를 넘겼습니다. 실제로 사람은 과도한 스트레스만으로도 몸이 크게 상할 수 있음을 그때 알았습니다. 그리고 이것이 바로 완벽하게 무의식에 빠진 상태입니다. 부정적인 감정이 온몸을 감싸고 그것을 자신이라 여기고 완전히 동일시된 상태가 된 거죠. 거의 미친 상태라고 보아도 무방합니다. 두려움, 분노, 좌절, 원망이 크면 다리에 힘이 풀리고 서 있는 것조차 힘이 듭니다. 부정적인 감정은 몸에 통증을 불러오고 경직을 일으키며, 근육 단백질이 많이 소모되어 서 있는 것조차 힘들게 합니다.

사랑

사랑은 인류가 가장 아름답게 여기는 감정이자, 공동선을 추구하는 보편적 가치로서 오랫동안 자리해 왔습니다. 사랑은 한 가지 언어로만 다 담을 수 없을 만큼 깊고 다층적입니다. 철학, 심리학, 과학, 영성의 시선마다 사랑을 조금씩 다르게 설명하지만, 공통된 설명으로 사랑은 '자신을 넘어 타인과 세계를 품고 연결하는 힘'이라고 할 수 있습니다.

철학적으로 사랑은 플라톤이 말한 에로스(eros)에서 시작해, 더 넓은 아가페(agape)로 확장됩니다. 즉, 단순히 개인적인 욕망이나 감정을 넘어서, 무조건적이고 이타적인 마음으로 존재 자체를 존중하는 태도이지요.

심리학은 사랑을 "깊은 유대와 친밀감, 그리고 지속적인 헌신을 만들어 내는 정서적 결합"이라 정의합니다. 예컨대 스턴버그의 삼각이론에서는 친밀감, 열정, 헌신의 세 요소가 어우러져 다양한 형태의 사랑을 구성한다고 보았습니다.

과학적으로 사랑은 뇌에서 옥시토신, 도파민, 세로토닌 같은 신경화학 물질이 활성화되면서 생기는 강력한 결합 경험입니다. 단순한 감정이 아니라, 생존과 번영을 위해 진화된 본능이자 에너지의 흐름입니다.

영적인 맥락에서는 사랑은 '존재의 본질'로 설명되기도 합니다. 조건과 이유를 초월한 순수한 마음의 상태, 즉 자비와 감사, 연민과 배려의 마음을 일컫습니다. 그러나 우리가 일상에서 말하는 사랑의 대부분은 진실한 헌신이 아니라 조건과 소유, 집착으로 구성된 감정임을 알게 됩니다. 영적으로 깨어나기 전, 인간이 느끼는 사랑은 순수한 사랑이라기보다 일종의 심리적 거래이며, 마음속에 자리한 불안과 결핍이 만들어 낸 유사 감정일 때가 많습니다. "사랑해"라는 말은 종종 "나만 봐 줘", "내 곁에 있어 줘", "나를 실망시키지 마"와 같은 숨겨진 바람과 기대를 품고 있습니다. "우리 서로 사랑하자"라는 표현은 "우리 서로 집착하자"라는 뜻이며, "영원히 사랑하자"라는 말 속에는 "영원히 집착하자"라는 무의식적 요청이 숨어 있습니다. 겉으로는 헌신과 애정을 말하지만, 그

이면에는 집착과 통제가 함께 흐르고 있습니다.

가장 숭고하다고 여겨지는 부모의 사랑조차 이 원리를 벗어나지 못할 때가 많습니다. 부모는 자녀를 사랑한다고 말하면서도 "빨리 해", "하지 마", "왜 말을 안 들어", "언제 할 거야", "일어나"와 같은 말을 습관처럼 내뱉습니다. 그 말들에는 아이를 한 존재로 존중하기보다는, 부모 자신의 기대와 기준에 맞춰야 한다는 암묵적 강요가 담겨 있습니다. 결국 자식은 부모의 확장된 자아로 인식되며, 사랑은 쉽게 통제의 언어로 바뀌게 됩니다. 마찬가지로, 자식이 부모에게 느끼는 감정도 사랑이라는 이름 아래 조건과 의무로 포장될 때가 많습니다. "부모니까 당연히", "자식이면 이 정도는 해야지"라는 생각은 사랑이 아닌 역할의 수행이며, 그 안에 있는 감정은 종종 진정한 이해가 아닌 죄책감과 기대에서 비롯됩니다.

이처럼 우리가 말하는 사랑의 대부분은 마음이 만들어 낸 조건화된 반응이며, 소유와 집착, 비교와 통제에서 비롯된 감정입니다. 그래서 이 사랑은 고요하지 않고, 일관되지 않으며, 수시로 변하고 흔들립니다. 조금만 상황이 달라지면 그 사랑은 곧 실망과 분노, 미움으로 전환됩니다. 그리고 우리는 그 변화 앞에서 "사랑은 왜 이렇게 어려운가"라고 한탄하곤 합니다.

진정한 사랑은 존재 깊은 곳에서 솟아오르는 어떤 인식이며, 그 인식은 내가 누군가를 지배하는 것이 아니라, 함께 존재한다는 깊은 자각에서 비롯됩니다. 조건 없이 바라보고, 소유 없이 응시하고, 결과 없이 함께 머무를 수 있을 때 비로소 우리는 사랑을 말할 수 있습니다. 그러나 그러한 사랑은 깨어난 존재만이 감당할 수 있는 매우 고요하고도 강력한 에너지입니다. 그래서 진짜 사랑은 결코 요란하지 않으며, 그 자체로 충분한 침묵이 됩니다. 예수나 붓다가 설파하는 사랑, 자비에 도달했을때 만들어지는 마음, 그리고 감정의 상태를 간접적으로 경험할 수 있는 방법이 있습니다. 바로 명상입니다. 명상을 마치고 눈을 떴을 때 마주하는 세상을 보는 시선과 마음이 바로 사랑과 자비의 상태입니다. 꼴 보기 싫은 인간을 앞에 데려다 놓아도 아무 생각도 편견도 없이 바로 볼 수 있는 상태, 머릿속 잡음이 사라지고 고요한 상태입니다. 진정한 사랑과 자비의 상태는 무엇인가 뜨겁거나 열정적이거나 강렬한 감정의 상태가 아니라 지극히 고요해진 상태, 그래서 마음과 생각이 사라지고 편견 없이 세상을 있는 그대로 볼 수 있는 상태가 바로 진정한 사랑과 자비의 상태입니다.

두려움

우리 내면에 존재하는 다양한 부정적 감정의 근원을 추적해 보면, 그 뿌리는 대부분 하나의 감정으로 수렴됩니다. 그것은 바로 '두려움'입니다. 인간이 느끼는 분노, 시기, 질투, 미움, 원망, 증오 등의 감정은 겉으로는 서로 다른 듯 보이지만, 그 밑바닥에는 상실에 대한 공포, 실패에 대한 불안, 인정받지 못할 것에 대한 두려움이 자리 잡고 있습니다. 심리학자 폴 에크만(Paul Ekman)은 인간의 기본 감정 중 하나로 두려움을 꼽으며, 이 감정이 위협을 감지하고 반응하는 생존 본능의 중심에 있다고 설명합니다.

예를 들어, 분노 속에는 '내가 손해 볼지도 모른다', '내 뜻대로 되지 않으면 고통을 겪을 것이다'라는 무의식적 두려움이 깔려 있습니다. 실제로 동물행동학에서도 비슷한 패턴이 관찰됩니다. 공격적으로 짖거나 으르렁거리는 개들 역시 두려움을 느끼고 있을 때 그 같은 반응을 보입니다. 위협을 감지한 생명체는 자신을 보호하기 위해 '공격'이라는 방식으로 방어적 에너지를 발산하게 되는 것이죠.

이러한 현상은 인간에게서도 동일하게 나타납니다. 자주 분노하거나 폭력적인 성향을 보이는 사람들의 심층을 들여다보면, 공통적으로 '겁이 많다'는 특징이 발견됩니다. 긴장 상태를 감당하지 못하고, 그 불안과 압박을 외부로 표출하는 방식이 바로 분노와 공격성입니다. 전쟁이나 집단적 폭력의 발생 역시 집단 차원의 '두려움'에서 비롯되는 경우가 많습니다. 낯선 존재에 대한 경계, 위협에 대한 과도한 해석, 생존 자원에 대한 불안이 증폭되면서 적대감으로 전환되는 것입니다.

두려움은 존재 자체를 위축시키고, 타인과의 공존을 가로막으며, 갈등과 고통의 반복을 만들어 냅니다. 인지심리학의 연구에 따르면, 두려움을 느낄 때 우리의 뇌는 생존 모드로 전환되며, 이때 아드레날린과 코르티솔 같은 스트레스 호르몬이 급격히 분비됩니다. 이 호르몬들은 단기적으로 위기 상황에 대처하는 데는 유용하지만, 지속적으로 분비될 경우 면역 체계를 약화시키고, 심리적·신체적 피로를 누적시키며, 감정의 조절 능력을 떨어뜨립니다.

하루 중 우리가 사용할 수 있는 정신적 에너지는 한정되어 있습니다. 중요한 의사 결정은 평균 15개가 적정하며, 집중력을 발휘할 수 있는 시간의 총합도 2~4시간이라고 합니다. 아침에 올라온 작은 두려움 하나가 하루의 에너지를 고갈시킬 수도 있습니다. 그리고 그런 하루는 온종일 실수와 판단 착오의 연속으로 점철됩니다. 그리고 과도한 경계와 긴장은 유쾌함과 창의성을 억누르고, 삶을 심각함과 피로로 이끌며, 실패로 이어지는 내면의 조건을 만듭니다. 무엇보다 두려움은 세상 및 타인과의 연결성을 단절시키는 힘을 가지고 있습니다. 두려움에 빠진 순간, 우리는 삶과 타인, 그리고 자신의 본질과 멀어지게 됩니다. 두려움은 인간 내면의 가장 근원적인 불균형이며, 삶을 병들게 하는 진원지입니다.

내 안에 수많은 나

우리는 단 하나의 고정된 '나'로 존재하는 것이 아니라, 수많은 인격적 요소와 경험이 복합적으로 작용하는 시스템 속에서 살아갑니다. 우리의 뇌는 다양한 역할을 수행하는 여러 개의 '나'를 만들며, 때에 따라 서로 다른 얼굴을 드러냅니다. 아침에 일어날 때의 나, 일터에서의 나, 가족과 함께 있을 때의 나, 혼자 있을 때의 나, 감정에 휩쓸리는 나, 이성을 따르는 나, 그리고 이 모든 과정을 바라보는 관찰자의 나까지, 우리는 무수한 '나'들의 총합으로 이루어진 존재입니다. 이러한 '나'들은 우리의 기억, 감정, 사고 과정이 서로 다른 신경 네트워크를 통해 작동하면서 만들어집니다. 신경과학적으로 볼 때, 우리의 자아는 단일한 실체가 아니며 해마(기억), 변연계(감정), 전두엽(논리적 사고) 등의 조합을 통해 끊임없이 재구성되는 유동적인 개념입니다.

우리의 뇌는 기본적으로 끊임없이 작동합니다. 집중하고 있을 때만 아니라, 가만히 쉬고 있을 때도 끊임없이 생각을 만들어 내는 디폴트(default) 모드 네트워크 상태가 됩니다. 이 네트워크는 우리가 의식적으로 집중하지 않을 때 활성화되며, 과거의 경험을 되새기고, 미래를 예측하며, 자기 반성적 사고를 합니다. 즉, 아무것도 하지 않을 때조차 우리의 뇌는 끊임없이 돌아가며 '나는 누구인가', '나는 왜 이렇게 행동했는가', '앞으로 어떻게 해야 하는가'와 같은 생각을 반복적으로 만들어 냅니다.

이 과정은 때때로 유용합니다. 우리는 이를 통해 문제를 해결하고 중요한 결정을 내릴 수 있습니다. 그러나 대부분 부정적인 흐름으로 활성화되며 불필요한 걱정과 반추, 스트레스와 불안을 유발하는 원인이 됩니다. 영적으로 깨어 나지 못하고 마음을 방치하고 사는 대부분의 사람들은 부정적인 흐름에 노출되어 고통스러운 일상을 순환합니다. 한 가지 생각이 또 다른 생각을 불러오고, 감정은 감정을 증폭시키며, 우리는 점점 더 깊은 사고의 미로 속으로 빠져들게 됩니다. 마치 원숭이가 나뭇가지 사이를 끝없이 뛰어다니듯, 우리의 의식은 끊임없이 움직이며 한순간도 멈추지 못하고 분산되고 흩어집니다.

내 속에 수많은 나로 인해 많은 에너지가 이러저리 흩어집니다. 우리의 뇌는 동시에 여러 가지 일을 하지 못하지만, 마음속 수 많은 나는 끊임없이 수만 가지 생각을 만들어 내며 온갖 잡다한 이미지와 기억, 감정을 불러옵니다. 눈앞의 일에 집중해야 하는 순간에도 머릿속에서는 과거의 후회와 미래에 대한 걱정이 교차하며, 이 모든 것이 우리의 주의력을 여기저기 분산시키고 흐트러뜨립니다. 마치 라디오 채널이 계속해서 바뀌며 잡음이 섞이는 것처럼, 우리의 의식도 여러 가지 신호에 휘둘리며 하나의 흐름을 유지하지 못하게 됩니다. 무언가 의미 있는 성취를 이루기 위해서는 하나의 목표에 집중해야 합니다. 우리의 주의력이 흐트러지면, 해야 할 일이 산만해지고 방향을 잃게 됩니다. 마음이 동시에 많은 일들을 불러들이면, 결국 아무것도 제대로 이루어지지 않은 채 에너지만 소모됩니다.

우리는 멀티태스킹(multitasking)이 능률적인 방식이라고 생각하지만, 신경과학적으로 볼 때 우리의 뇌는 한 번에 여러 가지 일을 효과적으로 수행하도록 설계되지 않았습니다. 이는 인지적 부하(Cognitive Load)의 원리에 의해 설명됩니다. 우리의 뇌는 한 번에 하나의 정보만을 집중적으로 처리할 수 있도록 되어 있으며, 주의력이 여러 곳으로 분산될수록 집중력은 급격히 저하됩니다. 운전을 하면서 전화 통화를 하면 사고 위험이 높아지는 이유도 같은 원리입니다. 우리는 운전을 하면서도 통화를 할 수 있다고 생각하지만, 사실 뇌는 두 가지 일을 빠르게 번갈아 가며 수행할 뿐, 두 가지 작업을 동시에 고도로 집중하여 처리하지 못합니다. 이는 창의적인 사고나 깊은 문제 해결을 요하는 업무에서도 동일하게 적용됩니다. 집중해야 할 순간에 이메일을 확인하거나 SNS를 둘러보는 작은 습관도 결국 우리의 사고 능력을 단절시키고, 뇌의 에너지를 비효율적으로 분산시킵니다. 너무 많은 생각이 우리의 에너지를 사방으로 흩어지게 합니다. 우리의 마음은 시시각각 다양한 정보와 감정에 반응하며, 이러한 산만한 흐름이 지속되면 정작 중요한 일에 몰입할 수 있는 상태를 만들지 못하게 됩니다. 우리의 에너지도 마찬가지입니다. 의식을 하나의 대상에 집중하지 못하면, 아무리 많은 에너지를 가지고 있어도 그것이 하나의 강력한 힘으로 발휘되지 못합니다. 마음 방치가 일상이 된 대부분의 사람들의 정신은 산만하며 흩어져 있으므로 성장 혹은 성공을 위한 힘을 만들어 내지 못합니다.

나를 강조할 때 벌어지는 일

우리는 종종 '나'를 강조하며 살아갑니다. 그러나 그 '나'는 실체가 아니라 수많은 구성 요소들의 집합에 불과합니다. 나의 물건, 나의 역할, 나의 권위, 사회적 명성, 정치적 신념, 종교적 믿음, 과거의 경험 등은 모두 '나'라는 정체성을 만드는 경계선입니다. 이 경계선은 나를 설명하고 구별하는 데 도움이 되기도 하지만, 마음을 방치하고 살아가는 대부분의 사람들에게 그것은 성장을 방해하고 분노, 걱정, 불안, 우울, 시기 미움, 질투의 감정을 만들어 내는 원인이 됩니다. 누군가 그것을 침범하는 순간, 즉시 반격하는 방어선이 되기 때문이죠.

의식이 깨어나지 못한 상태에서는 이 경계선이 곧 나의 전부가 됩니다. 타인이 이 경계를 조금이라도 건드리면 곧바로 위협으로 받아들이고 방어하거나 공격하게 됩니다. 내 의견을 무시당했을 때, 내 물건에 침범이 있었을 때, 내 가치관을 부정당했을 때, 우리는 쉽게 분노하고 서운함과 원망을 품습니다. 가족조차도 예외는 아닙니다. 오히려 가까운 이들과 더 자주, 더 깊은 갈등을 겪게 됩니다.

이처럼 자아의 경계선을 지나치게 고수할수록 우리는 점점 더 좁은 틀 속에 갇히게 됩니다. 작은 말에도 민감해지고, 사소한 행동에도 불쾌해지며, 삶의 많은 순간이 갈등으로 가득 차게 되고, 옹졸하며 괴팍한 사람이 됩니다. 이 모든 고통은 사실 '나'라는 경계를 너무 강하게 붙잡고 있기 때문입니다.

그러나 의식이 깨어나면 이 모든 것이 달라집니다. 내가 나라고 믿었던 것들이 사실은 단지 역할일 뿐이며, 사회적 명성도, 과거의 경험도 고정된 나의 본질이 아니라는 사실을 직면하게 됩니다. 그 순간, 자아를 둘러싼 단단한 철조망이 조금씩 무너지기 시작합니다. 그러면 이전에는 위협이라 여겼던 것들이 더 이상 겁나지 않게 되고, 타인의 말과 행동도 나를 흔드는 일이 아니라 그냥 하나의 현상으로 받아들여지게 됩니다.

의식이 확장되면 삶은 넓어지고, 관계는 부드러워지며, 마음은 평온해집니다. '나'라는 작고 좁은 울타리를 내려놓는 순간, 우리는 세상을 훨씬 더 크게 경험할 수 있습니다. 그리고 그때 비로소 우리는 더 이상 옹졸하지도, 괴팍하지도, 이상하지도 않은 사람으로 살아갈 수 있게 됩니다. 진정한 자유는 나를 '지키는' 것이 아니라 나를 '내려놓는' 데서 시작됩니다.

5부
무의식

심각함은 질병이다.

_by 라의형

여행자

먼지 날리는 길을 걷고 있던 한 사람이 있었습니다. 그는 머리 위에 큰 포대 자루를 얹고 있었고, 등에 돌로 가득 찬 배낭을 메고 있었으며, 발목에 쇠사슬을 매단 채 휘청거리며 힘겹게 한 걸음 한 걸음 내디디고 있었습니다.

그의 얼굴에는 고통이 가득했고, 간신히 숨을 몰아쉬며 걷고 있었습니다. 길가에 앉아 있던 한 사람이 그를 보고 물었습니다.

"여보세요! 왜 쓸데없는 포대 자루를 머리에 이고 있습니까?"

여행자는 그제야 깜짝 놀라며 대답했습니다.

"아, 그러게요. 내가 왜 이것을 이고 있죠? 당신이 말해 주기 전까지는 내가 짊어진 짐이 이렇게 무거운 줄 몰랐습니다. 사실, 이 짐이 왜 필요했는지 한 번도 생각해 본 적이 없었네요."

여행자는 잠시 멈춰 서서 생각하더니, 곧 머리 위에 있던 무겁고 큰 포대 자루를 내려놓고 이전보다 훨씬 가벼운 마음으로 다시 걷기 시작했습니다.

시간이 흐르고 한나절이 지나자 또 다른 사람이 그에게 물었습니다.

"왜 돌로 가득 찬 배낭을 메고 있나요?"

여행자는 또 한 번 놀라며 대답했습니다.

"아, 그러게요. 이 배낭 안에 뭐가 들었는지 생각해 본 적이 없었군요. 알려 주셔서 감사합니다."

그는 배낭에서 돌들을 모두 꺼내 버리고, 더 가벼운 걸음으로 걸어갈 수 있었습니다. 얼마 후, 또 다른 사람이 다가와서 물었습니다.

"여보세요. 왜 허리와 발목에 쇠사슬을 매달고 다니십니까?"

그제야 여행자는 그것들까지 모두 풀어 버리고, 이전보다 훨씬 자유로운 상태로 걸어갔습니다. 이 사람의 진짜 문제는 포대 자루와 돌, 쇠사슬이었을까요? 아니면 그가 그것들을 왜 짊어지고 있는지조차 인식하지 못한 그의 정신 상태였을까요?

무의식이란?

무의식(Unconscious)의 개념은 알프레드 아들러(Alfred Adler)나 지그문트 프로이트(Sigmund Freud)와 같은 선구적인 심리학자들에 의해 처음으로 제시된 심리학적인 개념입니다. 무의식은 우리의 의식적인 인지나 의식 밖에 있는 마음의 영역으로 통제할 수 없는 영역입니다. 무의식의 대표적인 특성은 비인식성, 자동성입니다. 먼저 무의식의 비인식성의 특징은 바로 우리가 인지, 의식하지 못한 상태로 표출된다는 것입니다. 그리고 무의식의 자동성은 행동, 생각, 감정이 내 의지와 상관없이 자동적으로 만들어진다는 것이죠. 무의식은 글자 그대로 내가 미리 알고 인식하거나 통제할 수 없는 상태에서 자동적으로 표출되는 감정의 상태와 동일시된 현상을 말합니다.

무의식은 우리가 의식적으로 신경 쓰지 않더라도 끊임없이 작동하는 거대한 자동화 시스템입니다. 우리가 길을 걸을 때, 운전을 할 때, 심지어는 대화를 나눌 때도 무의식이 방대한 정보를 분석하고 적절한 반응을 유도합니다. 우리가 자전거 타는 법을 배울 때를 생각해 보면, 동작 하나 하나를 생각하며 한 동작을 배웁니다. 그게 몸에 익숙해지면, 다음 동작으로 넘어갑니다. 핸들을 이리 돌리고 저리 돌리며 중심 잡는 법을 터득해 나갑니다. 반복적인 연습으로 손발이 자동으로 움직이면, 이제 자전거를 타는 것은 의식의 영역에서 무의식의 영역으로 넘어갑니다. 수영을 배우는 것, 요리를 하는 것, 스키를 타는 것 등등 모두 그러한 방식이 적용됩니다. 즉, 우리가 자각하는 정보는 전체의 극히 일부일 뿐이며, 대부분의 정보는 무의식이 알아서 처리합니다.

무의식은 슈퍼컴퓨터처럼 방대한 데이터를 빠르게 분석하지만, 의식은 정보를 하나씩 천천히 계산하는 손 계산기와 같습니다. 생리학자들의 말에 의하면, 우리의 감각계는 초당 1,100만 비트의 정보를 뇌로 보내며, 이의 대부분을 무의식이 처리하고 의식이 처리하는 정보량은 16~20비트로 무의식의 0.00018% 수준입니다. 우리가 밥을 먹을 때, 길을 걸을 때, 달리기를 할 때 무의식은 우리 몸의 감각 기관을 가동하여 정보를 모으고 상황을 파악하고 일상생활이 가능한 행동을 지원합니다. 1초간 행한 단순한 동작에서도 약 1100만 번의 '예'와 '아니오'라는 정보가 순식간에 처리됨으로 인해 우리는 걷고 서고 달리고 먹는 데 문제없는 일상을 유지합니다.

무의식은 우리가 굳이 고민하지 않아도 빠르고 효율적으로 삶을 살아갈 수 있도록 돕는 조력자입니다. 무의식은 우리가 살아남기 위해 필수적인 요소이며, 나름대로 꽤 경제적인 메커니즘이 작동하는 구조를 가지고 있습니다. 예를 들어, 길을 걷다가 갑자기 자동차 경적 소리가 울리면 우리는 본능적으로 움찔하며 몸을 피합니다. 이것은 우리가 생각해서 반응하는 것이 아니라, 무의식이 즉각적으로 생존을 위한 행동을 유도하는 것입니다. 우리의 무의식은 정보를 신속하게 판단하고 범주화하며, 이에 따라 적절한 반응을 만들어 냅니다. 무의식은 새로운 사람을 만날 때도 기존 경험과 연결하여 단 몇 초 만에 호감이 가는지, 신뢰할 수 있는지를 판단합니다. 그리고 반복적인 행동과 반응을 자동화하여 뇌의 에너지를 절약합니다.

더 늘어난 사자들

구석기 시대의 인간에게 무의식은 생존의 최전선에서 작동하는 본능적 방어 체계였습니다. 깊은 숲을 헤치고 나오는 맹수의 그림자, 독이 서린 열매, 갑작스러운 기후의 변화 앞에서 인간은 사고하기보다 반응해야 했습니다. 그리하여 우리 뇌는 무엇을 '판단'하기 이전에 먼저 '도망치라'고 외치는 회피 시스템을 정교하게 발달시켰습니다. 생존을 위한 즉각적 반응, 그것이 인류를 오늘에 이르게 한 진화의 산물이었습니다. 놀랍게도, 수만 년이 흐른 지금 이 순간에도 우리의 뇌 구조는 그 시절과 별반 다르지 않습니다. 다만 환경이 달라졌을 뿐, 위협을 감지하고 반응하는 시스템은 여전히 구석기 시대의 방식 그대로 작동 중입니다. 그러나 현대 사회는 더 이상 맹수들이 어슬렁거리는 사냥터가 아님에도 불구하고, 우리의 뇌는 여전히 그러한 위기를 가정하며 반응하고 있습니다. '실제의 사자'는 사라졌지만, '심리적 사자'가 너무 많이 늘어나고 있다는 것이죠. 남편에게서, 아이에게서, 마주한 고객에게서, 회의실의 침묵 속에서, 상사의 무표정한 얼굴에서, 직원에게서 우리는 사자를 봅니다. 출근길의 정체된 도로, 정시에 도착하지 못할지도 모른다는 압박, 아이의 등교 준비에 쫓기는 아침의 분주함 속에도 그 사자는 도사리고 있습니다.

오늘날의 사자들은 더 이상 날카로운 발톱과 송곳니를 드러내지 않습니다. 대신 분노, 두려움, 근심, 걱정, 강박, 성과 압박이라는 이름으로, 사회적 비교라는 형태로, 관계의 긴장이라는 방식으로 실시간으로 잠시도 멈춤 없이 우리를 조여옵니다. 우리의 무의식은 이 모든 위협을 여전히 생존의 문제로 간주합니다. 그 결과, 우리는 만성적인 긴장 속에 살아가게 됩니다. 심장은 쉴 틈 없이 뛰고, 근육은 긴장한 채 굳어 있으며, 마음은 하루에도 수십 번씩 자신을 방어하느라 지쳐 갑니다. 정글속 사자는 사라졌지만, 마음 속 사자는 더 많아지고, 더 복잡해지고, 더 가까워졌습니다. 무의식은 여전히 구분하지 못합니다. 진짜 사자와 가짜 사자를, 실제 위협과 상상된 위험을, 단순한 불편함과 존재의 위협을 식별하지 못한 채 모든 상황을 생존 모드로 반응합니다.

제 얼굴이 바뀐 것 같지 않아요?

필라테스 김하나 원장

내면 혁명 워크숍을 다녀온 후 생긴 변화입니다. 얼굴도 눈빛도 많이 밝아지고 맑아졌습니다. 얼마 전 아주 무례하게 말하며 환불을 요구한 고객이 있었습니다. 격앙된 감정, 짜증으로 화를 내고, 고함을 지르며 막무가내로 환불을 요구했죠.

"이유는 알 것 없고 그냥 환불해 주세요!!"

그런데 제가 그 상황에서 화를 내지 않고 호흡을 하고 있더군요. 그리고 감정의 동요없이 차분하게 응대하는 저를 보고 '아… 내가 이만큼 성장을 했구나'라는 생각이 들었습니다. 저번에 가장 뚜렷하게 깨달은 것은 무의식에 대한 알아차림입니다. 분노하고 화내고 짜증내고 하는 일들이 모두 무의식에 빠진 증상이더군요. 이것을 알아차리니 더 이상 이런 부정의 감정들에 끌려다니지 않게 되었어요.

이후 스스로를 통제할 수 있는 힘이 확실하게 늘었습니다. 이전에는 무의식과 동일시되어 감정의 혼란에 빠졌다면, 지금은 무의식을 알아차리는 것이 잘됩니다. 자신을 통제할 수 있는 힘이 생긴 것 같습니다. 타인의 무의식을 대하는 태도에도 많은 변화가 생겼습니다. 흥분하고 화가 일어나는 상황에서도 웃음으로 넘기는 여유가 생겼습니다.

'그래, 맞아. 나도 한때 저랬지. 누구나 그럴 수 있어.'

예전 같으면 불이 번쩍 일어나고 바로 큰소리가 나갈 텐데, 저와 타인의 무의식을 이해하니 그럴 필요가 없어졌습니다.

"씨잇 웃는다."

이 말이 참 좋더라고요. 예전에는 필라테스 운동센터에 들어오는 순간부터 긴장이 생기고 마음이 편하지 않았습니다. 그런데 지금은 그런 것이 싹 사라졌어요. 웃음과 즐거움으로 한 분 한 분을 마주합니다. 캠프에서 화를 내는 것이 내 삶에 어떤 부작용을 미치는지, 그것이 나의 성장과 사업에 어떤 영향을 미치는지 뚜렷하게 이해했습니다.

예전에는 수많은 생각과 많은 말, 부정적인 감정으로 많은 에너지가 빠져 나갔습니다. 지금은 그런 것에 에너지를 빼앗기지 않아요. 덕분에 더 생산적인 것에 에너지를 쓸 수 있게 되었습니다. 저녁 활동 시간을 늘려도 될 만큼 에너지가 잘 관리되고 있어요.

사업도 이전보다 더 잘할 수 있겠다는 자신감도 생겼습니다. 그리고 수련을 통하여, 의식을 불꽃에서 불길로 만들 때 사업이 성장할 수 있다는 안내자의 말에 공감하게 되었어요. 그렇게 수련해 볼 생각입니다.

얼마 전 어머니가 돌아가시고 큰 슬픔에 빠졌습니다. 이제 다시는 볼 수 없다는 서운함과 애석함이 주체할 수 없이 몰려왔습니다. 그런데 시간이 흐르며 엄마가 저에게 준 선물이 있더군요. 슬픈 감정을 겪고 나니 타인에 대한 연민의 마음이 올라왔습니다. 타인을 사랑과 연민의 마음으로 바라보는 마음이 생긴 것 같습니다.

이것이 깊은 명상의 상태에서 만들어지는 평온과 사랑, 자비, 연민의 마음과 같은 것이더군요. 이번에 받은 선물이라 생각합니다.

의식이 각성되면 원하는 것을 성숙한 방식으로 수월하게 얻을 수 있다는 말에 공감해요. 돈이라는 게 벌겠다고 하여 벌어지는 것이 아니잖아요. 타인에 대한 사랑과 연민의 마음이 바탕이 될 때, 그런 길이 열릴 것이라 생각합니다. 워크숍 이후 그런 점을 조금씩 배워 나가고 있습니다. 운동을 꾸준히 하고 먹을 것을 가려 먹는 것도 더 나은 삶을 위해 꼭 필요합니다. 자신의 몸을 잘 관리하는 사람이 명상도 잘하고 깨달음도 쉽게 얻는다는 것을 수차례 캠프에 참석하며 확인했습니다.

> 캠프 이후 제 삶은 여러모로 바뀌었습니다. 홀로 있는 즐거움도 조금씩 배워 나가는 것 같아요. 저 자신과 타인을 더 깊게 이해하고 사랑할 수 있게 되었습니다.

무의식은 질병이다

무의식에 빠진 상태는 마치 폭풍이 몰아치는 바다 한가운데서 방향을 잃고 떠다니는 작은 배와 같습니다. 우리는 감정이라는 거센 파도에 휩쓸리며, 어디로 가야 할지 알 수 없게 됩니다. 이 상태에서는 감정이 곧 '나'라고 착각하여 외부 자극에 즉각 반응하며, 감정이 이끄는 대로 끌려가게 됩니다. 이 과정에서 더 큰 스트레스를 만들고, 자신을 더욱 깊은 무의식의 늪으로 밀어 넣습니다. 우리의 무의식은 보이지 않는 실타래처럼 삶 곳곳에 얽혀 있습니다. 마치 뒤엉킨 실뭉치처럼 무의식의 영향력이 커질수록 우리의 삶은 더욱 복잡해지고 예측할 수 없는 방향으로 흘러갑니다. 그 결과 우리는 건강을 해치고, 경제적 손실을 입으며, 중요한 기회를 놓치게 됩니다. 무의식 속에 쌓인 스트레스와 감정적 반응은 단순히 기분을 망치는 것이 아니라, 실제로 우리의 몸을 해칩니다. 우리는 무의식적인 감정 반응 속에서 스트레스 호르몬(코르티솔)을 지속적으로 분비하며, 이로 인해 심장병, 고혈압, 당뇨, 소화 장애 같은 만성 질환을 유발합니다.

스트레스는 면역계를 약화시켜 감기에 쉽게 걸리게 만들고, 작은 병도 쉽게 낫지 않도록 합니다. 특히, 신경계의 균형이 무너지면 불면증이 심해지고, 몸이 제대로 회복되지 못해 피로가 쌓입니다. 수면 부족은 뇌 기능을 저하시켜 기억력과 집중력을 급격히 떨어뜨리며, 장기적으로는 치매와 같은 신경퇴행성 질환의 위험도 높입니다. 심리학과 신경과학 연구에 따르면, 지속적인 스트레스는 노화 속도를 빠르게 하고 수명을 단축시키는 것으로 나타났습니다. 즉, 감정을 조절하지 못하고 무의식적으로 살아가는 것은 우리 생명을 갉아먹는 행위나 다름없습니다. 한 연구에서는 스트레스가 높은 사람들이 건강을 돌보지 않는 경향이 있으며, 이로 인해 만성 질환을 조기에 겪을 확률이 높다는 결과를 보여 주었습니다. 스트레스로 인해 폭식하거나, 과도한 음주와 흡연을 하거나, 운동을 게을리하는 등의 행동을 반복합니다.

무의식적으로 살아가면 재정적인 부분에서도 손실을 보게 됩니다. 감정적인 충동 소비가 증가하여 불필요한 지출이 많아지고,

순간적인 기분을 맞추기 위해 계획 없이 돈을 쓰게 됩니다. 불안하고 지친 상태에서는 스스로를 보상하려는 심리가 강해지는데, 이것이 과소비로 이어집니다. 기업들이 채용 과정에서 "감정 안정성"을 중요하게 평가하는 이유도 이 때문입니다. 한 연구에 따르면, 불안이 높은 사람들은 투자나 사업 결정을 할 때 충동적이고 비합리적인 선택을 할 가능성이 높은 것으로 나타났습니다. 무의식적인 불안감이 우리를 더 조급하게 만들고, 안정적이고 장기적인 관점에서 결정을 내리기 어렵게 합니다. 이러한 패턴은 직장 내 대인 관계에서도 부정적인 영향을 미칩니다. 감정적으로 반응하는 사람들은 동료들과 협력하는 데 어려움을 겪고 조직 내에서 신뢰를 잃게 됩니다. 그리고 자신이 만들어 놓은 원칙과 기준들에 집착할 때도 강력한 무의식 상태에 빠지게 됩니다. '어떻게 저런 행동을 하지? 이건 말도 안되는 행동인데…', '이건 당신이 할 일인데 왜 내가 해야 하지?'와 같은 일들입니다. 원칙은 책임감, 정직성, 자율성의 기초이며, 우리의 행동과 선택을 결정하는 가이드라인이기도 합니다. 하지만 이 원칙으로 인해 누군가를 비난하고 심판하고 분개한다면, 그것 역시 우리의 에너지를 고갈시키는 원인이 됩니다. 원칙에 기초한 대부분의 비난, 분노조차 오류일 경우가 대부분입니다. 피상적인 정보와 상황만으로 판단하는 행위는 대부분 진실이 아닐 가능성이 큽니다. 이런 판단은 의식이 깨어나 어느 정도 마음 공부가 된 이후에 하는 것이 좋습니다.

돈보따리를 싸 들고 찾아와도 모른다

화살로 열심히 새를 잡는 사람이 있었습니다. 시간이 흐를수록 그의 화살 실력은 힘을 잃어갔고 그는 더욱 더 화살촉을 갈며 노력을 했습니다. 하루 종일 사냥에 실패한 어느 날, 그는 분노에 차서 화살촉을 다시 날카롭게 갈고 있었습니다. 그것을 지켜본 어떤 사람이 그에게 총을 한 자루 선물하려고 했습니다. 하지만 화살촉을 갈던 사냥꾼은 분노에 차서 이렇게 말했습니다. " 말 시키지 마시오. 나는 지금 바쁘오. 지금 화살촉 갈고 있는 게 안 보입니까?" 무의식에 빠지면 귀가 있어도 듣지 못하고 눈이 있어도 보지 못합니다. 귀가 있어도 듣지 못하고 눈이 있어도 보지 못하는 상태, 이는 뇌과학과 심리학이 함께 설명하는 실제 현상입니다. 인간의 감각 기관은 정보를 받아들이는 창구일 뿐, 그것을 '듣고', '보는' 진짜 기능은 뇌의 해석 시스템에 달려 있습니다. 우리가 무언가를 '듣는다'고 느끼는 순간은 귀에 소리가 닿는 순간이 아니라, 뇌가 그 소리를 의미로 해석하는 순간이며, 무언가를 '본다'고 인식하는 것도 마찬가지입니다. 그런데 무의식에 깊이 잠겨 있을 때, 이 해석의 과정 자체가 왜곡되거나 차단됩니다. 외부 세계는 여전히 존재하지만, 뇌는 그것을 의식 위로 올려 보내지 않습니다. 그래서 눈앞에 무언가가 있어도 실제로는 '보지 못하고', 분명히 들리는 말도 '듣지 못하는' 일이 벌어지는 것입니다. 이는 '시각적 무주의'나 '주의 필터'처럼 뇌의 기능적 집중이 결여되었을 때 발생하는 인지적 맹점과 관련이 깊습니다. 또한 심리학적으로도 무의식이 강하게 작동할수록 우리는 외부 현실보다 내면의 감정 필터를 통해 세상을 인식하게 됩니다. 불안한 무의식은 평범한 말도 비난으로 듣게 만들고, 지극히 평온한 상황에서도 위협을 감지합니다. 듣고 보는 감각이 정상이어도 내면의 렌즈가 왜곡되어 있다면, 세상은 제대로 다가오지 않습니다. 무의식은 마치 뇌에 안개를 씌우는 것과 같아서 실제의 빛과 소리를 차단하진 않지만, 그것을 제대로 통과시키지 못하게 합니다. 결국 무의식에 잠겨 있다는 것은 귀로 들어도 듣지 못하고, 눈을 떠도 보지 못하는 상태에 가까우며, 이는 단지 은유가 아니라 실제로 작동하는 인간 인지 시스템의 결과이자, 우리가 깨어나야 할 이유를 설명해 주는 가장 분명한 증거입니다.

무의식은 죄이다

우리는 흔히 '죄'라는 개념을 법을 어기는 행위나 도덕적 잘못으로 생각합니다. 하지만 더 근본적인 죄는 무의식적으로 자신도 모르게 세상에 퍼트린 분노와 두려움, 증오입니다. 우리가 무심코 내뱉은 말, 별다른 의도 없이 취한 행동, 생각 없이 습관처럼 반복하는 태도들은 직장, 가족, 사회 전체에 걸쳐 마치 보이지 않는 전염병처럼 퍼져 나갑니다. 미세하여 느낄 수 없지만, 이러한 무의식적인 반응이 쌓이고 증폭되면서 갈등이 심화되고 사회 전체가 병들어 갑니다.

무의식적으로 행한 말과 행동이 상대방에게 상처를 줄 때, 우리는 그것을 '죄'라고 생각하지 않습니다. 하지만 결과적으로 고통을 확대시키며 끝없는 악순환을 만들어 내는 것은 분명한 사실입니다. 무의식적인 말과 행동은 파문을 일으키며 점차 커다란 문제로 발전합니다. 직장에서는 불필요한 갈등을 만들고 생산성을 저하시키며, 가정에서는 크고 작은 불화를 일으켜 가정을 전쟁터로 만듭니다. 사회적으로는 분열과 불신을 조장하고, 우리가 사는 공동체를 서서히 갈등과 적대감으로 물들입니다. 이런 현상은 특정 개인의 문제에서 출발하지만, 그것이 연쇄적으로 작용하면서 결국 사회 전체에 부정적 에너지를 퍼트립니다. 한 직장에서 매일 불평을 내뱉는 직원이 있다고 가정해 보겠습니다. 그 불만의 말들은 동료들에게 전파되어 부정적 감정의 파장을 만들어 냅니다. 부모가 무의식적으로 자녀를 억압과 폭력으로 대하면, 아이는 자기 부정적인 자아 이미지를 형성하며 자신도 모르게 같은 패턴을 대물림하게 됩니다. 화가 나고 짜증이 올라와 내뱉은 한마디가 미치는 영향은 그냥 사라지지 않고 세상에 퍼져 나갑니다. 두려움과 걱정으로 내쉰 한숨이 세상으로 울려 퍼집니다. 이러한 무의식적 언행이 바로 죄입니다. 이러한 행동의 결과물이 바로 우리가 매일 마주하는 눈 앞의 세상입니다.

무의식은 형벌이다

사람들은 흔히 죽음 이후에 천벌이 내릴 거라 믿습니다. 하지만 진실은 그보다 훨씬 더 즉각적이고 명확합니다. 형벌은 죽은 뒤가 아니라, 바로 지금, 무의식에 빠지는 순간 시작됩니다. 누구도 예외 없이, 단 한순간의 지체도 없이, 무의식은 신체와 마음을 향해 형벌을 발동시킵니다. 사고는 굳고, 표정은 굳어지며, 목과 어깨는 뻣뻣하고, 말투와 태도는 점점 날카로워집니다. 사소한 일에도 예민하게 반응하며, 작은 자극에도 민감하게 들리는 상태. 이것이 바로 무의식이 부여하는 첫 번째 형벌입니다. 성장 과정에서 지속적으로 스트레스를 많이 받아 몸이 경직되어 물에 뜨지 못하는 경우도 종종 보았습니다. 무의식의 영향을 많이 받아 긴장, 불안, 분노, 초조함이 심한 사람들은 예외 없이 모두 어깨와 목 근육이 돌덩이처럼 단단하며, 심지어 뒷목에 탁구공 크기의 혹을 달고 있는 경우도 있습니다.

과학적으로도 이 현상은 명확하게 드러납니다. 무의식이 스트레스 반응을 유발하면 코르티솔을 비롯한 스트레스 호르몬이 급증하고, 그에 따라 면역 체계는 급격히 약화되며, 신체는 각종 질환에 무방비로 노출됩니다. 만성 피로와 소화 장애, 두통, 불면증, 심혈관 질환까지, 이 모든 고통이 '보이지 않는 벌'로 쏟아집니다. 겉으로는 일상을 살아가는 것 같아 보여도, 내면은 이미 형벌의 한복판에 놓여 있는 셈입니다. 정신적 고통도 예외는 아닙니다. 무의식은 늘 불안을 키우고, 자책을 강화하며, 삶의 방향을 잃게 합니다. 분노, 우울, 불만, 억울함, 열등감 같은 감정은 그 자체로 벌입니다. 이처럼 무의식에 **빠졌다**는 사실만으로도 이미 충분히 고통받고 있는 것입니다.

그렇다면, 다투고 있는 상대가 당신에게 날 선 말과 행동을 한다고 해서, 굳이 '손봐 주려는' 마음을 품어야 할까요? 그는 이미 그 자신이 만든 무의식의 형벌을 받고 있는 사람입니다. 굳이 그를 응징하려는 순간, 당신 또한 무의식의 함정에 빠지게 됩니다. 손봐 주려는 마음, 보복하려는 마음, 증오와 공격의 마음은 방향만 다를 뿐 똑같은 형벌의 형태입니다. 그 마음이 드는 순간부터 당신 역시 똑같은 스트레스를 받기 시작하고, 똑같은 병을 예고받고, 똑같은 고통의 길에 들어서게 됩니다.

지금 당신 앞에 서 있는 사람은 혼자 그렇게 된 것이 아닙니다. 그에게도 수많은 사연이 있었을 것입니다. 어린 시절 부모로부터 받은 영향, 가정 환경, 사회적 상처, 그리고 그의 부모 역시 그러한 과정을 거쳐 왔을 것입니다. 그렇게 돌고 돌아, 우리는 모두가 의식의 부재로부터 상처받고 왜곡된 채 살아온 긴 흐름의 피해자입니다. 바로 이런 점에서, 깨어 있는 사람은 다투지 않습니다. 손봐 주려는 마음 대신 자비와 연민으로 바라봅니다. 그는 이미 벌을 받고 있는 중이라는 것을 알기 때문입니다.

그리고 중요한 것은, 이 자비와 연민의 태도가 끝내 가장 큰 혜택을 주는 대상이 '나 자신'이라는 사실입니다. 남을 손보려는 그 마음을 단호히 내려놓을 때, 내 마음의 에너지 누수가 멈추고, 삶의 고요한 중심이 살아납니다. 감정에 휘둘리지 않고, 말과 행동이 가볍고 맑아집니다. 더 이상 에너지를 흘려보내지 않고, 축적하며 살 수 있는 삶의 방식. 축제의 삶을 원한다면 '무조건' 선택해야 하는 전략입니다. 무조건이라는 단어를 기억하세요. 무의식의 사슬에서 벗어나고 싶다면, 지금 당장 마음속의 응징 본능부터 내려놓아야 합니다. 그것이 자신을 살리고 타인을 살리는 가장 현명한 길이며, 진정한 평화와 성공으로 이끄는 지혜입니다. 그렇게 살 때, 삶은 더 이상 투쟁이 아니라 에너지가 고이는 축제가 됩니다. 그 순간부터 우리는 형벌이 아닌 자유를 살게 됩니다.

손봐 주려 하지 말라

손봐 주려 하지 말라
상대가 거칠다고, 말이 날카롭다고,
그의 태도가 모질다고
같은 방식으로 맞서려 하지 말라

손봐 주려 하지 말라

그는 이미 스스로를 벌하고 있다
분노 속에서 자신을 태우고,
원망 속에서 스스로를 가두고 있다
그의 고통은 이미 충분하다

그러니 더는 상처 주려 하지 말라
무의식에 빠진 이들과 다투는 것은
칼을 쥐고 바람과 싸우는 것과 같다

손봐 주려 하지 말라
그를 바꾸려 하지 말라
이기려 애쓰지 말라
이긴다 한들,
당신의 마음이 가벼워지지도 않는다
그를 꺾는다 한들,
당신의 삶이 더 평온해지는 것도 아니다

손봐 주려 하지 말라
그 대신 바라보라
그의 분노 속에 깃든 외로움을,
그의 날 선 말들 속에 감춰진 아픔을,

그는 스스로도 알지 못한 채
무의식 속에서 방황하고 있을 뿐이다

손봐 주려 하지 말라
연민으로 바라보라
사랑으로 감싸라

손봐 주려 하지 말라
그를 미워할수록 당신의 마음도 어두워질 뿐이다
그를 벌하려 할수록 당신의 평온이 멀어질 뿐이다
무의식 속의 분노는 부딪칠수록 더 커질 뿐이다

그러니 손봐 주려 하지 말라
대신 자유로워져라
진정한 강함은 다투지 않는 데서 오고,
진정한 평화는 손을 내려놓는 데서 시작된다

손봐 주려 하지 말라
스스로 자유로워져라
싸움을 멈추는 사람이 지혜로운 사람이다
그렇게 해야 나도 좋고 너도 좋고 세상도 좋아진다

_By 라의형

우리는 오랜 시간, 무의식이라는 안개 속에서 길을 잃은 채 살아왔습니다. 머릿속은 마치 식을 줄 모르는 엔진처럼 과열되어 있었고, 그 안에는 끊임없는 생각, 멈추지 않는 걱정, 형체 없는 근심들이 소음처럼 흘러 넘쳤습니다. 우리는 그것을 '삶'이라 불렀고, 그 혼란을 '현실'이라 믿으며 묵묵히 견뎌 왔습니다. 그러나 정작 그 흐름 속에서 우리는 서로를 찌르고, 오해하고, 다투고, 미워하며, 때로는 가장 소중한 이에게조차 등을 돌리는 모습을 반복해 왔습니다. 세상에는 여전히 기회와 기쁨, 성취와 즐거움이 흐르고 있었지만, 그 진동은 우리의 심장까지 닿지 못한 채 허공 속에서 사라졌습니다. 분열된 정신, 산만한 의식, 만성적인 긴장감 속에 살아가는 삶은 어느새 우리의 표준이 되었고, 그 끝에는 고통과 좌절이 기다리고 있었습니다.

이러한 무의식은 개인의 삶을 넘어서 집단의 이름으로 확장되어 왔습니다. 종교의 이름으로, 정치의 이념으로, 혹은 지역적 정체성이라는 울타리 안에서, 우리는 서로를 구분하고 가르고 심판하며 갈등과 반목을 퍼뜨려 왔습니다. 집단 무의식이 강화되면 타인에 대한 이해와 연민은 사라지고, 동일하지 않다는 이유만으로 누군가를 배척하고 혐오하는 일이 정당화됩니다. 무의식은 그렇게 우리 모두를 분리된 존재로 만들고, 갈등을 생산하는 구조 속에 가둔 채 세상을 차갑고 거칠게 만듭니다.

삶이란 본디 그런 것이 아니었습니다. 진정한 성공은 무의식의 굴레를 벗어나는 순간에 시작됩니다. 우리가 겪는 대부분의 갈등은 자원이 부족해서가 아니라, 무의식의 흐름에 중독된 채 잘못된 방식으로 살아가기 때문에 만들어집니다. 외부의 결핍보다 더 본질적인 문제는 내면의 망각입니다. 우리는 이미 충분히 가지고 있었지만, 그것을 인식하지 못했고, 알지 못했으며, 꺼내 쓰지 못했을 뿐입니다. 우리의 존재 깊은 곳에는 사랑의 능력이 고요히 숨 쉬고 있었고, 감사를 느낄 줄 아는 마음이 단단히 뿌리내리고 있었으며, 삶을 즐거움으로 채울 수 있는 영적 힘이 언제나 잠들어 있었습니다.

깨어 있는 의식, 그것은 두려움과 분노, 분열과 미움을 넘어선 자리이며, 삶의 본래적 고요와 연결되는 지점입니다. 그 길을 여는 것이 어쩌면 삶에서 가장 중요한 일일 수도 있습니다. 누구도 대신 열어줄 수 없는, 오직 스스로의 빛으로 밝혀야 하는 내면의 문. 그 문이 열리는 순간, 우리는 더 이상 과거의 패턴에 휘둘리지 않고, 무의식의 어둠 속에서 방황하지 않으며, 자신의 삶을 창조하는 존재로 다시 태어납니다. 이것이 바로 우리가 다시 기억해야 할 삶의 본질이며, 돌아가야 할 길입니다. 저는 수년간 진행해 온 워크숍에서 무의식의 개념을 이해한 사람들의 삶에 큰 변화들이 일어나는 것을 자주 목격했습니다. 보기 싫었던 남편, 자신을 미워하는 시어머니에 대한 분노, 꼴도 보기 싫은 몇몇 직원들과의 갈등, 자신을 괴롭히는 학부모, 악성 민원인의 괴롭힘 등등 자신이 원망했던 상대방 역시 무의식의 피해자임을 이해하고 용서하고 화해하는 것이 바로 그런 경우들입니다. 모두 내면의 문을 열었기에 만들어진 기적들입니다.

6부
명상

기도에는 두 가지 방식이 있다.
밖을 향해 드리는 기도가 있고,
안으로 드리는 기도가 있다.
명상은 바로 안으로 드리는 기도이며,
모든 것을 비워 휴식을 취하는 가장 깊은 기도이다.

_By 어느 명상가

6년 전, 도저히 넘을 수 없을 것만 같은 커다란 벽 앞에 서게 되었을 때, 그동안 의지하던 명상은 뜻밖에도 제게 큰 도움이 되지 않았습니다. 마음속에 '무엇이 잘못된 것일까?' 하는 의문이 솟아났고, 그때부터 남의 이야기가 아닌 제 몸과 마음, 그리고 직접적인 체험을 바탕으로 다시 길을 찾아 나서야겠다고 결심했습니다.

그 후 긴 시간을 지나며 돌아보니, 명상은 신비롭거나 복잡한 현상이 아니었습니다. 그저 머리를 잠시 쉬게 하고, 생각의 소음을 내려놓게 하는 아주 단순하면서도 탁월한 도구라는 생각이 들었습니다. 오히려 그 단순함에 충실할 때, 비로소 명상은 본래의 빛을 발하며 제 삶에 큰 힘이 되어 주었습니다.

그렇게 나름대로 깊은 명상의 체험을 비교적 자유롭게 할 수 있게 된 어느 시점, 우연히 과학과 심리학을 만나게 된 것은 제게 또 하나의 귀한 선물이었습니다. 상당한 노력으로 얻은 영적 체험을 오래전부터 알던 선배에게 자랑하듯 늘어 놓았습니다.

"라 대표, 그건 뇌 속에 산소를 계속하여 아주 조금만 공급하면 뇌가 어느 순간 '해까닥' 하고 오작동을 해. 라 대표가 경험한 게 그것일 수도 있어!"

그러면서 자신이 쓴 과학책인 《나는 과학책으로 세상을 다시 배웠다》라는 책을 소개해 주었습니다. 그 말을 듣는 순간 어의가 없고 황당하기도 했지만, 어쩌면 그럴수도 있겠다는 생각도 들었습니다. 그 만남은 명상을 과학적, 심리학적, 학문적 관점으로 새롭게 해석할 수 있는 계기가 되었습니다.

돌아보면 명상은 신비가 아니라 일상의 삶 속에서 누구나 누릴 수 있는 휴식이며, 동시에 마음을 새롭게 세워 주는 길잡이였습니다. 그리고 과학과 심리학은 그 길을 더욱 분명히 비추어 주는 등불이었습니다. 그때의 경험으로 인해 한결 자유로운 마음으로 명상을 이야기할 수 있게 되었고, 그것을 삶과 연결하여 많은 이들과 나눌 수 있게 되었습니다.

현대인들이 살아가는 환경은 빠르고 강박적입니다. 이런 환경에서는 집중력이 흐트러지고, 스트레스가 쌓이며, 창의력과 문제 해결 능력이 저하되기 마련입니다. 하지만 명상을 하면 마음이 고요해지고, 생각이 정리되며, 몸과 마음이 균형을 찾게 됩니다. 단 몇 분간의 짧은 명상만으로도 심신이 안정되고, 새로운 활력을 얻을 수 있다는 사실은 이미 수많은 연구를 통해 입증되었습니다. 명상은 이제 성공과 성장을 원하는 사람들에게 빼놓을 수 없는 중요한 요소로 자리 잡았습니다. 과거에는 일부 철학자나 수행자들의 전유물처럼 여겨졌지만, 이제는 더 나은 삶을 만들기 위해 많은 사람들이 명상을 일상에서 실천합니다.

명상은 짧은 시간의 투자만으로 빠르게 심신을 안정시키는 탁월한 효과가 있습니다. 명상의 본질은 자신의 내면을 들여다보고 불필요한 걱정을 덜어내며 온전히 쉬는 것, 그것이 본질입니다. 명상은 맑은 의식을 회복하여 내면의 어지러움을 정리하고 자신을 더 깊이 이해하는 수단이며, 개인의 성장과 변화에 유용한 방편입니다.

몸, 마음, 그리고 중심

명상을 하면 많은 사람들이 차분해지고 고요함과 내면의 평온을 경험한다고 이야기합니다. 실제로 명상을 실천한 사람들은 일상의 소음과 혼란 속에서도 한층 더 안정적인 마음을 유지할 수 있다고 느낍니다. 어떤 원리로 이게 가능할까요? 명상이 가져오는 효과와 원리를 이해하면, 그것을 생활 속에서 더욱 효과적으로 적용할 수 있습니다.

원리를 이해하기 위해 먼저 중심이라는 개념을 이해할 필요가 있습니다. 우리는 크게 세 가지 차원에서 존재한다고 볼 수 있습니다. 첫째는 육체. 즉 우리의 몸은 5감을 통해 감각합니다. 둘째는 마음. 마음은 우리가 느끼고 생각하는 모든 정신적 활동입니다. 그리고 마지막으로 중심. 중심은 우리가 존재하는 가장 깊은 차원입니다. 중심을 '성령', '불성', '참나', '우주 의식' 등의 다양한 이름으로 부르는데, 저는 그것을 '중심'이라고 표현하겠습니다. 이 중심은 우리의 몸과 마음의 변화를 초월한 깊은 평온함의 자리입니다. 우리가 명상이 깊어질수록, 이 중심의 존재를 더 온전하게 느끼게 됩니다. 그것은 머리로 분석하거나 논리적으로 설명할 수 있는 것이 아니라, 경험을 통해 이해할 수 있습니다. 바람이 불어도 움직이지 않는 산처럼, 폭풍이 몰아쳐도 고요한 심해처럼, 우리가 시끄러운 생각과 감정의 표면을 넘어설 때, 그 중심은 분명히 존재한다는 것을 알게 됩니다.

중심

명상을 통해 우리가 경험할 수 있는 중심의 상태는 다음과 같이 표현할 수 있습니다.

바퀴의 축과 같은 고요함

바퀴는 끊임없이 회전하지만, 그 중심의 축은 한순간도 흔들리지 않는 것처럼 보입니다.

넓고 깊은 바다에 잠긴 듯한 고요함

고요한 바다의 심연으로 깊이 들어가면, 파도의 소음도 사라지고 완전한 침묵만이 남습니다. 중심을 경험하는 순간, 우리는 외부의 소란에서 벗어나 그 깊은 바다 속으로 가라앉는 듯한 평온한 느낌입니다.

깊은 호수 한가운데에 떠 있는 듯한 느낌

한없이 잔잔한 호수 위에 떠 있는 것처럼, 중심의 상태에서는 어떤 저항도, 흔들림도, 불안도 없는 느낌입니다.

우주 공간 속에 홀로 존재하는 듯한 고요함

밤하늘을 올려다볼 때, 우주에는 소리도 없고 경계도 없습니다. 우리는 마치 무한한 공간 속에 부유하는 듯한 완전한 침묵과 자유로움을 경험하게 됩니다. 중심이란 바로 그러한 상태, 시간과 공간을 초월한 고요한 느낌입니다.

   대부분 사람들은 마음을 방치한 상태로 살아가기에 평생동안 고요함을 느끼지 못하고 삶을 마칩니다. 대부분 끝없는 감각적 자극과 감정의 파도 속에서 허우적거리며 살게 됩니다. 이것이 바로 무의식 상태죠. 명상이 우리 삶에 도움이 되는 것은 바로 이러한 무의식 상태에서 깨어나게 해 주기 때문입니다. 이 과정에서 유용한 것이 바로 호흡입니다. 호흡은 단순한 생리적 활동만 하는 게 아니라 의식을 현재로 불러오는 유용한 도구입니다. 우리가 주의를 기울여 의식적인 호흡을 하면, 자연스럽게 몸과 마음이 중심으로 수렴됩니다. 이는 마치 바람이 잦아들며 호수의 물결이 가라앉는 것과 같습니다. 호흡을 통해 우리는 머릿속 원숭이들을 잠재울 수 있게 됩니다. 결국, 명상은 '쉬는 것'입니다. 온갖 소음과 소란으로부터 자신에게 쉴 공간을 만들어 주는 행위입니다. 그리고 호흡을 통하여 중심과의 연결성이 회복되면, 부정적 감정으로 인한 에너지 낭비가 두드러지게 줄어듭니다.

에너지 보존과 삶의 변화

명상을 통해 에너지를 보존할 때, 우리는 다음과 같은 변화를 경험할 수 있습니다.

> 사유하는 힘이 깊어진다!
> 통찰력이 생긴다!
> 지력과 지혜를 활용할 수 있다!

동서양의 명상

명상이라고 하면 흔히 동양적인 이미지를 떠올리기 쉽습니다. 가부좌를 틀고 앉아 눈을 감고 조용히 숨을 고르는 모습, 혹은 깊은 산속에서 고요히 수행하는 선인의 모습 말입니다. 하지만 명상은 단순히 불교나 요가에만 국한된 것이 아니며, 전 세계 모든 문화와 종교에서 명상의 개념을 발견할 수 있습니다. 동양에서는 주로 비움과 내면의 고요함을 강조하는 반면, 서양의 명상(특히 유대교와 기독교 전통)은 하나님의 말씀과 존재로 채워지는 과정에 초점을 둡니다. 하지만 궁극적으로 이 모든 명상의 목적은 우리의 내면을 깊이 들여다보고, 본질과 연결되는 것이라 할 수 있습니다. 그렇다면, 동서양의 명상은 각각 어떤 특징을 가지고 있을까요?

동양의 명상은 불교, 힌두교, 도교의 오랜 전통 속에서 발전해 온 내면의 수행 방식으로, 공통적으로 내면을 비우고 생각을 내려놓으며 존재 그 자체로 머무르는 태도를 중요하게 여깁니다. 불교의 명상은 크게 선 수행과 위빠사나로 나뉘며, 선 수행은 떠오르는 생각과 감정을 관찰하고 그에 대한 집착을 놓아 무아의 상태로 이끄는 길입니다. 위빠사나는 있는 그대로의 현실을 바라보며 몸과 마음의 미세한 변화를 알아차리고, 그 모든 흐름 속에 숨어 있는 진리를 깨닫게 합니다. 결국 '나'라는 개념을 초월할 때 우리는 더 큰 자유를 경험하게 되며, 이 자유는 내면의 평온과 연결된 깊은 기쁨을 가져옵니다. 힌두교 전통에서 이어진 요가 명상은 단순한 몸의 운동을 넘어서, 의식을 맑히고 넓히는 수련으로 자리잡았습니다. 프라나야마라는 호흡 조절을 통해 생명 에너지를 다루며, 디아나라 불리는 명상 상태에 들어가면 마음은 조용히 가라앉고 존재 자체의 고요함 속에 머무르게 됩니다. 요가의 핵심은 결국 "생각을 조용히 가라앉히고 존재로 머무는 것"에 있으며, 그 상태는 깊은 집중과 고요 속에서 깨어 있는 의식을 꽃피우는 길이 됩니다. 도교 명상은 자연과의 조화를 가장 중요한 가치로 삼으며, 기(氣)의 흐름을 다루는 기공이나 자연의 리듬에 자신을 맞추는 좌선 등을 통해 몸과 에너지의 균형을 회복하고자 합니다. 이때 몸은 더 가볍고 단순해지며, 마음은 자연과 같은 넉넉함을 회복합니다. 도교는 인위적인 노력보다 순리에 따르는 삶을 추구하며, 그 명상은 곧 자연과 하나 되는 부드러운 길을 의미합니다. 이렇게 동양의 명상은 각각의 방식은 다를지라도, 모두가 삶의 본질을 향해 나아가며 우리를 더 깊은 고요와 하나 됨으로 이끌어 줍니다.

서양의 명상은 동양과는 다르게 '비움'보다는 '채움'에 더 가까운 길로 이해됩니다. 특히 유대교와 기독교의 전통에서 명상이란, 자기 자신을 비워 고요 속에 머무는 것이라기보다는 하나님의 말씀과 은혜로 자신을 채우고 그분과 깊이 만나는 시간입니다. 유대교에서는 '히트보데듯'이라는 독특한 명상 방식이 전해지는데, 이는 하나님과의 직접적인 대화를 중시하며 자연 속에서 혼자 기도하고 내면의 진실한 고백과 깨달음을 통해 그분의 뜻을 체험하는 수행입니다. 또한 율법이라 불리는 토라를 깊이 묵상하면서 하나님의 뜻을 읽고 그 가르침을 삶에 새기는 일 역시 명상의 중요한 한 형태로 여겨집니다. 기독교의 명상은 다양한 기도와 묵상의 형태로 전개되며, 그 안에는 성경 말씀을 반복해 읽고 그 의미를 되새기며 삶에 적용하려는 기독교 명상, 곧 묵상이 중심에 놓입니다. 더불어 관상 기도는 하나님의 존재 안에 조용히 머물며 말이 아닌 침묵으로 그분을 바라보고 느끼는 기도로서, 이는 하나님과의 친밀한 관계를 키우는 내면의 여정입니다. 침묵 기도는 외부의 소음을 차단하고 깊은 고요 속에서 하나님의 은혜를 느끼는 과정이며, 이는 마음을 비워 내는 것이 아니라 하나님의 존재로 충만해지는 상태를 의미합니다. 이처럼 서양의 명상은 하나님이라는 절대자와의 관계 속에서 이루어지는 신앙적 행위이며, 마음속 빈 공간을 하나님의 사랑과 말씀으로 채워 가는 과정입니다.

요컨대, 동양은 비움의 길을 통해 본질에 다가가고, 서양은 채움의 길을 통해 본질과 하나 되려 하지만, 결국 두 전통 모두가 지향하는 것은 인간의 의식을 넘어 존재의 근원과 만나는 깊은 내면의 여정이라는 점에서 닿아 있습니다.

호흡의 과학

호흡은 산소를 들이마시고 내뱉는 이상의 의미가 있습니다. 그것은 신체와 마음을 연결하는 다리이며, 우리가 스트레스를 조절하고, 감정을 안정시키며, 더 나은 정신적 상태를 유지할 수 있게 하는 중요한 열쇠입니다. 호흡은 신체의 자동적 기능이면서도 우리가 의식적으로 조절할 수 있는 유일한 생리 작용으로서, 의도적으로 신경계를 조절할 수 있는 유용한 도구입니다. 호흡을 조절하는 것만으로도 우리의 몸과 마음은 놀라운 변화를 경험하게 됩니다. 우리 몸은 자율신경계라 불리는 정교한 시스템을 통해 스스로의 균형을 유지하고 있습니다. 이 자율신경계는 우리의 의지와는 상관없이 작동하며, 두 갈래의 신경 체계로 구성되어 있습니다. 하나는 교감신경으로서, 긴장과 스트레스, 각성 상태를 조절하며 우리가 위협을 느끼거나 빠르게 반응해야 할 상황에서 활성화됩니다. 흔히 '싸우거나 도망가라(Fight or Flight) 반응'이라 불리는 이 체계는 생존을 위해 매우 중요한 기능을 합니다. 다른 하나는 부교감신경으로서, 이완과 회복, 휴식을 담당하며 몸이 안정을 찾고 에너지를 회복하도록 도와줍니다. 이 반응은 '쉬고 소화하라(Rest and Digest)'라는 말로 표현되며, 몸이 평온한 상태일 때 자연스럽게 작동하게 됩니다. 하지만 현대인의 일상은 대부분 교감신경이 과도하게 작동하는 환경 속에 놓여 있습니다. 빠르게 흘러가는 정보, 끝없이 이어지는 업무, 끊임없는 자극 속에서 우리는 자주 긴장한 채 하루를 보냅니다. 이 상태가 오래 지속되면, 몸은 경고 신호를 보내기 시작합니다. 쉽게 피로해지고, 불안이 심해지며, 소화 기능이 떨어지고, 잠이 들기 어렵습니다. 이 모든 현상은 몸이 균형을 잃었다는 신호입니다. 그렇다면 우리는 어떻게 다시 균형을 회복하고 이완의 상태로 돌아갈 수 있을까요? 그 해답은 바로 '호흡'에 있습니다.

미주신경 활성화

자율신경계가 우리 몸의 균형을 조절하는 핵심 시스템이라면, 미주신경은 그 균형을 섬세하게 조율하는 보이지 않는 실과도 같은 존재입니다. 미주신경은 우리 몸에서 가장 길고 넓게 퍼진 신경으로서, 뇌에서 시작하여 목을 지나 심장, 폐, 위장까지 연결되며 온몸을 유영하듯 흐릅니다. '미주(迷走)'라는 이름 그대로, 이 신경은 일정한 경로 없이 이리저리 흩어지듯 흐르며, 몸과 마음의 깊은 연결을 만들어 냅니다. 미주신경은 심장 박동에서 소화, 면역 반응, 감정 상태까지 몸과 마음을 통합적으로 조절하는 관문 역할을 합니다. 미주신경이 활성화되면 심박수는 차분해지고 몸은 이완 상태로 들어갑니다. 반대로 미주신경 기능이 저하되면 스트레스에 훨씬 더 민감하게 반응하게 되어, 조그마한 자극에도 불안과 긴장이 쉽게 올라옵니다. 소화 기능도 이 신경과 깊이 연결되어 있어, 미주신경이 원활히 작동하면 위장의 움직임이 부드러워지고 음식의 소화가 잘됩니다. 그래서 우리는 스트레스를 받을 때 자주 속이 더부룩하거나 소화가 안 되는 경험을 하게 되는데, 이는 곧 미주신경이 긴장으로 인해 위장과의 소통을 놓친 결과이기도 합니다. 뿐만 아니라 미주신경은 면역계와도 연결되어 있어, 활성화되면 염증 반응이 줄어들고 몸의 자연 치유력이 높아집니다. 명상과 깊은 호흡이 면역력을 높여 준다고 알려진 이유도 바로 여기에 있습니다. 또한 미주신경은 우리의 감정과도 깊은 관련이 있습니다. 이 신경이 건강하게 작동하면 감정 조절이 쉬워지고, 타인에 대한 공감 능력도 자연스럽게 향상됩니다. 말 한마디에 쉽게 상처받거나, 이유 없이 불안하거나, 타인의 감정을 잘 읽지 못할 때, 신경계의 리듬도 흐트러진 상태입니다. 이처럼 미주신경은 몸과 마음, 이성과 감정, 나와 타인을 연결하는 섬세한 다리입니다. 그렇다면 이 중요한 신경을 어떻게 활성화할 수 있을까요? 그 가장 쉽고 자연스러운 길이 바로 '호흡'입니다. 의식적인 호흡, 특히 천천히 깊게 들이쉬고 길게 내쉬는 호흡은 미주신경을 자극하고 활성화시켜, 우리 몸과 마음 전체를 다시 부드럽고 건강한 흐름으로 돌려 줍니다.

심박 변이율의 증가

감정을 조절하는 데 있어 우리가 흔히 놓치기 쉬운 비밀의 열쇠가 바로 심박 변이율, HRV(Heart Rate Variability)입니다. HRV는 심장이 뛰는 간격의 미세한 변화를 측정하는 지표로서, 단순히 심장 박동 수가 아니라 박동 사이의 간격이 얼마나 유연하게 변화하는지를 보여 줍니다. 우리는 보통 심장이 규칙적으로 뛴다고 생각하지만, 실제로 건강한 심장은 리듬 속에서도 섬세한 변화들을 만들어 냅니다. 예를 들어, 1분에 60번 뛰는 심장이 있다고 해도 그 간격이 정확히 1초씩인 것이 아니라, 0.8초였다가 1.2초가 되기도 하고, 0.9초나 1.1초로 바뀌기도 하며 끊임없이 조율되고 있는 것입니다. 이 변화의 폭이 클수록, 즉 심박 변이율이 높을수록 우리의 몸과 마음은 스트레스에 더 유연하게 적응하며 감정 조절 능력도 뛰어납니다.

HRV가 높다는 것은 몸이 스트레스를 빠르게 인식하고 효과적으로 대응할 수 있는 여유가 있다는 뜻이며, 주로 부교감신경이 활발히 작동하고 있을 때 나타나는 신호입니다. 감정이 안정되고 집중력이 높아지며, 몸도 자연스럽게 이완된 상태를 유지하게 됩니다. 반면 HRV가 낮다는 것은 교감신경이 과도하게 활성화되어 있고, 스트레스에 취약한 상태임을 의미합니다. 이런 경우 쉽게 불안해지고, 작은 자극에도 예민하게 반응하며, 감정을 조절하기가 어려워집니다. 또한 HRV는 생활 습관과도 깊은 관련이 있어, 수면 부족, 불규칙한 식사, 과도한 업무, 지속적인 긴장 상태는 이 수치를 빠르게 떨어뜨립니다.

그렇다면 우리는 어떻게 HRV를 높이고, 보다 안정된 감정 상태를 회복할 수 있을까요? 그 해답은 다시 '호흡'입니다. 천천히 깊은 호흡을 반복하면, 미주신경이 자극되어 자연스럽게 HRV가 증가하게 됩니다. 특히 복식 호흡과 같은 깊고 느린 호흡은 부교감신경의 작용을 활성화시키며 몸과 마음을 안정된 상태로 이끕니다. 반면 얕고 불규칙한 호흡은 미주신경을 약화시키고 HRV를 떨어뜨려, 스트레스 반응을 더 쉽게 유발하게 됩니다. 따라서 우리는 매일 몇 번이라도 깊은 호흡에 집중하는 시간을 가짐으로써 감정 조절력과 신체 회복력을 키울 수 있습니다.

내부 감각의 회복

우리가 일상에서 무심코 반복하는 얕은 가슴 호흡은 사실 몸 깊은 곳까지 숨결이 닿지 않기 때문에, 진정한 회복과 이완에는 한계가 있습니다. 반면, 깊은 횡격막 호흡, 즉 복식 호흡은 몸의 중심에서부터 진동하듯 퍼지는 생명의 숨결로, 단순한 호흡을 넘어 몸과 마음, 신경계와 내장 기관을 깨우는 중요한 열쇠가 됩니다. 횡격막은 폐의 아래쪽에 위치한 돔 형태의 근육으로, 우리가 깊게 숨을 들이쉴 때 아래로 내려가며 복부를 부드럽게 밀어냅니다. 이 과정에서 복부는 자연스럽게 부풀고, 숨을 내쉴 때는 다시 가라앉으며 깊은 이완의 리듬을 만들어 냅니다.

이러한 호흡의 움직임은 폐의 산소 교환은 물론 위와 장, 간, 심장과 같은 주요 내장 기관들을 부드럽게 마사지하듯 자극하여 소화 기능을 활발하게 하고, 복부 혈류를 촉진하여 몸의 활력을 되살립니다. 동시에 긴장되어 있던 근육들은 호흡의 깊이에 따라 자연스럽게 이완되며, 몸 전체가 더욱 유연해지고 가벼워집니다. 그리고 무엇보다 중요한 것은, 이러한 횡격막 호흡을 통해 우리는 몸의 내부 감각, 즉 내장 감각을 더욱 섬세하게 인식할 수 있게 된다는 점입니다. 몸속 장기의 움직임, 미세한 긴장과 이완, 감정과 연결된 신체 반응들이 차츰 선명하게 느껴지면서, 우리는 스스로를 조절하고 다스리는 능력을 회복하게 됩니다.

4단계의 각성

명상은 그 깊이에 따라 점진적인 변화를 경험하게 되며, 이를 네 개의 각성 단계로 구분할 수 있습니다. 이 단계는 단순한 이완을 넘어 삶 전체에 변화를 가져오는 과정으로, 몸 → 마음 → 감정 → 일상의 순서로 발전해 나갑니다.

첫 번째 단계는, 몸의 각성입니다. 명상을 시작하면 가장 먼저 몸의 감각이 깨어나고, 긴장과 피로를 인식하게 됩니다.

두 번째 단계는, 마음의 각성입니다. 몸이 편안해지면 자연스럽게 마음의 움직임을 더 선명하게 인식할 수 있게 됩니다.

세 번째 단계는, 감정의 각성입니다. 명상이 깊어질수록 억눌려 있던 감정들이 떠오르게 됩니다.

마지막 단계는, 일상의 각성입니다. 명상이 특정한 시간에만 이루어지는 것이 아니라, 생활 속에서 자연스럽게 스며들게 됩니다.

1단계 몸에 대한 각성

명상의 첫걸음은 바로 자신의 육체에 깨어나는 것에서 시작됩니다. 우리는 평소 몸을 마치 하나의 도구처럼 사용하며 살아갑니다. 몸이 아프면 약을 먹고, 피곤하면 커피를 마시고, 배가 고프면 음식을 먹지만, 정작 몸이 지금 어떤 상태에 있는지 깊이 들여다보는 시간은 거의 없습니다. 그러나 명상을 통해 몸이 보내는 미세한 신호에 귀를 기울이기 시작하면, 그동안 잠들어 있던 감각들이 조금씩 깨어나는 경험을 하게 됩니다.

명상을 배우러 온 한 사람이 있었습니다. 그는 늘 어깨와 허리가 뻐근했지만, '요즘은 다들 이 정도는 있지' 하고 넘기며 살아왔습니다. 하지만 안내자의 안내에 따라 처음으로 몸을 관찰하는 명상을 시작하면서 전혀 다른 감각의 세계를 만나게 됩니다. "자, 지금 가만히 앉아 발끝부터 머리끝까지 몸의 감각을 느껴 보세요." 처음에는 대수롭지 않게 여겼지만, 몇 분이 지나자 그는 발끝에서 미세한 진동 같은 느낌을 느끼고, 심장의 박동이 또렷이 들리는 듯한 체험을 하게 됩니다. 어깨는 단순히 묵직한 줄로만 알았지만, 실은 뭉쳐 있던 근육이 여전히 긴장을 풀지 못하고 있었다는 사실을 처음으로 인식하게 되었고, 숨을 들이쉴 때와 내쉴 때의 아주 미세한 차이를 또렷이 알아차리게 됩니다. 그는 놀라며 말했습니다. "와… 저는 그동안 제 몸이 어떻게 움직이는지도 몰랐어요." 이 경험은 곧 몸이 깨어나는 첫 단계가 됩니다. 몸을 막연히 사용하는 것이 아니라, 몸을 의식적으로 느끼는 일. 그것이 몸에 대한 각성입니다.

우리는 외부 감각인 촉감, 소리, 시각에는 익숙하지만 내장 기관의 상태나 근육의 긴장 같은 내부 감각에는 무감각하게 살아갑니다. 그러나 명상을 통해 몸속 장기들이 보내는 신호에 깨어나는 순간, 우리는 몸이 단순한 기계가 아니라 끊임없이 우리와 소통하고 있는 생명체임을 깨닫게 됩니다. 명상 중 어떤 이들은 위장이 미세하게 꿈틀거리는 느낌을 처음으로 자각하고, 호흡이 깊어질수록 폐가 확장되는 감각을 명확히 인식합니다. 때로는 갑자기 트림이 나거나 장이 움직이는 듯한 느낌, 또는 피가 온몸으로 흐르는 듯한 생생한 감각을 경험하기도 합니다. 이는 명상을 통해 부교감신경이 활성화되면서 몸이 본래의 리듬을 회복하고, 무의식 속에 억눌려 있던 감각들이 자연스럽게 깨어나기 때문입니다. 긴장할 때 배가 아프거나 소화가 되지 않는 것처럼, 우리의 장기들은 감정과 연결된 섬세한 감각 센터입니다. 불안할 때 위장이 꼬이고, 두려울 때 심장이 뛰는 것 역시 그 때문입니다. 명상은 이러한 몸의 신호들을 처음으로 인식하게 해 주며, 그 신호를 알아차리는 순간 몸은 이전보다 더 조화롭고 평온한 상태로 변하기 시작합니다.

2단계 마음(사념)에 대한 각성

명상의 두 번째 단계는 머릿속에서 끊임없이 떠오르는 사념, 즉 잡생각의 정체를 인식하고 이해하는 데 있습니다. 우리는 하루에도 수천 가지의 생각을 하며 살아갑니다. 하지만 그 생각들이 어디서부터 왔는지, 어떻게 작용하고 있는지를 깊이 들여다보지 않은 채 그 흐름에 그저 휩쓸려 살아가곤 합니다. 명상의 이 두 번째 단계는 이처럼 자동적으로 일어나는 사념의 흐름을 자각하는 데서 시작되며, 그것이 어떤 방식으로 삶과 감정에 영향을 주는지를 깨어 있는 시선으로 바라보는 연습입니다. 우리의 머릿속은 때로 '원숭이 왕국'과도 같아, 수많은 잡생각들이 정신없는 원숭이처럼 이리저리 뛰고, 소리를 지르고, 산만하게 마음을 흩뜨립니다. 길을 걷고 있을 때조차 머릿속에서는 '아, 아까 그 사람한테 왜 그렇게 말했지?', '이번 달 카드값은 얼마였더라?', '내일 회의 때 실수하면 어쩌지?', '내가 이렇게 명상을 하고 있는 게 맞나?' 같은 생각들이 끊임없이 떠오릅니다. 현실에 존재하고 있으면서도 정작 마음은 온통 과거의 후회나 미래의 걱정으로 가득 차 있습니다. 그래서 지금 이 순간을 살아가기보다는, 머릿속에서 쉼 없이 재잘거리는 사념의 흐름 속에 갇혀 그 소란스러움을 익숙한 일상으로 받아들이고 있습니다.

하지만 명상의 두 번째 단계는 그 익숙한 소란 속으로 들어가, 그것을 바라보는 연습에서 시작됩니다. 생각을 없애려 애쓰는 것이 아니라, 생각이 어떻게 흘러가고 있는지를 알아차리는 것입니다. 그렇게 깨어 있는 시선으로 그 흐름을 인식하게 되면, 우리는 더 이상 생각에 끌려가지 않게 됩니다. 명상은 아주 단순한 방식으로 시작됩니다. 눈을 감고 조용히 앉아, 떠오르는 생각이 무엇인지 지켜봅니다. 생각이 떠오르면 '아, 이런 생각이 떠오르고 있구나' 하고 알아차리되, 그것을 따라가지 않고 다시 현재로 돌아옵니다. 또 다른 생각이 떠오르면 같은 방식으로 바라보고 자리로 돌아옵니다. 이때 중요한 것은 생각을 억지로 없애려 할 필요가 없다는 것인데, 그 이유는 파도처럼 밀려오는 생각의 흐름을 막는다는 것이 불가능하기 때문입니다. 이렇게 사념을 관찰하며 호흡으로 되돌아오는 연습이 깊어질수록 머릿속의 원숭이들이 점차 조용해집니다. 마음의 작동 방식을 이해하고 원숭이들의 소란을 바라보는 힘이 커질수록 우리는 더 자유로워지고, 더 깨어 있게 됩니다. 이것이 바로 명상의 두 번째 단계, 마음에 대한 각성의 길입니다.

3단계 감정에 대한 각성

우리는 날마다 몸이 느끼는 감각과 마음이 만들어 내는 감정에 휘둘리며 살아갑니다. 기분이 좋으면 세상이 아름다워 보이고, 기분이 나쁘면 모든 것이 엉망처럼 느껴집니다. 분노가 치밀면 이성을 잃고, 두려움이 엄습하면 고통스럽습니다. 사념이 작은 파도라면 감정은 마치 거대한 파도와 같아서, 우리는 기쁨과 슬픔, 분노와 불안이라는 물결 속에서 자주 흔들리고 떠밀립니다. 명상의 세 번째 단계는 이 감정의 소용돌이에서 깨어나 감정의 노예가 아닌 주인이 되는 법을 배우는 과정입니다. 감정의 본질을 이해하고, 그 감정이 우리를 지배하지 않도록 하는 것이 바로 감정에 대한 각성이며, 명상의 세 번째 단계입니다.

감정은 몸에 강력한 에너지 흐름을 만들어 냅니다. 분노할 때 심장은 빠르게 뛰고, 혈압이 오르며, 얼굴이 붉어지고, 어깨가 경직되며, 온몸에 힘이 들어갑니다. 주먹이 저절로 쥐어지는 것은 몸이 이미 싸울 준비를 하고 있다는 뜻입니다. 실제 신체 반응이며, 그만큼 감정은 내부 장기와 신경계를 통해 직접 표현됩니다. 우리는 감정을 느낄 때 특정한 신체 부위에서 반응을 경험합니다. 두려움은 가슴과 위장이 움츠러드는 감각으로, 분노는 목과 어깨의 긴장으로, 슬픔은 가슴의 막힘과 숨의 얕아짐으로, 불안은 배가 울렁거리고 심장이 두근거리는 식으로 나타납니다.

  명상은 이러한 감정의 작용을 의식적으로 바라보는 과정을 통해 감정의 흐름을 이해하게 합니다. 의식이 깨어나지 못한 경우 불편한 감정을 잊기 위해 다른 행위를 합니다. 감정에 대한 각성의 의미는 불편한 감정을 회피하지 않고 감정이 만들어 내는 불편한 몸의 감각을 정면으로 마주하는 행위입니다. 그 감정이 몸 어디에서 어떻게 느껴지는지를 바라봅니다. 가슴이 조여 오는가, 복부가 긴장되는가, 숨이 얕아지고 있는가. 그렇게 감정을 있는 그대로 관찰하면, 감정은 점차 힘을 잃습니다. 인식하는 순간 감정은 사라지기 시작하고, 감정에서 벗어나는 순간 우리는 삶의 에너지를 소모하지 않고 보존할 수 있는 힘을 갖게 됩니다. 감정을 인식하고 그 흐름을 다루게 되면, 우리는 에너지를 더 효과적으로 사용할 수 있는 내적 능력을 회복하게 됩니다. 동시에 감정은 파괴가 아니라 성장의 재료가 되며, 의식 안에서 소화되어 삶을 더욱 성숙하게 만드는 자양분이 됩니다.

신경과학의 관점에서도 감정을 바라보는 행위는 실제로 뇌의 변화를 일으킵니다. 감정을 조절하는 핵심 기관은 편도체와 전전두엽입니다. 편도체는 외부 자극을 빠르게 감지하여 위험을 판단하고, 생존을 위한 본능적 반응을 일으킵니다. 어두운 골목에서 뒤따라오는 발소리를 들었을 때, 심장이 뛰고 근육이 긴장하는 것은 편도체가 활성화되었기 때문입니다. 반면 전전두엽은 감정을 조절하는 브레이크와도 같습니다. 누군가가 상처 주는 말을 했을 때, 편도체는 즉각적으로 분노의 신호를 보내지만 전전두엽이 개입하면 '잠깐, 지금 이 말을 다르게 해석할 수 있지 않을까?'라는 생각을 가능하게 합니다.

이처럼 감정을 조절하는 데 가장 효과적인 방법은 편도체가 반응하기 전에 전전두엽이 개입할 수 있도록 시간을 벌어 주는 것입니다. 그리고 전전두엽을 활성화하는 가장 확실한 방법이 바로 감정을 있는 그대로 바라보는 것입니다. 실제 실험에서도 부정적인 감정을 유발하는 사진을 본 참가자들 중, 감정을 억누른 그룹은 편도체가 더욱 강하게 반응했고, 감정을 바라본 그룹은 전전두엽이 활성화되어 감정의 강도가 낮아졌다는 결과가 나왔습니다. 즉, 감정을 억누르면 오히려 편도체의 반응이 강화되고 감정은 지속되지만, 그 감정을 객관적으로 바라보기만 해도 전전두엽이 작동하여 감정은 점차 약해지고 조용해집니다.

따라서 감정을 바라보는 것이 감정 조절의 핵심입니다. 감정이 올라올 때 몸의 반응을 살펴보는 것이 좋습니다. '지금 가슴이 답답하네', '손에 땀이 나네' 하고 인식하면서, 그 감정을 억누르지 않은 채 '지금 화가 올라오고 있구나' 하고 그대로 바라봅니다. 그리고 그 감정을 몸을 통해 감각하며 어떻게 변화하는지, 어떻게 오르고, 머물고, 사라지는지를 지켜보기만 해도 우리의 신경계는 조금씩 변하기 시작합니다. 이 과정을 반복할수록 전전두엽은 더욱 강해지고, 편도체는 점점 조용해집니다. 감정을 억누르지 않고 관찰하는 것, 그것이 감정에 대한 각성의 본질이며, 그 순간부터 우리는 더 이상 감정의 포로가 아닌 감정의 주인이 되어 갑니다. 우리가 감정을 품을 수 있게 되는 그 자각의 순간, 그것이 곧 호흡이 우리에게 주는 선물 중 하나입니다.

4단계 일상에의 각성

이 단계에 들어서면 우리는 삶을 바라보는 시선이 점차 달라지기 시작합니다. 이제 더 이상 자신의 문제에만 갇혀 허우적대지 않으며, 세상 전체를 보다 넓고 균형 잡힌 시각으로 바라보게 됩니다. 하지만 이 변화가 의미하는 것이 성인의 초월적 경지에 이르렀다는 뜻은 아닙니다. 이 각성은 현실의 삶 속에서 더욱 자유롭고 건강하게 살아가는 방식을 체득하는 과정입니다. 명상의 네 번째 각성은 완벽한 인간이 되는 길이 아니라, 더 나은 삶의 방식을 살아가는 여정이며, 앞선 세 가지 각성이 일상 속에서 자연스럽게 통합되어 삶의 기준이 되는 단계입니다. 이 단계에서는 무엇보다도 자신에게 일어나는 감정과 문제에 과도하게 얽매이지 않게 됩니다. 더 이상 작은 감정의 소용돌이에 빠져 허우적대지 않으며, 한 발짝 물러나 상황을 바라보는 시선이 생기고, 감정에 즉각적으로 반응하기보다는 조금 더 깊이 생각하고 반응할 수 있는 여유가 생깁니다. 누군가의 말 한마디, 표정 하나에도 쉽게 흔들리던 이전과는 달리, 이제는 타인의 감정을 있는 그대로 존중하면서도 내 중심은 흐트러지지 않게 지킬 수 있는 힘이 자라나게 됩니다. 이런 내면의 변화는 곧 외부 상황에 불필요한 감정 소모 없이 보다 냉철하고 합리적으로 대처할 수 있는 능력으로 이어지며, 삶을 보다 가볍고 단단하게 만들어 줍니다.

또한 이 네 번째 각성은 세상을 바라보는 시선의 변화를 동반합니다. 과거에는 뉴스에서 들리는 부정적인 소식 하나에도 쉽게 마음이 흔들렸고, 누군가의 평가 한마디에도 기분이 오락가락했으며, 주변의 부정적인 감정에 쉽게 물들곤 했습니다. 하지만 이제는 세상이 언제나 변화하고 있다는 사실을 받아들이게 되며, 삶에서 마주하는 모든 일을 경험하는 것이 삶의 목적임을 이해하게 됩니다.

이 단계에 도달하면 감정에 휘둘리지 않고, 보다 합리적인 판단을 통해 삶을 이끌 수 있게 됩니다. 더 이상 사소한 일에 에너지를 낭비하지 않고 중요한 일에 에너지를 집중하게 되며, 관계는 한결 부드러워지고 타인과의 신뢰도 자연스럽게 깊어집니다. 무엇보다도 결핍과 강박에서 벗어나게 되며, 더 이상 무엇을 움켜쥐려 애쓰지 않아도 필요한 것을 흘러 들어오게 하는 힘이 깨어납니다. 이것이 바로 네 번째 각성이 삶 속에서 만들어 내는 진짜 변화입니다. 완벽함을 향한 강박이 아닌, 자유롭고 유연한 내면에서 비롯된 지혜의 삶. 그것이 이 단계에서 우리에게 열리는 새로운 가능성입니다.

명상의 숨겨진 열쇠, 주시

명상을 할 때 우리는 총 네 단계의 각성을 통해 서서히 내면이 깨어나는 경험을 하게 됩니다. 이 각성의 흐름을 보다 입체적으로 이해하기 위해 꼭 짚고 넘어가야 할 핵심 개념이 하나 더 있습니다. 바로 '주시'입니다. 주시란 단순히 바라보는 것, 분석하는 것, 집중하는 것을 말하지 않습니다. 주시는 편견 없는 관찰입니다. 우리는 하루에도 수많은 것을 관찰하며 살아갑니다. 거리에서 마주친 사람들의 표정, 옷차림, SNS에 올라온 음식 사진이나 여행 사진들까지 우리는 끊임없이 외부 대상을 보고, 평가하고, 해석합니다. 그러나 자신을 바라볼 때는 어떠한가요? 대부분의 경우 우리는 자신을 바라볼 때조차 판단과 비난, 비교 속에서 자신을 해석합니다. 거울을 보며 '나는 왜 이렇게 피곤해 보이지?', 실수한 뒤에 '나는 왜 이리 멍청할까?', 남들과 비교하며 '저 사람은 저렇게 잘사는데 나는 왜 이럴까?' 하고 자신을 향해 무의식적인 비난을 던집니다. 이것은 관찰이 아니라 평가입니다. 진정한 주시는 어떠한 판단도 개입시키지 않고 있는 그대로 바라보는 것입니다.

명상의 관점에서 주시란 한 걸음 물러나 자신을 지켜보는 힘이며, 비난도 기대도 없이 초연한 마음으로 그저 알아차리는 행위입니다. 마치 하늘이 구름과 비, 태양과 바람을 그대로 받아들이듯이, 우리의 중심 또한 감정과 생각, 몸의 반응들을 판단 없이 바라볼 수 있어야 합니다. 하늘은 늘 그 자리에 있지만, 그 안을 떠도는 구름은 끊임없이 모양을 바꾸고 흘러갑니다. 우리의 본질도 이와 같습니다. 마음에 생각이 떠오르고 감정이 흘러가며 몸이 반응을 하지만 그것은 일시적인 현상일 뿐이며, 그 모든 흐름을 조용히 바라보는 존재, 변하지 않는 주체, 바로 그 '하늘'이 진짜 나입니다. 삶은 연극 무대와 같아서 우리는 무대 위에서 배우처럼 웃고 울며 감정을 드러내지만, 동시에 우리는 그 장면을 지켜보는 객석의 관객이기도 합니다. 그 관객, 그 시선이 바로 주시입니다. 마치 빠르게 흐르는 강물 속에서도 강바닥의 돌멩이는 그저 흐름을 바라보듯, 우리의 중심은 생각과 감정의 소용돌이를 관조하는 자리에 머무릅니다.

주시의 구조는 세 가지로 나뉩니다. 첫 번째는 대상입니다. 외부의 사람, 사물, 상황뿐 아니라 나의 감정, 생각, 몸의 감각들도 모두 관찰의 대상이 됩니다. 두 번째는 주체입니다. 관찰하고 있는 나, 나의 시선, 나의 자각, 그것이 주체입니다. 세 번째는 주시자입니다. 대상과 주체를 모두 한꺼번에 바라보는 그 조용한 의식, 모든 흐름의 뒤편에 고요히 깨어 있는 존재, 그것이 바로 우리의 중심이며 진짜 나입니다. 어렵게 느껴질 수도 있지만 사실 아주 단순한 진실입니다. 영화 속 주인공이 내가 아니고, 객석에서 그 영화를 바라보는 관람자가 진짜 나라는 것입니다. 불안해하는 나, 소심한 나, 화를 내는 나, 슬퍼하는 나, 그 모든 모습을 우리는 바라볼 수 있습니다. 그렇다면 그런 감정을 느끼는 존재가 내가 아니라, 그 모든 감정을 조용히 바라보는 '의식'이 진짜 나라는 것을 알 수 있습니다.

하루에도 수십 번 감정이 오갑니다. 아침에는 기뻤다가 점심에는 짜증이 나고, 저녁에는 즐겁다가 밤에는 외로워질 수도 있습니다. 그렇다면 나는 기쁜 사람일까요, 짜증이 많은 사람일까요, 아니면 우울한 사람일까요? 우리는 그 어느 것도 아닙니다. 우리는 그 모든 감정을 지켜보는 존재, 사라지는 감정을 바라보는 주시자입니다. 삶은 끊임없이 움직입니다. 기쁨과 슬픔, 희망과 실망이 오가고, 관계는 엇갈리며, 상황은 예측할 수 없이 흘러갑니다. 하지만 태풍의 눈이 언제나 고요하듯, 세상의 어떤 소란 속에서도 주시의 자리에 머물 수 있다면 우리는 흔들림 없는 중심을 갖게 됩니다. 주시는 외부 환경을 조용히 받아들이는 힘이자, 내면의 에너지를 보존하는 방식이며, 가장 본질적인 자기 자신과 연결되는 통로입니다.

많은 사람들은 이 의식의 중심 없이 삶의 표면을 따라 흐르며 살아갑니다. 생각의 반응에 자동적으로 끌려가고, 감정에 사로잡혀 행동하고, 관계 속에서 상처받고 휘청이지만 그 모든 흐름을 가만히 바라보는 자리에 설 수 있을 때, 삶은 완전히 다른 빛을 띠게 됩니다. 그때부터 삶은 해결해야 할 문제들의 연속이 아니라, 즐거움과 노래, 춤과 시가 흐르는 진짜 경험이 됩니다.

이 주시의 힘이 깨어나야 우리는 원하는 것을 조급하게 추구하지 않으면서도 자연스럽게 얻을 수 있게 됩니다. 자기 일에 성공한 사람들 대부분은 노력, 혹은 우연이라도 자기 자신을 깊이 바라보는 힘, 즉 주시의 능력을 지닌 사람들입니다. 아무리 바쁘게 일하고 많은 것을 이뤄도, 중심이 흐트러져 있다면 결국 혼란과 탈진만이 남습니다. 하지만 주시를 통해 중심이 바로 설 때, 우리는 비로소 내면에서 삶을 이끌 수 있는 힘을 갖게 됩니다. 그리고 그때부터 삶은 더 이상 밀려가는 것이 아니라, 나의 의식이 조용히 이끄는 길이 됩니다.

뇌파

우리의 뇌와 몸은 끊임없이 미세한 전자기장을 방출하고 있으며, 이 신호는 물리적으로 멀리 떨어진 곳에서도 감지될 수 있습니다. 마찬가지로 지구 또한 거대한 자기장을 지닌 생명체로서, 이 자기장은 지구를 둘러싼 역선(力線)들을 형성하고 있습니다. 이 역선들은 태양에서 날아오는 강력한 태양풍과 충돌하면서 일정한 주파수의 파동을 만들어 내는데, 수십억 년 전부터 지구의 모든 생명체는 이 파동 속에서 진화하고 존재해 왔습니다. 흥미로운 점은 바로 이 지구의 주파수와 인간의 뇌파가 일정한 범위에서 일치한다는 것입니다. 즉 우리는 애초부터 지구의 리듬과 동조되도록 설계된 존재이며, 명상은 바로 이 조화로운 리듬에 우리 자신을 다시 맞추는 강력한 도구가 됩니다. 우리의 뇌에는 여섯 가지 주요한 뇌파가 존재하며, 이는 우리가 어떤 상태에 있느냐에 따라 끊임없이 변화합니다. 명상을 꾸준히 실천하는 사람의 뇌파는 명상을 하지 않는 사람과는 분명한 차이를 보입니다. 가장 눈에 띄는 차이는 베타파와 알파파의 활성화 정도입니다.

명상 수련자들은 베타파가 과도하게 올라가는 것을 스스로 조절할 수 있으며, 알파파를 자연스럽게 활성화시키는 능력이 형성되어 있습니다. 이는 단순히 심리적인 안정을 넘어 삶을 바라보는 관점, 타인을 대하는 태도, 감정의 처리 방식에서 뚜렷한 변화를 만들어 냅니다. 더 깊은 연민과 사랑, 이타심과 자비심이 자연스럽게 깨어나는 상태, 그것이 명상이 우리에게 주는 뇌의 변화입니다. 뇌파는 생리적인 전기 신호를 넘어, 우리 존재가 어떻게 조율되고 진동하고 있는지를 보여 주는 생명의 리듬입니다. 명상은 그 리듬을 다시 고르게 만들고, 삶 전체를 보다 부드럽고 조화롭게 흐르도록 합니다. 그렇게 될 때 우리는 비로소 고요 속에서 더 넓은 세계와 하나 되는 느낌을 맛보게 되며, 그 속에서 잔잔한 기쁨과 평화를 살아 있는 실감으로 경험하게 됩니다. 이 간단한 숨결과 침묵 속에서 우리 안의 우주가 깨어납니다.

경계해야 할 일

명상은 과학과 의학의 발전과 함께 그 효과가 점점 더 명확히 입증되고 있습니다. 집중력을 향상시키고 스트레스를 감소시키며 감정 조절 능력을 개선하는 등 신경과학적으로도 그 유익함이 검증된 사례가 많습니다. 하지만 여전히 명상은 어렵게 느껴지거나,

때로는 신비로운 체험과 연결되어서 오해를 불러일으키기도 합니다. 그 이유는 명상이 본질적으로 지극히 주관적인 경험이기 때문입니다. 사람마다 느끼는 것이 다르고 명상의 방식도 다양하기 때문에, 어떤 것이 옳고 그른지 명확히 구분하기 어렵습니다. 그렇기에 명상을 할 때 주의할 점이 있습니다. 신비주의에 빠지지 않는 것, 부차적인 현상에 집착하지 않는 것, 그리고 명상의 본질을 잊지 않는 것이죠.

명상을 하다 보면 때때로 신비로운 경험을 합니다. 눈을 감았을 때 형형색색의 빛이 보이거나 소용돌이치는 장면이 떠오르기도 하고, 몸이 공중에 떠오르는 듯한 가벼운 느낌이 들기도 합니다. 과거의 기억이 영화처럼 생생하게 떠오르거나 척추를 따라 에너지가 흐르는 듯한 강렬한 감각을 경험하기도 합니다. 우주와 하나가 된 듯한 경이로운 느낌, 자신의 몸을 떠나 위에서 자신을 내려다보는 듯한 체험, 어떤 사람은 오랫동안 잊고 지냈던 어린 시절의 기억을 선명하게 떠올리며 마치 시간여행을 하는 듯한 감각을 느끼기도 합니다. 이러한 경험은 누구에게나 나타날 수 있는 자연스러운 현상이며 이를 특별한 의미로 해석하거나 집착하지 않는 것이 중요합니다.

우리의 뇌는 일상에서 수많은 자극을 받아들이며 살아갑니다.

광고, 스마트폰, 뉴스, 주변 사람들의 대화, 과거의 기억, 억눌린 감정, 무의식 속 이미지 등 다양한 정보가 축적됩니다. 명상을 하면 뇌가 이완되면서 이러한 정보들이 떠오를 수 있으며, 강렬한 빛이 보이거나 특정한 장면이 떠오르는 것 역시 단순히 뇌 속에 저장된 기억의 파편이 표면화되는 현상일 가능성이 높습니다. 어떤 사람은 명상 중 이상한 소리를 듣거나 환청을 경험했다고 말하기도 하지만, 이 역시 외부 자극이 차단된 상태에서 뇌가 스스로 의미 없는 신호를 조합하는 자연스러운 반응일 가능성이 높습니다. 이처럼 신비롭게 보이는 현상들은 사실 우리의 뇌가 만들어 내는 현상이므로 특별한 의미를 부여하지 않는 게 좋습니다.

부차적인 현상에 대한 집착은 성장을 방해할 수 있습니다. 어떤 현상을 경험했다고 해서 특별한 능력이 생긴 것도 아니며 의식의 전환이 일어나는 것도 아닙니다. 만약 신비로운 체험에만 집착한다면 '나는 특별한 명상 체험을 했어!'라는 생각에 사로잡혀 정작 중요한 내면의 고요함을 놓치게 됩니다. 명상의 궁극적인 목적은 화려한 경험이 아니라, 마음의 평온과 의식 각성에 도달하는 것입니다.

명상은 의식 각성의 디딤돌이다

성공하는 삶을 살고 싶다면 단순히 순간적인 편안함을 느끼는 것을 넘어, 더 깊고 근본적인 변화가 필요합니다. 명상을 하면 마음이 차분해지고 집중력이 높아지며, 스트레스가 줄어들고 감정 조절이 쉬워지는 등 삶의 여러 측면에서 긍정적인 변화를 경험할 수 있습니다. 하지만 대부분의 경우 이것만으로 성공과 성장을 가능하게 하는 힘이 완전하게 만들어지지는 않습니다. 명상이 삶에 진전을 주기는 하지만, 진정한 변화는 단순히 편안함을 느끼는 것이 아니라 삶을 바라보는 방식 자체가 바뀔 때 가능합니다. 그리고 이를 가능하게 하는 것이 바로 '내면 혁명'입니다. 내면 혁명은 감정을 가라앉히는 것이 아니라, 내면 깊숙한 곳에서부터 삶을 바라보는 시각이 완전히 새롭게 바뀌는 과정입니다. 우리의 궁극적인 목표는 지금까지와 다른 눈으로 세상을 보면서, 더 넓은 관점에서 삶을 경험하고 진정한 성공자의 길을 걷는 것입니다. 그렇다면 이런 변화를 이루기 위해 가장 중요한 것은 무엇일까요? 바로, 머릿속에 자리 잡은 자아 이미지와 세상을 바라보는 방식을 바꾸는 것입니다. 이것이 바로 내면 혁명이며, 명상은 그 변화를 일으키는 첫걸음이 됩니다.

9가지 법칙을 시작함에 앞서

명상은 마치 컵 속의 흙탕물을 가라앉히는 것과 같습니다. 생각을 정리하고, 감정을 안정시키며, 마음을 조용히 가라앉히는 과정이죠. 하지만 내면 혁명은 단순히 흙을 가라앉히는 것이 아니라, 물 자체를 맑게 정화하는 것입니다. 명상은 내면을 정리하는 과정이고, 내면 혁명은 삶을 바라보는 근본적인 태도를 변화시키는 과정입니다. 이 두 가지가 함께할 때 비로소 진짜 변화가 시작됩니다. 필자가 앞에서 명상 중 나타나는 신비로운 체험이나 부차적인 현상에 집착하지 말라고 강조한 이유는 바로, 성공하는 삶을 만들기 위해 중요한 것은 의식의 각성, 의식의 성장이기 때문입니다.

우리는 살면서 늘 마음의 균형을 잃고 흔들릴 때가 있습니다. 스트레스가 쌓이면 더 예민해지고, 사소한 일에도 쉽게 무너집니다. 그래서 많은 사람들이 마음을 다스리는 방법을 찾아 헤매지요. 내면 혁명이 제시하는 9가지 법칙은 그런 우리에게 아주 구체적이고 실질적인 해답을 주는 길입니다.

이 법칙들을 체험한 사람들은 공통적으로 말합니다. "내가 몰랐던 새로운 가능성이 열렸다"라고요. 그동안 무의식적으로 피하고 외면했던 감정들을 솔직히 마주하면서, 오히려 더 강해지고 자유로워졌다고 합니다. 이들은 단순히 자기만 변한 게 아닙니다. 다른 사람들이 따라올 수 있는 길을 먼저 열어 주는 개척자가 됩니다.

제가 이 이야기를 나누고 싶은 이유는 간단합니다. 누구나 더 건강한 마음을 갖고, 더 넓게 세상을 보고, 더 큰 성취를 맛보길 바라기 때문입니다. 제가 내면 혁명이 제시하는 9가지 법칙을 실천하며 깨달은 것은, 성취란 바깥에서 주어지는 것이 아니라 내면에서 먼저 싹튼다는 사실입니다. 내면에서 일어난 변화가 결국 바깥 세상에서 눈에 보이는 결과로 나타나는 것이지요. 제가 해냈다면, 여러분도 분명히 할 수 있습니다.

수백 명의 사람들이 내면의 목소리에 귀 기울이고 그 메시지를 믿는 법을 배웠습니다. 그 순간부터 삶은 훨씬 부드럽고 풍요로워졌습니다. 내면 혁명이 제시하는 9가지 법칙은 그 방법을 보여 줍니다. 여러분이 직접 경험해 보면 알게 될 겁니다. 성취와 기쁨은 밖에서 찾는 것이 아니라, 이미 여러분 안에 있다는 것을요. 성공하기 위해서 우리는 명상을 넘어, 세상을 마주하는 방식과 타인을 대하는 태도를 근본적으로 변화시키는 '내면 혁명' 과정에 집중할 것입니다. 지금부터 내면 혁명에서는 누구나 실천할 수 있도록 그 방법을 아홉 가지 법칙으로 정리하여 설명할 것입니다. 삶을 바꾸는 것, 자아 이미지를 변화시키는 것은 억지로 되지 않죠. 변화는 인위적인 노력이 아니라 자연스럽게 스며들어야 합니다. 억지로 자신을 바꾸려 하면, 저항이 생기고 변화가 오래 지속되지 않습니다. 우리의 삶을 생명력 넘치고 즐겁게 하는 이치를 이해하고 그것이 자연스럽게 내 안에 자리 잡으면, 어느 순간 변화가 시작됩니다.

7부
전체적인 삶

삶은 조각난 부분의 합이 아니라
전체로 살아갈 때 비로소 완성된다.
부분에 매달리면 고통이 깊어지지만,
전체를 끌어안는 순간 삶은 하나의 축제가 된다.

_By 라의형

바람처럼, 강물처럼

언덕이든 봉우리든 가시밭길이든,
질척한 진흙탕이든,
그 무엇도 가리지 않는 삶이 당신을 더욱 풍성하게 합니다.
좋은 일이든 힘든 일이든,
하늘을 나는 새처럼 바람을 타고 흘러갑니다.

바위가 길을 막아도 바다는 언제나 그곳에 있습니다.
거대한 폭포로 떨어지더라도 강물은 울지 않습니다.
아무런 모양도 없이 아무것에도 얽매이지 않고,
높은 봉우리를 넘어 깊은 계곡에도 머무는 바람처럼 흐릅니다.
모든 것을 따스하게 감싸며 어둠조차 품는 넉넉함으로 삽니다.

좋은 일이든 힘든 일이든 구분 없이 받아들일 때,
당신의 삶은 전환을 맞습니다.

전체적으로 산다면 당신도 성인의 강함을 얻을 수 있습니다.
강해지면, 두렵지 않으며 분노하지 않습니다.
강해지면, 삶이 더 이상 문제가 아닙니다.
전체적으로 살 때, 당신의 에너지는 흩어지지 않습니다.
그 순간, 당신은 풍성한 사람이 됩니다.
그 순간, 당신의 존재는 빛이 됩니다.
그 순간, 당신의 삶은 축제가 됩니다.
그것이 진정한 카리스마입니다. 그것이 전체적인 삶입니다.

일상에서 벌어지는 일들

우리를 화나게 하고 흥분하게 하며 스트레스 받게 하는 상황을 상상해 볼까요?

- 모든 준비를 마치고 완벽하다고 생각했던 사업 계약이 막판에 엎어졌습니다.
- 몇 달 동안 준비한 시간과 투자한 돈이 한순간에 물거품이 되

었습니다. 머릿속이 하얗게 되고, 분노와 좌절이 밀려옵니다.

- 십수 년간 함께 일해 온 부하 직원이 어느 날 갑자기 경쟁사로 이직합니다. 심지어 떠나면서 회사의 중요한 자료와 고객 정보를 빼돌렸다는 사실을 알게 되었습니다.

- 출근하자마자 상사가 당신의 실수를 지적합니다. 팀원들 앞에서 모멸감을 주듯 이야기하며 당신을 질책합니다. 어제까지 열심히 했던 일이 한순간에 무너지는 기분입니다. '이렇게까지 말할 필요가 있나?' 싶어 억울하고 화가 나지만, 아무 말도 하지 못한 채 가슴속에 화만 쌓여 갑니다.

- 오랜 친구를 믿고 투자했던 돈을 돌려받지 못할 위기에 처했습니다. 처음에는 분명 서로를 믿었고, 걱정할 필요 없다던 친구는 이제 연락조차 피합니다.

- 모처럼 가족들과 저녁 식사를 하려고 했는데, 아이들은 스마트폰만 들여다보고 배우자는 피곤하다며 대화에 참여하지 않습니다. 오랜만에 함께하는 시간인데, 누구도 이 순간을 소중하게 여기지 않는 것 같습니다.

- 친한 동료라고 생각했던 사람이 뒤에서 당신의 험담을 합니다. 함께 웃고 떠들었던 사람이었는데, 알고 보니 다른 사람

들 앞에서는 당신을 깎아내리고 있었습니다.

- 몇 달 동안 준비한 프로젝트를 상사가 가로챘습니다. 분명 당신이 처음부터 기획하고 만들어 낸 아이디어였는데, 최종 발표에서는 그의 업적이 되어 있었습니다.

- 몇만 원 아끼려고 선택한 온라인 거래, 물건이 도착하지 않습니다. 판매자는 연락 두절이고, 소비자 보호 기관에 신고를 하려 해도 시간과 노력이 너무 많이 듭니다.

우리 일상에서 늘 벌어지는 일들입니다. 이로 인해 내면은 피로해지고, 삶은 무거워지며, 원망과 분노를 곱씹는 일에 우리의 소중한 시간과 에너지를 사용합니다.

정신적 에너지

우리는 엄청난 가능성과 잠재력을 가진 존재지만, 대부분 발휘되지 못한 채 낭비됩니다. 이유는 에너지가 새고 있기 때문입니다. 그리고 이 정신적 에너지의 누수는 대부분 '무의식'과 '스트레스'라는 통로를 통해 일어납니다. 인간의 뇌는 우리 몸무게의 약

2%밖에 되지 않지만, 하루에 사용하는 전체 에너지의 약 20%, 즉 300~500kcal를 소비합니다. 이 에너지는 주로 인지 기능, 감정 조절, 집중력, 사고력 등에 쓰입니다. 뇌는 고속으로 판단하고, 수많은 정보를 걸러내며, 순간순간 삶의 방향을 결정짓는 선택을 내려야 하기에 늘 에너지가 필요한 상태입니다. 하지만 그 에너지는 무제한이 아니라 '유한한 자원'입니다. 심리학자 로이 바우마이스터(Roy Baumeister)의 '자기 조절 이론'은 이 사실을 뒷받침합니다. 그는 인간의 자제력이나 의사 결정 능력도 하루치 한정된 '의지력 자원'에서 나온다는 것을 실험을 통해 밝혔습니다. 한 사람이 진지하게 내릴 수 있는 결정은 하루에 약 10~15개에 불과하며, 집중력이 유지되는 시간도 평균 2시간 내외입니다. 스트레스는 우리의 정신적 에너지를 급격히 고갈시키는 주범입니다. 지적 역량이 뛰어난 사람도 '정신 에너지'가 고갈되면 일상의 많은 영역에서 문제가 발생합니다.

삶을 고통스럽게 만드는 세 가지 분열 현상

우리의 제한된 에너지를 빼앗아 가고 삶을 고통스럽게 만드는 원인을 살펴볼 시간입니다. 우리 삶을 고통으로 만드는 원인은 크게 세 가지인데, 바로 구분, 분리, 분별하는 마음입니다.

첫째, 구분(區分)은 우리가 경험하는 모든 것을 좋고 싫음으로 나누는 마음입니다. 아침에 커피를 마시면 '좋다', 비가 오면 '싫다', 출근길이 막히면 '짜증 난다'는 식으로 단순한 사실을 주관적인 감정으로 해석하고 반응합니다. 마주하는 일들을 '좋다' 또는 '싫다'로 구분하며 그에 따라 만들어진 감정에 사로잡힙니다. 작은 불편함이 '싫은 일'로 해석되는 순간 감정에 따른 에너지 소모가 발생합니다.

둘째, 분리(分離)는 인간관계에서 나와 너, 우리와 너희로 편가르는 마음입니다. 가족 안에서도 부모와 자식, 형제 간에 편을 가르고, 직장에서도 친한 사람과 그렇지 않은 사람을 나누며, 사회 속에서도 우리와 너희를 구분합니다. 이러한 분리는 거의 모든 인간 관계에서 자동적으로 형성되며 그 결과 갈등이 생기고 에너지 소모가 일어납니다.

셋째, 분별(分別)은 옳고 그름을 나누는 마음입니다. 자신의 경험과 정체성, 신념을 바탕으로 옳고 그름으로 판단하고 심판합니다. 이 역시 거의 모든 상황과 인간관계에서 자동적으로 만들어지는 현상으로 결국 삶을 갈등과 투쟁, 고통으로 만들어 에너지를 소모합니다. 이 세 가지는 무의식적 반응을 만드는 주요한 현상으로 우리의 정신적 에너지를 고갈시키는 주범입니다.

좋고 싫음의 구분이 만드는 세상

우리의 뇌는 끊임없이 주변 환경을 평가하며 작동합니다. 이는 생존을 위한 필수적인 기능이지만 에너지를 소모합니다. 우리는 하루에도 수천 번을 무의식적으로 좋고 싫음으로 구분하며 살아갑니다. 아침에 일어나 창밖을 보고 날씨가 흐리면 '기분이 좋지 않다'라고 생각하고, 밝은 날씨를 보면 '오늘은 기분이 좋을 것 같다'라고 여깁니다. 출근길에 지하철을 놓치면 '아, 싫다'라고 반응하고, 겨우 탄 지하철이 붐비면 '답답하다'라고 느낍니다. 회사에 도착해 커피를 마시려는데 동료가 마지막 잔을 가져가면 '짜증 난다'라고 생각하고, 복사기를 쓰려는데 앞 사람이 오래 걸리면 '왜 이렇게 비효율적이지?'라고 불만을 품습니다. 점심시간이 되면 음식 메뉴를 보며 '이건 좋고, 저건 싫다'라고 구분하고, 계산대 줄이 길어지면 '이런 건 정말 싫다'라고 투덜거립니다. 퇴근길에는 버스를 기다리며 '빨리 왔으면 좋겠다'라고 초조해하고, 늦어지면 '아, 싫다'라고 불편해합니다. 이렇듯 우리는 쉬지 않고 좋고 싫음으로 구분하며 에너지를 소모합니다. 단순한 순간도 좋고 싫음으로 나눕니다. 익숙한 길을 걸으며 '이 길은 좋고, 저 길은 싫다'라고 정하고, 옷을 입으며 '이 색은 좋고, 저건 별로다'라고 선택합니다. 심지어 음악을 들으며 '이 곡은 내 스타일이고, 저건 별로다'라고 나누고, 대화 중 상대방의 말투 하나에도 '이건 기분 좋고, 저건 불쾌하다'라고 반응합니다. 이러한 좋고 싫음의 기준은 변덕스럽고 상황에 따라 달라집니다. 배가 고프면 평소 좋아하지 않던 음식도 맛있게 느껴지고, 기분이 좋으면 평소 싫었던 행동도 웃어넘길 수 있습니다. 하지만 반대로 피곤하거나 스트레스를 받을 때는 사소한 일에도 '싫다'라는 감정이 쉽게 생깁니다. 결국 우리는 끝없이 좋고 싫음으로 구분하며, 그 감정에 따라 기분이 오르고 내리기를 반복합니다. 마치 끝없는 파도처럼, 감정은 멈출 새 없이 출렁이며 에너지를 소모합니다.

부정성 편향

진화심리학적 관점에서 보면, 우리의 뇌는 생존을 위해 환경을 빠르게 평가하는 시스템을 갖추고 있습니다. 과거 인류는 위험을 신속하게 감지하고 회피해야 했던 환경에서 살아남기 위해 부정적인 정보를 더 강하게 인식하고 기억하도록 진화했습니다. 뇌의 편도체(Amygdala)는 감정적 반응을 즉각적으로 유발하는 영역으로, 특히 위험하거나 불쾌한 자극을 빠르게 인지하여 우리에게 즉각적인 반응(불안, 분노, 회피 등)을 하도록 만듭니다. 부정성 편향으로 인간은 긍정적인 경험보다 부정적인 경험을 더 강하게 기억하도록 설계되어 있습니다. 예를 들어, 100명의 사람이 내 발표를 듣고 칭찬했지만 한 사람이 비판적인 피드백을 남겼을 때, 우리는 그 한 사람의 말을 계속 떠올리며 괴로워하곤 합니다. 이는 원시 시대의 생존 본능과 관련이 있기 때문입니다. 즉, 한 번이라도 포식자의 존재를 간과하면 생명이 위태로웠던 환경에서, 나쁜 경험을 더 강하게 기억하고 경계하는 것은 생존에 필수적이었습니다. 하지만 현대 사회에서는 더 이상 맹수가 우리를 쫓아다니지 않습니다. 그러나 우리의 뇌는 여전히 작은 일조차 생존의 위협처럼 판단하며 반응합니다. 상사의 한숨을 '나에 대한 불만'으로 해석하고, 친구의 짧은 답장을 '나를 멀리하려는 신호'로 받아들이며 필요 이상으로 예민하게 반응하는 것이죠. 그 결과, 우리는 늘 스트레스를 받고 불필요한 감정 소모를 하게 됩니다.

이렇게 우리는 현대 사회에서 필요 이상으로 좋고 싫음을 나누는 것에 중독된 삶을 살고 있습니다. 출근길의 작은 불편함부터 대인 관계에서의 사소한 반응까지 우리는 매 순간 감정을 소모하며 쉽게 지치고, 더 많은 스트레스를 경험하게 됩니다.

나와 너의 분리가 만드는 세상

우리는 하루에도 수없이 많은 순간, 알게 모르게 '나'와 '너'로 편을 가르며 살아갑니다. 나와 너로, 우리 편과 너네 편으로, 학교와 고향으로, 종교와 정치로 편을 가릅니다. 사람이 모여 있는 모든 곳이라면 어디서든 편가르기가 만들어지며, 이로 인해 많은 에너지를 소모합니다. 우리 사회에서 종교는 사랑과 자비, 포용과 구원을 가르치는 고귀한 역할을 맡고 있습니다. 그러나 바로 그 종교 안에서도 편가르기는 결코 예외가 아닙니다. 오히려 '절대 진리'를 믿는 신념이 강할수록, 사람을 구분 짓는 경계는 더욱 선명해지고 단호해집니다. '구원받은 자'와 '구원받지 못한 자', '정통'과 '이단', '신을 믿는 자'와 '믿지 않는 자'는 물론, 같은 신을 믿고 같은 경전을 따르면서도 해석의 방식이나 예배의 전통이 다르다는 이유로 서로를 부정하거나 배척하기도 합니다. 이러한 경계 짓기는 한국 사회에서도 은밀하게, 혹은 매우 노골적으로 드러납니다. 종교가 정치 이념과 결합하거나 국가 정체성과 연결될 때, 그 갈등은 더욱 노골적인 차별과 반목으로 이어집니다. 세계 곳곳에서 종교는 단순한 신념 차이를 넘어, 무력 충돌과 전쟁의 원인이 되어 왔습니다. 중동, 인도, 미얀마 등에서는 종교가 민족주의와 결합되며 대규모 학살과 분열이 일어났고, 그 상처는 지금까지도 아물지 않은 채 깊은 균열을 남기고 있습니다.

정치적인 편가르기는 이보다 훨씬 심각합니다. 사회적으로도 많은 에너지를 낭비하게 합니다. 우리나라의 정치 성향에 따른 편가르기는 지금 이 순간에도 개인의 일상과 인간관계는 물론, 사회 전체의 정서적 건강을 깊이 위협하고 있습니다. 정치적 성향은 단순한 의견 차이를 넘어서, 이제 하나의 '정체성'처럼 작동하고 있으며, 사람들은 누가 어떤 정당을 지지하는지를 기준 삼아 그 사람의 성품이나 도덕성, 심지어 인간성까지도 재단하고 판단하려 합니다. '보수냐 진보냐', '좌냐 우냐' 하는 이분법적 구도 속에서 상대 진영은 언제나 '틀린 사람', '잘못된 사람'으로 낙인찍히고, 대화와 이해는 점점 사라지며 설득은 혐오와 비난으로 대체됩니다. 선거철이나 사회적 갈등 이슈가 터질 때면 이러한 긴장은 더욱 노골적으로 드러나며, 공동체 안에서 분열과 대립의 골이 깊어집니다. 특히 SNS와 유튜브를 중심으로 확산되는 확증편향적 정보 소비는 이 현상을 더욱 악화시키고 있습니다. 알고리즘은 개인이 보고 싶어 하는 정보만 반복적으로 노출시키고, 반대 의견은 왜곡되거나 조롱의 대상으로 전락합니다. 그 결과 사람들은 자신이 옳다고 믿는 '진실'만을 받아들이며, 점점 더 강하고 고립된 신념 속에 갇혀 살아가게 됩니다.

정치적 적대감은 공동체를 지탱하는 신뢰의 기반을 무너뜨리고, 사회적 연대와 상호 존중의 감각을 약화시킵니다. 그 결과 논의는 생산성을 잃고, 사회는 점점 더 피로해지며, 에너지와 자원이 감정의 소모전으로 낭비됩니다. 정치적 편가르기는 단지 진영 간의 갈등을 넘어, 사회 전체의 감정적 안정과 미래를 지속적으로 위협하는 구조적인 문제로 자리잡았습니다. 나와 너를 구분하고, 내 편과 네 편을 나누는 일은 우리의 에너지를 끊임없이 소모시킵니다. 판단하고, 비교하고, 분노하는 데 쓰이는 그 모든 마음의 움직임은 결국 나 자신을 소진시키는 일입니다. 끊임없이 경계 짓는 삶은 늘 긴장 상태를 유지하게 만들고, 그로 인해 우리는 만성적인 스트레스에 시달리게 됩니다

왜 우리는 이렇게 끊임없이 나누는가?

우리의 뇌는 오랜 진화 과정 속에서 생존을 최우선으로 하도록 설계되었습니다. 이는 원시 인류가 살아남기 위해 무리 지어 생활하

고, 서로를 보호하며, 낯선 이들을 경계하는 방식으로 적응해 온 결과입니다. 이러한 본능적인 작동 방식은 부족 본능(Tribalism)과 내집단 편향(Ingroup Bias)으로 이어졌으며, 이는 우리가 속한 집단을 더 신뢰하고 보호하려는 강한 심리적 경향을 형성하게 하였습니다. 이러한 성향은 개인이 속한 집단과의 유대감을 강화하고 협력을 증진하는 역할을 해 왔지만, 동시에 타 집단을 배척하거나 의심하는 태도를 강화하는 원인이 되기도 합니다. 우리는 원시인의 뇌에서 멈추어 있습니다. 우리는 자신과 유사한 특성을 가진 사람들에게 호감을 느끼고, 그들과 더욱 긴밀한 관계를 맺으려 하며, 같은 집단 내에서 정체성을 형성합니다.

옳고 그름이 만든 세상

우리는 하루에도 수없이 많은 판단을 내리며 살아갑니다. 무의식 중에, 자동적으로, 마치 숨 쉬듯이 옳고 그름을 가려냅니다. 길가에 무심히 담배꽁초를 버리는 사람을 보며 속으로 고개를 젓고, 식당에서 주문 순서가 뒤바뀌었을 때 얼굴에 미묘한 불쾌감이 떠오르며, 지하철 노약자석에 앉아 있는 젊은이를 바라보며 분노합니다. '이건 옳다', '저건 틀렸다', '나는 맞고 너는 틀렸다'라는 생각은 이미 우리의 일상 깊숙이 뿌리내린 자동 반응이 되었습니다. 이처럼 판단하고 분별하는 태도는 어느덧 우리 삶의 기본값이 되어 버렸고, 그 안에서 우리는 끊임없이 타인을 평가하고, 분리하고, 심판하며 살아가고 있습니다.

문제는, 이러한 반복된 판단이 결국 우리 자신을 갉아먹는다는 점입니다. 논쟁에서 이기기 위해 내뱉은 말들은 마음속에 찌꺼기로 남고, 타인을 설득하려 들다가 감정은 지쳐 버리며, 일상의 많은 순간이 분노와 불편함으로 채색되어 갑니다. 판단의 강박은 세상을 점점 더 못마땅한 곳으로 만들어 냅니다. 식당 직원의 작은 실수, 운전 중 끼어든 차, 타인의 표정 하나까지도 우리 안의 심판대를 거쳐야 하는 대상이 됩니다. 그렇게 우리는 점점 더 많은 것에 분노하고, 점점 더 자주 지치며, 스스로 만들어 낸 옳고 그름의 감옥에 갇혀 점점 더 큰 에너지를 소모하게 됩니다. 이러한 심리적 습관은 개인의 삶을 넘어서 사회 전체의 풍경에도 깊은 그림자를 드리웁니다. 대한민국은 세계에서 가장 많은 법적 분쟁이 일어나는 나라 중 하나이며, 2018년 대검찰청 조사에 따르면 고소·고발 건수는 일본의 무려 146.3배에 달합니다. 이 수치는 우리 사회가 갈등을 어떻게 해결해 왔는지를 여실히 보여 주는 통계이며, '옳고 그름'이라는 이름 아래 얼마나 많은 관계가 끊어지고, 에너지가 낭비되고, 마음이 병들어 왔는지를 말해 주는 현실입니다.

'옳고 그름'으로 분별하려는 습관은 삶의 전반에 부정적인 영향을 미치는 심각한 정신적 패턴입니다. 이 고정된 분별 방식은 개인의 내면을 서서히 병들게 할 뿐만 아니라, 가정의 평화를 해치고, 직장 내 협력 문화를 약화시키며, 궁극적으로는 사업체의 성장을 근본적으로 가로막는 장애물이 됩니다. 이런 태도에 빠진 사람은 점점 더 마음이 좁아지고, 말투와 표정마저 날카로워지며, 자신도 모르게 주변에 불편함과 긴장을 전이하게 됩니다. 따뜻해야 할 가정은 사소한 말 한마디에도 뒤틀리고, 협업과 신뢰가 바탕이 되어야 할 직장에서는 감정 소모와 갈등으로 인해 효율이 떨어집니다. 이 상태가 장기화되면 조직은 경직되고, 구성원 간의 소통은 막히며, 창의적 사고와 자발적인 아이디어는 서서히 사라집니다.

이러한 분별 중심의 사고는 사고의 유연성을 잃게 만든다는 점에서 더 근본적인 문제를 내포하고 있습니다. '내가 옳다'는 확신이 강할수록 우리는 변화에 저항하게 되고, 세상에 존재하는 수많은 가능성 앞에서 마음을 닫게 됩니다. 그렇게 사고는 굳어지고, 시야는 좁아지며, 문제를 바라보는 관점은 단편화되고 맙니다. 창의적인 해결력과 직관적 통찰은 말라 가고, 삶의 중요한 에너지를 낭비하는 사람이 됩니다.

내면을 먼저 보라

우리는 매 순간 대상을 구분하고, 나누고, 분별하며 살아갑니다. 좋아하는 것과 싫어하는 것, 옳은 것과 그른 것, 내 편과 네 편을 끊임없이 가르며 살아가는 이 삶의 방식은 겉보기에 '판단력'처럼 보이지만, 실상은 깊은 무의식의 습관으로 에너지를 낭비하게 하여 성공을 가로막은 가장 큰 원인이며, 내면 깊은 곳에서부터 우리를 갉아먹는 정신적 분열입니다. 구분, 분리, 분별. 이 세 가지는 일관성조차 없으며 우리의 삶을 혼란과 고통으로 이끕니다. 이른바 정신적 분열의 3종 세트라 할 수 있으며, 그 뿌리는 결국 무명, 곧 깨어 있지 못한 어리석음에 있습니다. 이로써 우리는 싫은 것을 참으며 견뎌야 하고, 불의한 현실을 지켜보며, 보기 싫은 사람과 마주치는 일상을 살아갑니다. 그리고 어느새 삶을 주도하는 것은 기쁨이 아니라 짜증, 여유가 아니라 불안, 안정이 아니라 끊임없는 스트레스가 되어 버립니다. 이것이 오늘날 수많은 현대인의 내면의 풍경입니다.

우리의 삶을 고통스럽게 만드는 가장 근본적인 원인은 다름 아닌 이 세 가지 정신적 증상—구분, 분리, 분별—임을 우리는 분명히 기억할 필요가 있습니다. 이것은 동서고금 수많은 철학자들과 위대한 스승들이 한결같이 공통적으로 지적해 온 깊은 통찰의 주제입니다.

붓다는 인간 고통의 근원을 정확히 짚어 냈습니다. "모든 것은 마음에서 비롯되며, 마음이 그것을 만든다." 우리는 외부 세계의 자극 때문에 괴로운 것이 아니라, 그것을 받아들이는 우리의 인식, 해석, 반응 방식 때문에 괴로운 것입니다. 예수는 타인을 비난하며 옳고 그름을 가르는 우리의 습관을 뼈아프게 지적했습니다. "죄 없는 자가 먼저 돌을 던져라", "남의 눈 속 티를 보기 전에 내 눈 속 들보를 먼저 보라." 이 말씀은 우리가 얼마나 자주 외부를 향해 손가락질하며, 정작 자기 내면은 들여다보지 않는지를 되돌아보게 합니다.

노자는 자연의 흐름을 따르라고 말합니다. 그는 "물은 다투지 않지만, 결국 가장 강한 힘을 가진다"라고 말합니다. 물처럼 유연하고, 대립하지 않고, 굳이 맞서 싸우려 하지 않아도, 흐름을 따라 사는 삶 속에 참된 강함이 있다는 가르침입니다. 소크라테스는 "먼저 너 자신을 알라"라고 했습니다.

이처럼 인류가 오랫동안 전해 받아 온 성인들의 메시지는 실로 단순하지만, 그 울림은 시대를 넘어섭니다. 그들은 모두 같은 목소리로 전합니다. "바깥을 보기 전에, 내면을 보라." 우리가 직면한 대부분의 고통은 세상이 잘못되어서가 아니라, 마음이 분열되어 있기 때문이며, 시선이 늘 바깥으로 향해 있기 때문입니다. 먼저 내 안의 어지러운 마음을 바라보고, 분노와 불안, 분별의 소용돌이에서 한 걸음 물러서야 합니다. 내면을 정화하지 않고는 어떤 평화도, 어떤 성공도 지속될 수 없습니다.

우리는 경험하기 위해 태어났다

살다 보면 단 한마디의 말이 삶의 궤도를 바꾸는 순간이 있습니다. 저에게도 그런 변화가 찾아온 적이 있었습니다. 5년 전, 무너지고 있던 절체절명의 시기에, 우연히 보게 된 일본 영화 한 편이 제 삶의 방향을 완전히 바꾸어 놓았습니다.

영화의 제목은 「앙: 단팥 인생 이야기」. 평범해 보이는 이야기였지만, 그 안에는 제가 오랜 시간 찾아 헤매던 삶의 본질이 담겨 있었습니다. 영화는 무미건조한 하루를 살아가는 중년 남성 센타로의 이야기로 시작됩니다. 그는 작고 낡은 도리야키 가게를 운영하며 그저 생계를 이어 가는 데에만 몰두한 채 살아갑니다. 그러던 어느 날, 한센병을 앓았던 76세의 할머니 도쿠에가 가게에서 일하고 싶다며 찾아옵니다. 몸도 약하고 손도 굽은 그녀를 처음에는 거절하지만, 그녀가 직접 만든 단팥의 깊고 따뜻한 맛에 감동한 센타로는 결국 그녀를 받아들이게 됩니다. 도쿠에가 가게에 들어오자 그동안 무미건조했던 공간에 따뜻한 온기와 생기가 스며들기 시작하고, 그녀의 정성이 담긴 단팥은 손님들의 발길을 이끌어 냅니다. 그러나 곧 밝혀진 도쿠에의 과거, 그녀가 한센병 환자였다는 사실은 편견과 두려움을 불러일으켰고, 사람들은 다시 가게를 떠나갑니다. 낙담한 센타로는 삶의 무게에 지쳐 무기력에 빠지고, 바로 그때 도쿠에는 조용히 말합니다.

"우리는 경험하기 위해 태어났답니다. 그래서 무엇이 되지 않아도 괜찮아요."

그 말은 제 삶의 중심을 뒤흔드는 울림으로 다가왔습니다. 그녀는 일곱 살 때 병에 걸려 부모와 생이별하고 평생을 수용소에서 살아온 삶을 살아 냈습니다. 세상이 외면한 삶이었지만, 그녀는 그것을 다 경험했고, 그래서 충분했다고 말합니다. 그녀의 말은 제가 오랫동안 품고 있었던 질문, '삶은 무엇을 위해 존재하는가'라는 물음에 단숨에 답을 주었습니다. 그날, 저는 마음속에 이렇게 말했습니다. "그래, 맞아. 지금 이 고통도, 이 실패도, 있는 그대로 받아들이자. 망가진다면 그것조차 경험하자." 저항을 멈추고 수용하기로 결정한 그 순간, 저를 휘감고 있던 두려움과 분노는 힘을 잃고 흩어졌습니다. 불면의 밤이 끝났고, 표정에는 다시 생기가 돌아왔으며, 단 두 달 만에 무너졌던 세 개의 회사가 모두 정상 궤도로 올라섰습니다. 의식의 각성이 만들어 낸 변화였습니다.

그리고 그 의식의 변화 덕분에, 저는 그토록 심각하다고 여겼던 상황 전체를 완전히 새로운 눈으로 바라볼 수 있게 되었습니다. 이전까지는 고통의 중심에 서서 모든 것을 겪고 있었지만, 그 순간부터는 마치 삶이라는 무대를 객석에서 지켜보듯, 저 자신과 저의 고통을 한 걸음 떨어진 곳에서 조용히 바라볼 수 있었습니다. '나'라는 주체와 '세상'이라는 객체가 어울려 만들어 내는 이 퍼포먼스를 내가 얼마나 심각하게 받아들이고 있었던가를 인식하고 나니 웃음이 터져 나왔습니다. 얼마 전까지 나를 고통스럽게 하고 너무도 사실 같고 절박했던 일들이 의식이 깨어나고 나니 그것은 하나의 무대, 하나의 체험이었을 뿐이었습니다. 분노하고 좌절했던 일련의 사건들은 더 이상 절망이 아닌 흥미로운 체험으로 다가오기 시작했습니다. 그 모든 것이 하나의 과정이고, 하나의 여정이며, 결국은 삶이 저에게 보여 주려던 '살아 있는 모험'이었다는 걸 이해하게 되었습니다. 삶에서 발하는 모든 희로애락의 감정을 이렇게 직관적으로 이해하고 나자 모든 게 편안해졌습니다.

> '아, 이게 다 꿈이었구나. 그렇게 심각할 이유가 없었구나. 이토록 몸부림치고 아파했던 시간들조차도, 결국은 아무것도 아니었구나. 온몸을 휘감던 두려움과 실패감은 그저 내 마음이 만들어 낸 환영이었고, 실제로는 모든 것이 다 삶을 풍성함으로 채우는 과정이었구나.'

내가 쥐고 있던 고통의 실체가 사라지자, 삶은 더 이상 문제로 가득한 투쟁이 아니라, 그 자체로 흥미롭고 의미 있는 체험이 되었고, 성공은 더 이상 도달해야 할 목적지가 아니라 자연스럽게 흘러오는 현상이 되었습니다.

이 흐름을 구조로 정리하자면 명확합니다. 거부는 몸과 마음을 병들게 하고 삶의 흐름을 막으며 실패의 방향으로 향하게 하는 반면, 수용은 에너지의 질서를 회복시키고 의식을 맑게 하여 성공의 방향으로 삶을 이끌어 줍니다. 이 원리는 단지 개인의 변화에만 해당되는 것이 아니라, 조직 운영과 인간관계, 경영 전반에 동일하게 작용합니다. 의식이 깨어나 허상과 에고가 만든 관념이 사라지면, 마주하는 모든 것은 축제의 장이 됩니다. 우리는 이 삶을 완전히 경험하기 위해 태어났습니다. 고통이든 기쁨이든, 실패든 성공이든, 그 모든 것을 있는 그대로 살아 내는 것이 삶의 본질이며, 바로 그 경험 속에서 우리의 삶은 풍성해지고 축제가 됩니다.

군 복무하던 전두환 군사 정권 시절, 보안대에 끌려간 적이 있었습니다. 군인에게 보안대라는 이름은 그 자체로 이미 공포였고, 잡혀 가던 길에서 몇 차례 폭력을 당하며 정신이 아득해졌습니다. 그때 귀에 꽂히듯 들려온 한마디가 아직도 잊히지 않습니다. "너 이제 파란 하늘 실컷 봐 둬라. 이게 마지막이다." 이유조차 알 수 없는 상황에서 그 말은 제 몸을 덜덜 떨리게 만들었고, 다리는 힘을 잃어 휘청거렸습니다. 보안대 사무실에 도착하자 종이 한 뭉치와 볼펜을 내밀며 북한에 다녀온 사실을 세세히 적으라고 강요했습니다. 황당함에 헛웃음을 흘리자, 곧바로 "이 새끼 아직도 정신 못 차렸네"라는 욕설이 날아왔고, 이어지는 것은 무자비한 구타였습니다. 한참을 두들겨 맞고 난 뒤에야, 대학 1학년 시절 대전시 대화동 공단에서 운영했던 노동자 야학 때문에 끌려왔음을 알게 되었습니다. 그들의 질문은 곧 다른 방향으로 바뀌었습니다. "김대중, 함석헌, 백기완에게 어떤 지령을 받았냐? 어디서 돈이 나왔길래 야학을 운영했냐? 김대중에게 받은 자금을 모두 적어라." 처음에는 버텼지만, 죽음이 목전에 다가온 듯한 공포 앞에서 하루도

버티지 못했습니다. 김대중 전 대통령에게서 단 한 푼도 받은 적이 없었지만, 결국 그들의 요구에 떠밀리듯 사실이 아닌 것을 써 내려갔습니다. 살아야겠다는 절박함과 정신이 반쯤 나가 버린 상태에서 저항은 무너지고 말았습니다. 다음 날, 담당자에게 야학은 정치적 목적이 아님을 설명하며 전날의 진술은 사실이 아니라고 말했지만, 돌아온 것은 또다시 폭력이었습니다. 이후 정치권과의 연결이 없음을 확인한 뒤에야 풀려날 수 있었습니다.

그렇게 저는 폭력 앞에서 쉽게 무너졌습니다. 그날의 기억은 수십 년 동안 저를 옥죄었고, 수치심과 자신에 대한 분노는 마음속 깊은 곳에서 계속해서 저를 괴롭혔습니다. 지워지지 않는 악몽 같은 시간이었습니다. 그러나 6년 전, 내면 혁명의 과정을 통해서 '삶은 경험하기 위해 태어난 것'임을 받아들이는 순간, 그 고통은 서서히 치유되기 시작했습니다. 비참했던 기억조차 제 삶을 풍성하게 하는 자양분이 되었다는 사실을 깨달았을 때, 저는 비로소 그날의 폭력을 넘어설 수 있었습니다.

전체적인 삶

삶을 저항 없이 받아들이고 신뢰하며 살아간다면, 우리의 내면과 외부 세계는 어떻게 달라질까요? 우리는 경험하기 위해 태어났다는 사실을 깊이 받아들이고, 순간순간 펼쳐지는 삶을 있는 그대로 맞이할 때 어떤 변화가 일어날까요? 어려움이 늘어날까요? 고난이 더욱 가중될까요? 분노와 두려움이 커질까요? 자존심이 무너질까요? 주변 사람들이 더욱 기세 등등 해질까요? 억울하고 답답한 일이 많아질까요? 손해와 손실이 커질까요? 수치심과 모욕감이 짙어질까요?

저항을 내려놓고 흐름을 받아들이기 시작할 때, 우리는 비로소 삶이 준비해 두었던 선물과 마주하게 됩니다. 고난이라 여겼던 시간이 사실은 우리를 더 단단하고 깊은 존재로 빚어 내는 축복이었으며, 아픔이라 생각했던 사건들이 더 큰 사랑과 자비로 향하는 길목이었음을 이해하게 됩니다. 삶을 조정하고 통제하려 애쓰지 않아도 됩니다. 삶은 이미 우리가 가야 할 길을 알고 있으며, 한 번도 우리를 놓은 적이 없습니다. 삶은 본래 완전합니다. 우리가 그것을 있는 그대로 받아들이고 신뢰할 때, 삶이 우리에게 주는 값진 선물을 받을 수 있습니다. 이러한 깨달음은 세상을 바라보는 방식의 근본적인 변화를 이끌고, 그 변화는 곧 자아 이미지의 재구성으로 이어집니다. 전체적인 삶을 받아들이는 새로운 태도와 시각은 내면의 혁명을 일으키는 진정한 시작점이 되며 축제의 삶을 만들어 줍니다. 삶을 통째로 신뢰할 때, 그것은 우리 존재 전체를 조화롭고 충만하게 살아가게 하는 힘이 되며, 우리의 정신과 신체 또한 그에 상응하여 반응하기 시작합니다. 바로 이것이 성공을 부르는 내면 혁명의 핵심이며, 우리가 진정으로 만나야 할 삶의 본질입니다. 성공하는 삶은 그렇게 만들어집니다.

신체적 선물

전체적인 삶을 제시하는 3가지 법칙을 이해하고 실천할때 몸은 즉각적으로 반응하며, 이는 명상이 주는 효과보다 훨씬 강력합니다. 만들어지는 몸의 변화는 명상의 변화보다 훨씬 크며 즉각적입니다. 자율신경계의 균형이 이루어지면 신체는 보다 건강한 상태로 변화하며, 스트레스 반응과 회복 시스템이 원활하게 조절됩니다. 특히 부교감신경이 활성화되면서 신체는 이완 상태로 전환되고, 혈압과 심박수가 안정되며, 소화 기능이 개선됩니다. 또한, 만성적인 긴장이 해소되면서 근육이 자연스럽게 이완되고, 혈류 순환이 원활해 신체 기관들은 보다 건강한 기능을 수행할 수 있게 됩니다.

코르티솔이 줄어들어 면역력이 향상되고, 지방 대사가 원활하며, 신체의 자연 치유력이 강화됩니다. 동시에, 기분을 조절하는 세로토닌이 증가하여 뇌의 신경 전달이 원활해지면서 불안과 우울이 감소하고, 전반적인 정서적 안정감이 높아집니다. 또한, 신체적 접촉과 사회적 유대감을 촉진하는 옥시토신이 증가하면서 심장 건강이 개선되고, 혈압이 안정되며, 스트레스로 인한 혈관 수축이 완화됩니다.

뇌의 생리학적 변화도 두드러집니다. 알파파가 증가하면서 뇌의 신경망이 보다 유연해지고, 집중력과 창의성이 향상되며, 심리적 안정감이 증대됩니다. 낮은 베타파의 활성화로 인지 기능이 향상되어 논리적 사고와 문제 해결 능력이 올라가고, 감마파의 증가로 정보 처리 속도가 빨라지고, 복잡한 개념을 유기적으로 연결하는 능력이 향상됩니다.

면역 체계에도 변화가 나타나며 이는 중요한 신체적 이점을 제공합니다. 스트레스 반응이 줄어들면서 면역 기능이 활성화되고, 바이러스와 세균에 대한 저항력이 높아집니다. 장기적으로 면역력이 강화되면서 감염성 질환에 대한 예방 효과가 증가하고, 회복 속도가 빨라지며, 세포 재생 과정이 원활하게 됩니다. 또한, 만성 염증 수치(IL-6, CRP 등)가 감소하면서 관절염, 심혈관 질환, 대사 질환과 같은 염증성 질환의 위험이 낮아집니다. 산화 스트레스가 줄어들면서 노화 속도가 완화되고, DNA 손상이 감소하며, 전반적인 세포 건강이 개선됩니다. 전체적인 삶을 살 때 우리 신체의 신경계, 호르몬, 면역 체계의 균형이 조화를 이루며, 보다 건강하고 활력 있는 삶을 살아갈 수 있게 됩니다.

심리적 선물

전체적인 삶을 제시하는 3가지 법칙을 수용할 때 찾아오는 심리적 변화 역시 명상보다 강력하게 나타납니다. 이 과정에서 불안과 스트레스는 대폭 줄어 들고 더 이상 옳고 그름, 성공과 실패, 나와 타인을 분리하여 바라보지 않게 되면, 자아는 한층 확장되고 세상과의 깊은 연결감을 경험합니다. 단절과 분리에서 오는 외로움과 긴장감이 사라지면서 내면의 안정이 깃들고, 삶을 보다 유연하게 받아들이는 법을 터득하게 됩니다.

이러한 변화는 인지적 유연성의 증가로 이어지며, 사고가 확장되고 다양한 관점을 수용하는 능력이 향상됩니다. 기존의 틀에 갇혀 세상을 바라보는 것이 아니라, 열린 시선으로 모든 경험을 받아들이게 되면서 고정관념에서 벗어나게 됩니다. 감정 조절 능력이 자연스럽게 강화되어 작은 일에 쉽게 흔들리지 않고, 감정에 휩쓸리는 대신 차분하게 중심을 잡을 수 있는 힘이 생깁니다. 내면의 평온함이 깊어질수록 불필요한 걱정과 두려움이 줄어들고, 삶에 대한 신뢰가 더욱 강해집니다. 고정관념에서 벗어나 다양한 기회를 볼 수 있는 시야가 열리고, 더 넓은 가능성이 눈앞에 펼쳐지게 됩니다. 이 과정에서 성공을 향한 여정 또한 변화하게 됩니다. 과거에는 압박과 불안 속에서 목표를 달성해야 한다는 부담이 컸다면, 이제는 즐거움 속에서 자연스럽게 성장하는 힘을 얻게 됩니다. 성과 강박에 시달리지 않고 과정 자체를 즐기게 되면서, 번아웃 없이 꾸준한 발전이 가능해집니다. 삶을 경쟁이 아닌 탐험과 경험의 과정으로 받아들이게 되면, 이전보다 더 큰 성취와 성과를 거둘 수 있게 됩니다.

사소한 것에서 큰 것까지 삶의 모든 영역에 개입하여 구분하고 분리하며 분별하려는 이 지독한 분열 중독에서 벗어날 때, 세상은 완전히 다른 모습으로 전개됩니다.

전체적인 삶의 방식을 이해하고 받아들인 많은 사람들의 삶에 변화가 일어났으며 극적인 변화가 일어난 경우도 많았습니다.

아무런 두려움이 없었어요

김현옥 아이쿱 이사

암 진단을 받고 수술대에 누웠을 때, 놀랍게도 두려움이 전혀 없었어요. 오히려 수술이 기다려졌고, 이 경험을 잘 받아들이고 삶이 곧 축제인 나의 인생에 주어진 빅 이벤트구나 생각하니 두렵고 떨리는 마음에서 해방되어 마치 깊은 명상에 이른 듯 평안하고 안정된 마음으로 수술실에 들어갈 수 있었습니다. 수술이 잘되기를 간절히 바라는 마음도, 기도를 하며 매달릴 필요도 없었습니다. 이제는 그런 것들이 필요하지 않다는 것을 알았기 때문입니다. 지금 이 순간, 있는 그대로의 저 자신을 받아들이기로 했을 때, 불안과 걱정은 자연스럽게 사라졌습니다.

이미 제게 벌어진 일, 그리고 앞으로 일어날 모든 것에 대해 아무런 거부감이 없었습니다. 우리는 경험하기 위해 태어난 존재라는 사실을 온전히 받아들이자, 어떤 일이든 저항하지 않고 받아들이게 되었습니다. 그리고 그 순간, 두려움은 완전히 사라졌습니다. 병을 통해 오히려 삶이 축제임을 더욱 선명하게 이해할 수 있었습니다. 몸이 아팠기에 삶을 더욱 깊이 바라볼 수 있었고, 그 덕분에 삶은 더욱 풍성하게 변했습니다. 수술 후 몸의 회복도 빠르게 이루어졌습니다. 하지만 저를 가장 크게 변화시킨 것은 육체적인 회복이 아니라, 삶을 대하는 저의 태도였습니다. 지금은 건강을 많이 회복했지만, '다시는 아프지 말아야 한다'는 불안도, 집착도 없습니다. 앞으로 제 삶에 어떤 일이 펼쳐지든, 저는 중심을 유지하며, 삶을 축제처럼 살아갈 것입니다. 좋은 일이든 어려운 일이든, 모든 경험을 감사하게 받아들이며 살아가기로 했습니다.

처음 이러한 깨달음을 얻은 것은 3년 전 제주에서였습니다. 저는 충남 서산 생협의 이사로서 먹거리 운동에 많은 관심을 가지고 있었고, 직장 생활을 하면서도 전국을 오토바이로 일주하며 삶을 즐기고 있었습니다. 그 당시 여성호르몬 투약으로 인한 여성암 검진을 6개월 주기로 받아야 할 시기가 되어 지역 병원에서 유방 초음파 검사를 받았습니다. 결과는 큰 병원에 가서 재검사를 받으라는 결과가 나왔습니다. 곧 서울성모병원에서 유방암 검사를 받았습니다. 그 검진 결과를 기다리는 사이에 서산 생협 이사님들과 함께 해당 년도 활동을 마무리하는 이사성장워크숍을 제주 오투힐 명상센터에서 하기로 결정하고 제주로 향하였습니다. 그리고 2박 3일 동안의 오투힐의 내면 혁명 워크숍에 참석하였습니다. 워크숍을 통하여 저의 삶을 새롭게 바라보고 이전에 갖지 못한 새로운 시각을 갖게 되었습니다.

그리고 제주 여행을 마치고 돌아온 3일후 서울성모병원에서 암 확정 진단을 받고 곧바로 수술 날짜를 받은 것이죠. 불안하고 초조한 저를 굳건히 붙잡아준 것은 바로 전체적인 삶이라는 메지시였습니다. 앞으로 마주할 모든 것을 저항하지 않고 받아들일 결심을 하자 거의 모든 두려움과 불안이 사라졌습니다. 아마도 무의식속에 잠복한 불안감들도 거의 사라진 것 같았습니다. 수술을 잘 마친 후, 저는 동생과 함께 제주를 여행하면서 다시 오투힐을 방문하였습니다. 그곳에서 저는 차분한 마음으로 브라더에게 저의 이야기를 나누었습니다.

"브라더, 오투힐의 워크숍이 정말 큰 도움이 되었어요. 고맙습니다. 의식이 깨어나면 세상이 어떻게 변하는지 알게 되었답니다. 지금은 하루하루가 기쁨으로 차 있습니다. 제주에서도 매 순간 깨어서 바람과 하늘, 파도를 온전히 즐기고 있습니다. 예전 같았으면 아픈 몸에만 집중하며 서럽고 우울했을지도 모릅니다. 하지만 지금은 달라졌어요. 살고 죽는 것이 그리 대단한 일이 아니더군요. 중요한 것은 매 순간을 깨어서 경험하고 즐기는 것, 감각하고 경험하는 것이 곧 살아 있다는 것이고, 그것이 삶의 본질이라는 것을 알게 되었습니다. 그러니, 이제는 무엇을 두려워할 필요가 있겠어요?"

이제 저는 완전히 새로운 시선으로 세상을 바라봅니다. 예전에는 무엇인가를 이루기 위해 강박하고 애쓰며 살았다면, 지금은 강박하지 않고 즐거운 마음으로 해요. 강박하지 않아도 삶 자체가 완전하거든요. 의식이 깨어나면, 이전과는 차원이 다른 세상이 보입니다.

삶은 본래 축제랍니다. 심각함은 우리를 병들게 하고, 스스로를 가두는 감옥이죠. 삶을 있는 그대로 경험하는 것이야말로 가장 큰 자유를 얻는 길입니다.

저항하지 않음

제주의 어느 멋진 팬션을 방문한 후, 현관문을 열고 나오다 옆에 심어놓은 장미 가시에 손가락을 찔렸습니다. 손가락이 아픈 통증은 객관적인 현상입니다. 하지만 고통은 그 다음에 더 크게 찾아오더군요. "장미를 여기에 심어 놓으면 나처럼 다친 사람들이 많았을 텐데, 왜 여기에 심어 놓았지?" 고통은 이렇게 마음이 끼어들 때 만들어집니다. 삶을 저항하지 않고 받아들인다는 것은 이미 벌어진 일과 더 이상 싸우지 않겠다는 결심이며, 더 나아가 삶에서 마주하는 모든 일들을 저항없이 받아들이겠다는 마음입니다. 거슬러 올라가려 안간힘을 쓰던 강물 위에서 이제는 흐름을 믿고 몸을 맡기겠다는 용기입니다. 세상은 우리를 시험하고 흔들고 도전하는 것처럼 보이지만, 실상 삶은 단 한 번도 우리를 적대하지 않았습니다.

삶에 저항하지 않는다는 것은 무기력하게 모든 것을 받아들이라는 말이 아니며 가장 강력하고 지혜로운 성공의 원리입니다. 의식이 깨어나기 전 우리는 문제가 생기면 먼저 저항부터 합니다. 일어나지 않았으면 좋았을 일들, 예상하지 못했던 사건들, 감당하기 벅찬 감정들 앞에서 우리는 본능적으로 밀어내고 부정하고 싸우려 듭니다. 그러나 바로 그 저항이 에너지를 소모하게 만들고, 집중을 흐트러뜨리며, 판단을 왜곡시켜 결국 더 나은 선택을 하지 못하게 만듭니다. 반대로 삶을 있는 그대로 받아들이는 사람은 문제와 감정을 있는 그대로 바라보며 에너지를 분산시키지 않고 중심을 유지합니다. 이 중심이야말로 복잡한 상황 속에서도 평정심을 유지하며 성공적인 선택을 이끌어 내는 핵심입니다.

언제나 감정이 만든 무의식적 반응이 문제를 일으킵니다. 무의식적으로 올라오는 감정을 조금만 다룰 수 있어도 삶에 큰 전환이 만들어집니다. 실제로 수많은 사례에서 확인되듯, 감정의 파도에 휩쓸리지 않고 침착하게 대응한 사람들은 훨씬 더 나은 선택할 수 있는 힘을 얻게 됩니다. 불면증에 시달리던 이가 수면을 회복하며 다시 몰입력을 되찾았고, 감정 기복으로 인간관계에 어려움을 겪던 이가 차분한 태도로 더 깊은 신뢰를 쌓기 시작했습니다. 적자에 허덕이던 병원장이 삶의 흐름을 신뢰하며 운영의 방향을 바꾸었고 결국 흑자를 실현했습니다. 사업과 직장에서 오랫동안 정체되어 있던 이들이 저항을 멈추고 지금 주어진 역할에 온전히 집중하자 예상치 못한 기회가 찾아왔습니다.

삶에 저항하지 않는다는 것은, 지금 나에게 주어진 현실과 감정을 있는 그대로 받아들이고, 그 위에서 내가 할 수 있는 가장 지혜로운 선택을 하겠다는 태도입니다. 이 태도는 내면의 소란을 잠재우고 본질을 바라보는 힘을 만들어 냅니다. 그 힘은 성공을 향한 가장 빠르고 가장 안정된 길을 안내합니다. 세상을 바꾸는 힘은 밖에 있는 것이 아니라, 지금 이 순간을 마주하는 나의 태도에 있습니다. 성공은 저항 속에 있지 않습니다. 성공은 신뢰하는 자에게, 삶을 있는 그대로 껴안고 흐름을 따르는 자에게 조용히 다가옵니다. 삶의 흐름을 받아들이는 사람이 에너지의 낭비 없이 집중할 수 있으며, 그 집중은 곧 통찰이 되고, 통찰은 곧 변화를 이끌어 내는 힘이 됩니다. 저항하지 않음은 곧 중심을 지키는 힘이며, 중심은 언제나 성공의 출발점이 됩니다.

제 자신이 무의식 자체였어요

이민정, 46세, 법인 사업체 경영

사업을 시작한 지 20년쯤 됩니다. 해외나 국내의 경쟁력 있는 상품을 발굴하여 국내·외에 유통하는 사업을 하고 있어요. 꾸준히 성장하던 사업이 어느 순간 정체 상태에 접어들었어요. 그리고 코로나를 겪으며 사업은 순식간에 위기에 빠졌습니다. 저를 가장 힘들게 한 것은, 열심히 노력했는데 힘든 상황에 빠졌다는 사실입니다. 정말 잘해 보려고 열심히 일했는데….

중소기업은 뛰어난 인적 자원을 확보하기 힘들죠. 그래서 중소기업 사장들은 하나부터 열까지 본인의 힘으로 일을 해야 해요. 저 역시 최선을 다해 뛰었습니다. 회사의 성장을 위해 밤낮으로 공부도 게을리하지 않았어요. 여러 곳에서 경영자 과정을 수료했고 리더십 과정, 코칭 과정 등등 경영 전문성, 자기개발에 필요한 교육도 충분히 받았다고 생각합니다. 그러나 어려움이 처하자 그간 받은 많은 교육들이 별로 도움이 되지 않았어요. 제가 짊어진 짐을 알아주는 사람은 없고, 그냥 혼자 외톨이가 되어 이 고난을 감당해야 했습니다.

뒤죽박죽이 된 상태에서 힘들어할 때 지인과 함께 '내면 혁명 워크숍'에 참석하게 되었습니다. 그리고 이것이 저의 삶에 전환을 주었어요. 참석한 첫날에서 중심이라는 단어의 의미를 알았습니다. 몸, 마음 그리고 중심….

중심이라는 말이 의미 있게 와닿았습니다. 워크숍이 진행되어 가면서 저의 중심이 이미 오래전부터 망가지고 뒤엉켜 있었음을 알게 되었습니다. 중심이 무너진 저를 보자 사업이 이렇게 된 원인도 알게 되었습니다. 잘한다고 한 일들이 모두 실패로 돌아갈 수밖에 없는 상태이더군요. 중심이 무너진 저는 분노와 강박, 초조함으로 매일매일의 에너지가 바닥날 수밖에 없는 상태였습니다. 피곤하고 지친 시간의 연속이었던 거죠. 어려운 상황은 저의 에너지를 계속 고갈시켰고 직원들에 대한 원망과 화를 계속 증폭시켰습니다.

제 자신은 무의식 자체였습니다. 환경을 탓했고 직원들을 탓했습니다. "중심이 무너진 당신이 하는 모든 노력은 고통을 가중시킬 뿐이다"라는 안내자의 말이 저의 경우에 딱 맞는 말 같아요. 발버둥을 쳐도 성과가 오르지 않으니 문제 해결을 위해 계속 회사 밖에서 맴돌면서 내가 만든 회사, 내가 뽑은 직원들을 탓했어요. 무의식에 빠져 중심이 무너지니 에너지가 거의 소모되었고, 몸과 마음이 지친 상태가 되니 신경도 날카로워지고 불안감과 강박도 점점 심해져 갔습니다. 그럴수록 직원들은 더욱 수동적이 되었고 결국 모든 일은 저 혼자 다 해야 하는 상황에 놓인 것이죠. 성장 전략도, 권한 위임도, 직원들 관리도 모두 문제였습니다. 이런 상황에서 성과가 나올 리 없죠. "에너지가 낭비되면 모든 일이 노동이 된다"라는 말도 가슴에 와닿았습니다. 지치고 피곤하면 통찰도, 사유도, 지성도, 지혜도 무용지물이 되는 원리를 알고 나니 그간 일들이 안 풀린 이유를 알겠더군요.

저는 결과 지향적 성향이 강한 사람이에요. 사람보다는 일 중심의 경영을 했죠. 경영이 투쟁이 된 것이죠. 직원들의 성장에 대한 배려심이 적었습니다. 저의 상태를 알고 나니 함께해 준 직원들에 대한 미안한 마음이 올라왔습니다. 직원들을 미워하고 원망한 저의 모습이 부끄럽고 미안했고요. 경영자들의 경영 능력은 다 고만고만 하지 않을까요? 저의 경우에는 감정 컨트롤 능력이 문제였습니다. 내면 혁명의 핵심은 삶을 대하는 태도를 변하게 하는 것이라는 생각이 듭니다. 경영을 잘하고 못하고 보다 삶을 어떻게 대할 것인가에 대한 답을 찾으니, 경영의 문제는 자연스럽게 풀렸습니다. 삶과 경영은 다르지 않습니다. 기업을 경영하는 사람은 누구나 지속 가능한 수익을 만들어 내야 하죠. 그것을 추진하는 경영 방식이나 방법도 사람마다 다릅니다. 사업의 성패를 결정하는 중요한 요소 중 하나가 에너지 흐름을 관리하는 능력이더군요. 명상과 의식 각성은 삶과 경영의 흐름을 에너지 낭비 없이 흘러가는 길을 알게 해 주었습니다.

지금은 회사도 바닥을 찍고 서서히 살아나고 있고 삶과 경영이 서서히 축제가 되어가는 과정입니다. 심각할 일이 많이 줄었고 화, 불안, 두려움 같은 부정적인 감정들을 다루는 힘도 많이 생겼어요. 그리고 어려운 시기를 극복하는데 운동과 음식을 가려 먹은 식단도 큰 도움이 되었습니다. 키 160cm에 몸무게가 67kg까지 나갔던 몸이 지금은 49kg을 유지하고 있습니다. 결론적으로 사업의 부진을 극복하고 새로운 성장을 향한 출발점에 다시 섰습니다. 너무 감사한 일입니다. 명상, 의식각성 그리고 운동이 삶과 경영에 전환점을 만들어 주었습니다. 삶이든 경영이든 심각할 이유가 없으며 축제의 삶을 살 때 원하는 것을 수월하게 얻을 수 있다는 것을 알았습니다.

태어난 2차 목적

인간으로 태어난 이상 누구나 자기 안의 문제를 마주하는 과정을 겪습니다. 불안, 상처, 결핍, 두려움 같은 감정들을 부정하지 않고 정면으로 바라보며, 그 감정들이 이끄는 길을 따라 묵묵히 통과해

낸 사람은 비로소 진정한 회복에 도달하게 됩니다. 그들은 더 이상 자신만의 생존과 감정에 매달리지 않고, 조용히 시선을 자신 바깥으로 옮깁니다. 그 시선은 타인의 고통을 향하고, 세상의 상처를 향합니다. 그렇게 타인의 아픔에 귀 기울이며 자신의 존재를 넘어서 살아가는 길, 그것이 바로 인간이 태어난 '두 번째 목적', 곧 자기 너머를 향한 성장입니다. 이때의 성장은 단순한 자기계발이나 성공의 확장이 아니라, 세상과 타인을 위한 이타적 전환입니다. 내가 살아 있음으로 인해 누군가가 따뜻해지고, 내가 존재함으로 인해 세상이 조금 더 부드러워지는 변화, 그것이 이 두 번째 목적의 진정한 본질입니다. 두 번째 성장에 이르면 이전에 해결되지 않았던 자신의 많은 문제들, 즉 인간적이고 개인적인 단점과 약점, 삶에 대한 고뇌와 방황 같은 문제들이 자연스럽게 해결됩니다.

그러나 안타깝게도, 이런 성장을 이룬 사람은 여전히 소수에 불과합니다. 영적 메시지를 전파했던 데이비드 호킨스(David Hawkins) 박사는 인간의 의식을 0에서 1,000까지의 척도로 분류하며, 어떤 사회학자들은 200 미만인 사람이 전 인류의 약 70%에 달한다고 말합니다. 이들은 주로 생존 본능, 감정적 충동, 무의식적 반응에 지배된 상태로 살아가며, 외형은 인간이지만 사고와 삶의 방식은 동물적 본능과 크게 다르지 않은 상태입니다. 감정에 쉽게 휘둘리고 조건반사적으로 반응하며, 자기중심적인 생존 욕구에 의해 하루하루를 결정짓는 사람들이 대부분이라는 뜻입니다. 이렇게 살 때 삶은 총체적으로 고통이 됩니다.

약 20% 내외의 사람들 정도가 표층적인 자각 상태에 도달했다고 추론합니다. 타인에게 비교적 관대하고 삶에 만족하는 듯 보이지만, 여전히 에고의 틀 안에서 자신의 이야기와 감정에 중심을 두고 살아갑니다. 그 삶은 순응적이고 안정적일 수는 있지만, 진정한 전환의 문은 아직 열리지 않은 상태입니다. 그다음으로는 약 1.8%의 사람들이 무의식을 어느 정도 각성한 상태에 있습니다. 이들은 자신 안의 불안정성을 인지하고 타인을 존중할 줄 알며, 보다 평등하게 소통할 수 있는 의식을 갖추고 있습니다. 내면 혁명에서 제시한 3가지 성공 기준에 이른 사람들은 모두 이 단계까지 오른 사람들입니다.

마지막으로, 단 0.2%에 불과한 사람만 무의식의 깊은 층위까지 깨어나, 내면의 에너지를 타인을 향해 열고 살아가는 존재들이라고 추론합니다. 이들은 직장과 사업의 현장, 예술과 종교, 지역 공동체의 삶 속에서 조용히 그러나 강력하게 빛을 발합니다. 자신을 초월하여 타인의 성장에 도움을 주고, 분열된 세상에 통합과 회복의 에너지를 퍼뜨리는 이들은 사회 전체의 근본적인 방향을 바꾸는 변화의 원천이 됩니다.

이처럼 진정한 성장은 자신의 문제를 해결하는 데 그치지 않고, 그 깨달음과 회복을 타인과 세상으로 확장하는 것입니다. 존재의 이유가 '나 하나'에서 멈추지 않고 '세상 전체'로 나아갈 때, 우리는 비로소 인간으로 태어난 두 번째 목적에 다다르게 됩니다. 이것이 진짜 성공이며, 인간다운 삶의 완성입니다.

저 사람 때문에 그만두어야겠어요

김미선 씨는 연봉이 높고 복지도 우수하여 많은 이들이 선망하는 서울 뚝섬의 IT 회사에서 8년째 근무하고 있는 과장입니다. 그녀는 자신의 경력을 신중하게 관리하며, 언제나 웃음을 잃지 않으려 노력하고 목표도 분명한 사람입니다. 큰 어려움 없이 직장 생활을 해 오던 그녀에게 문제가 생겼습니다. 바로 무능한 상사 때문이었습니다.

아무리 열심히 일을 해도 그녀의 상사는 팀의 성과를 허사로 만들기 일쑤였습니다. 그녀의 눈에 그는 의욕도 없고 말주변도 없는 사람이었습니다. 게다가 팀원들 간의 갈등도 방치한 채 팀의 분위기까지 무겁게 만들고 있었습니다. 몇 달 전, 그녀는 팀 프로젝트를 성공적으로 완수하기 위해 밤샘 작업도 마다하지 않고 모든 열정을 쏟아부었습니다. 그러나 발표 당일, 그녀의 상사는 아마추어 같은 발표 실력으로 그 모든 노력을 허공으로 날려 버렸습니다.

"이제는 더 이상 그 사람과 함께 일할 수 없습니다. 제 경력까지 망가질 것만 같습니다. 매일 아침 그의 얼굴을 보는 것이 고통입니다."

그녀에게 상사는 더 이상 단순한 직장 상사가 아니라, 자신을 고통 속으로 몰아넣는 존재가 되었습니다. 그의 얼굴을 마주하는 순간, 그녀는 자동으로 절망감과 분노 속으로 빠져들었습니다. 매일 5일을 지옥 속에서 살아가고 있는 듯한 기분이었습니다. 아무리 감사한 마음을 가지려 해도, 이 상황은 결코 허상이 아닌 생생한 현실처럼 느껴졌습니다. 그를 보는 순간, 그녀의 몸과 마음은 스트레스 반응을 일으키며 마치 호랑이 앞에 선 것처럼 긴장 상태에 놓였습니다.

그러던 중, 그녀는 2박 3일 워크숍에 참여하게 되었습니다. 그리고 그곳에서 그녀는 자신이 스스로 지옥을 창조하고 있었음을 깨닫게 되었습니다. 액티브 명상을 통해 몸의 에너지를 순환시키고, 호흡 명상을 하며 마음을 이완시킨 뒤, 오랜만에 또렷하고 맑은 의식을 경험할 수 있었습니다. 카타르시스 과정에서는 가슴속 깊이 쌓여 있던 답답함이 조금씩 녹아내렸습니다. 이어지는 명상과 법칙에 대한 이해를 통해, 그녀는 상황을 보다 객관적으로 바라볼 수 있는 힘을 얻게 되었습니다.

그녀는 좋은 것만 취하려는 마음을 내려놓기 시작했습니다. 부정적인 감정이 올라와도 저항하지 않고 있는 그대로 받아들이기로 했습니다. 놀랍게도, 고통이 점차 줄어드는 것을 느꼈습니다. 몸의 에너지 소모가 줄어들고, 피곤함도 점차 사라졌습니다. 상사에 대한 인식도 변했습니다. 그가 자신보다 훨씬 나이가 많고, 가족을 부양해야 하는 상황도 새롭게 인식할 수 있었습니다. 아내와 아이들 두 명, 그리고 시골에서 병환 중인 어머니까지 돌보며 살아가고 있었습니다.

'나도 이렇게 힘든데, 저 사람은 얼마나 힘들까?'

그녀의 마음속에서 조그마한 연민이 싹트기 시작했습니다. 이전에는 미처 보지 못했던 그의 모습이 보이기 시작했습니다. 상사에 대한 마음의 문이 조금씩 열렸고, 그녀는 새로운 결심을 하게 되었습니다. 자신이 속한 팀을 변화시키기로….

출근하면 가장 먼저 미소로 인사를 건넸고, 따뜻한 커피 한 잔을 건네기도 했습니다. 회의 때마다 팀을 하나로 만드는 역할을 자처하며, 상사가 리더십을 발휘할 수 있도록 도왔습니다. 그러던 중, 그녀는 그의 숨겨진 모습을 발견하게 되었습니다. 그는 남들보다 말수가 적었지만, 절대 타인의 험담을 하지 않는 사람이었습니다. 가족을 누구보다 사랑하며, 팀원들의 고생을 줄이기 위해 자신이 더 많은 일을 떠맡고 있었습니다.

그녀의 변화는 팀의 분위기까지 서서히 바꿔 놓기 시작했습니다. 회사 내에서도 그녀를 칭찬하는 사람들이 늘어 갔고, 그녀는 팀을 넘어 조직 전체에서 핵심 인재로 성장해 나갔습니다. 그리고 다음 해, 그녀와 그녀의 상사는 함께 승진하였습니다.

나중에서야 알게 된 사실이지만, 동료를 위한 그녀의 조건 없는 헌신은 많은 이들의 마음을 움직이고 있었습니다. 사람들은 보고 있었습니다. 그녀가 선택한 태도가, 그녀가 만들어 낸 따뜻한 분위기가, 그리고 그녀가 품었던 포용력이 팀 전체를 춤추게 만들었다는 것을요.

그녀는 이제 더 이상 지옥 속에서 살아가지 않습니다. 회사는 그녀에게 축제와도 같은 공간이 되었습니다. 일을 하며 함께 웃고, 함께 성장하며, 모든 순간을 삶의 일부로 받아들이는 것. 그것이 그녀가 찾아낸 진정한 성공의 길이었습니다.

〈내면 혁명〉에서는 우리의 삶을 깊이 있게 돌아보고, 더 건강하고 자유로운 방향으로 나아갈 수 있도록 돕는 아홉 가지 삶의 법칙을 제시하고 있습니다. 이 가운데 특히 주목할 세 가지 법칙은, 우리가 매일 마주하는 고통과 심각함을 내려놓고 삶을 더 가볍고 따뜻하게 바라볼 수 있도록 길을 열어 주는 안내문과도 같습니다. 이 세 가지 법칙을 삶 속에 깊이 새기고 실천한다면, 우리는 더 이상 문제를 피하거나 억지로 해결하려 애쓰지 않고, 삶 자체를 있는 그대로 껴안으며 풍성한 축제로 바꿔 나갈 수 있게 됩니다.

전체적인 삶 3가지 법칙

첫 번째 법칙은 '좋은 대로 힘든 대로 구분하지 않는 삶'입니다. 좋고 나쁨, 쉬움과 어려움, 유쾌함과 고통이라는 이분법적 기준은 우리를 늘 긴장 속에 머물게 합니다. 하지만 모든 경험을 판단 없이 받아들일 때, 삶은 갑작스레 경계 없는 들판처럼 펼쳐지고, 그 안에서 우리는 자유로워집니다. 우리는 모든 것을 경험하기 위해 태어났습니다.

두 번째 법칙은 '나와 너로 분리하지 않는 삶'입니다. 사람들은 흔히 "나는 이쪽", "너는 저쪽"이라는 경계를 두고서 살아갑니다. 편가르기를 내려놓고, 서로 다른 존재로서 인정하고 연결될 때 우리는 깊은 성장의 문을 엽니다. 삶은 결국 혼자가 아니라 함께 만들어 가는 여정이며, 그 여정 속에서 우리는 '우리'라는 더 큰 존재로 확장되어 갑니다. 나와 너의 경계가 옅어질 때, 우리는 서로의 거울이 되어 함께 깨어나고, 함께 아름다워집니다. 우리는 다름이 만들어 내는 다채로움도 경험하기 위해 태어났습니다.

세 번째 법칙은 '옳고 그름으로 분별하지 않는 삶'입니다. 사람의 마음은 종종 비난과 판단으로 바쁘게 움직입니다. '저 사람은 틀렸고, 나는 옳다'라는 분별 속에 우리는 늘 긴장하고 소모됩니다. 타인을 탓하고 자신을 괴롭히던 그 심판을 내려놓는 순간, 마음에는 여백이 생기고 에너지는 다시 우리 곁에 머뭅니다. 더 나은 선택은 비난의 끝이 아니라, 이해와 수용에서 시작됩니다. 심판이 멈추는 자리에서 비로소 우리는 자신과 타인을 온전히 마주하게 됩니다. 우리는 신념의 차이, 생각의 차이, 판단의 차이가 만드는 변화무쌍한 일들을 경험하기 위해 태어났습니다.

많은 사람들이 이렇게 말합니다. "구분하고, 분리하고, 분별하는 이 세 가지 방식은 인류가 진화해 오는 동안 살아남기 위해 익힌 생존 전략이다. 그렇기 때문에 이것을 버린다면 너무 많은 것을 잃게 되지 않을까?" 걱정하지 않아도 됩니다. 이 세 가지는 이미 우리의 머릿속 깊이 뿌리내려 있기 때문에, 완전히 사라질 수도 없고, 그럴 필요도 없습니다. 중요한 것은 단지 아주 작은 변화입니다. 실제로 작은 변화만으로도 삶에는 놀라운 전환점이 찾아옵니다. 화, 불안, 걱정, 두려움과 같은 부정적인 감정에 휩싸일 때, 단순히 "우리는 경험하기 위해 태어났다"라는 진실을 떠올리는 것만으로 상황이 바뀌는 것을 느낄 수 있습니다. 많은 사람들이 이 한 문장을 인식하는 순간, 부정적인 감정이 거의 사라지거나 절반 이상 줄어드는 경험을 했습니다.

이 세 가지 법칙을 이해하고 받아들인 이들은 실제 삶에서 눈에 띄는 변화를 겪었습니다. 짧게는 1박 2일의 워크숍만으로도 삶이 크게 진전되는 경우가 많았습니다. 이 법칙은 우리의 에너지 흐름을 아주 효율적으로 바꾸어 줍니다. 무의식에 빠져 출근길이나 오전 업무에서 허비하던 정신적 에너지가 보존되고, 그 덕분에 하루의 활력이 살아납니다. 그 에너지는 자연스레 사람과의 관계로 이어져, 불편했던 자리가 편안해지고, 심각했던 일상이 즐거움으로 바뀝니다. 우리는 자아 이미지와 자신의 정체성이 만들어 내는 수많은 변화무쌍한 사건을 경험하지요. 그것이야말로 우리가 태어난 목적이고, 삶을 풍성하게 하는 근원인데도 우리는 이를 즐기지 못하고 생존 본능의 투쟁으로만 받아들입니다. 바로 여기에 모든 고통의 뿌리가 있습니다.

그러니 마음이 힘들고 흔들릴 때 이렇게 해 보십시오. 눈을 감고 내면에 손을 얹은 채, 천천히 되뇌어 보세요.

"나는 지금 이 감정을 경험하기 위해 태어났으며, 그 경험 덕분에 내 삶은 더욱 풍성해진다."

이 한 문장이 주는 힘이 얼마나 위대한지 직접 실천해 보시기 바랍니다.

짧은 명상 가이드

편안히 앉아 눈을 감습니다. 호흡을 억지로 조절하지 말고, 지금의 자연스러운 호흡을 그대로 느껴 보세요. 숨이 들어오고 나가는 순간마다, 당신은 지금 여기 살아 있음 속에 머물고 있습니다.

이제 오른손을 당신의 가슴 중앙에 올려놓습니다. 그리고 가슴속 따스함으로 심장의 따스함을 느끼며 숨을 쉽니다(1분).

그리고 마음속으로 천천히 되뇌어 보세요.
"나는 지금 이 감정을 경험하기 위해 태어났다. 이 경험이 내 삶을 더 깊고 풍성하게 만든다."

이 문장을 한 번, 두 번, 세 번… 호흡과 함께 반복합니다(30초-1분).
감정이 힘겹게 느껴지더라도 괜찮습니다.
그 감정조차도 당신 삶의 일부이며, 새로운 성장을 위한 자양분이 됩니다.
잠시 고요 속에 머무르며, 내면 깊은 곳에서 올라오는 따뜻한 평온함을 느껴 보세요. 그리고 눈을 뜨고 더 나은 행동을 하거나 선택을 하세요.

당신은 더 이상 부정적인 감정의 희생자가 아니며 더 나은 선택을 할 힘을 갖게 됩니다.

8부
매 순간의 삶

즐기는 것이 능력이며,
작은 성취를 즐기는 자만
큰 성취를 이룬다.

_By 라의형

낡은 삶의 시작

이런 상상을 해 봅니다. 만약 신에게 단 하나의 능력을 허락해 달라고 기도할 수 있다면, 저는 주저 없이 '즐기는 능력'을 달라고 부탁할 것입니다. 그 어떤 능력보다도 위대하고 궁극적인 힘이 바로 그것이라 믿기 때문입니다. 상황이 좋든 나쁘든, 환경이 유리하든 불리하든, 그 모든 조건을 넘어 마음 깊은 곳에서 즐거움을 길어 올릴 수 있다면, 세상은 훨씬 아름다운 곳이 될 것입니다.

사람들은 흔히 원하는 것을 얻어야 행복할 거라고 믿습니다. 하지만 역설적으로, 먼저 즐길 줄 아는 마음을 가진 이에게는 원하는 것들이 자연스레 따라옵니다. 즐거움은 세상을 긍정적으로 바라보는 태도이자, 삶 전체를 움직이는 강력한 원동력입니다. 즐거움은 마음이 고요해지는 법을 아는 이에게만 열리는 특별한 선물입니다. 왜냐하면 고요한 마음 상태에서만 우리는 매 순간을 있는 그대로 받아들이고 그 순간 자체를 즐길 수 있기 때문입니다.

반대로 즐길 줄 모른다면, 삶의 대부분은 고통으로 채워집니다. 시간은 흘러가지만, 그 시간은 살아 있는 시간이 아니라 죽어 있는 시간이 되고 맙니다. 지금 있는 순간에 존재하지 못한 채 보낸 시간은 모두 죽은 시간입니다. '즐기는 능력'을 잃어버린 삶은 늘 결핍과 피로 속에 갇히며 낡은 삶이 됩니다.

이번 세션에서는 우리의 소중한 시간이 죽은 시간으로 낭비되지 않고 살아 있는 시간을 만들 수 있는지, 그리고 어떻게 해야 이 통찰을 토대로 삶을 즐겁고 유쾌한 흐름으로 만들 수 있는지 살펴보겠습니다. 이번 세션에서는매 순간을 깨어서 즐기며 살아가기 위한 세 가지 법칙을 알아보도록 하겠습니다. 실제로 삶을 다시 살아 있는 순간으로 바꾸는 길이 될 것입니다. 실제로 내면 혁명의 법칙을 실천한 많은 사람들이 삶에서 큰 전환을 경험했습니다. 그리고 극적인 전환을 선물 받은 사례들도 있습니다. 그것은 바로 매 순간을 살아 있는 순간으로 만드는 힘, 내면 혁명이 만들어 내는 '즐기는 능력'이라는 소중한 선물입니다.

새로운 것은 언제나 삶에 신선한 바람을 불어넣습니다. 아직 경험하지 못한 것과의 만남은 호기심을 깨우고, 우리의 마음을 설레게 하지요. 그러나 이미 익숙해져 버린 것들은 쉽게 무료함으로 다가옵니다. 하지만 그 차이는 결코 외부에 있지 않으며 우리가 세상을 바라보는 눈길에 달려 있습니다.

"아는만큼 보인다." 작고하신 유홍준 교수의 말입니다. 사소한 것 하나에도 세세히, 자세히, 그리고 의미를 담아 바라보면, 세상은 전혀 다른 얼굴을 보여 줍니다. 흔한 나뭇잎 하나에도 고유한 무늬가 있고, 매일 오가는 길 위에도 이전에 보지 못한 빛깔과 이야기가 숨어 있습니다. 반대로 건성으로 보고 지나치면, 그 풍성한 세계는 결코 드러나지 않습니다. 세상은 언제나 같은 자리에 있었지만, 우리가 보는 방식이 달라질 때 지루함은 호기심으로, 무료함은 감사로 바뀝니다.

삶은 결국 우리가 어떤 마음으로 바라보느냐에 따라 무한히 풍성해질 수도, 끝없이 단조로워질 수도 있습니다. 눈길을 머무는 순간 순간에 의미를 불어넣을 때, 비로소 우리는 일상의 작은 순간들 속에서도 기쁨과 충만함을 발견하게 됩니다.

어릴 적의 시간은 마치 두터운 책의 첫 장처럼, 하나하나의 순간이 새롭고 생생하여 쉽게 잊히지 않습니다. 기차 창밖의 풍경도, 낯선 냄새와 소리도, 스쳐 지나가는 사람들의 얼굴조차도 낯설고 신기하여 멈춰 서서 오래도록 바라보게 됩니다. 아이의 눈은 세계를 처음 맞이하는 눈이기에, 세상 모든 것이 경이롭고 놀라움으로 다가옵니다. 그래서 같은 1분, 같은 하루가 훨씬 알차게, 풍성하게 다가옵니다. 그 시간은 온몸으로 느끼는 '깊은 체험'으로 채워지기 때문입니다. 그러나 나이가 들수록 세상은 익숙해집니다. 반복된 경험이 감각을 무디게 만듭니다. 창밖의 풍경은 더 이상 아름답거나 경이롭지 않은 것이 됩니다. 이미 본 적 있는 것, 이미 아는 것, 이미 판단이 끝난 것들로 여기고 다시금 눈길을 주지 않습니다. 낯섦이 사라지고, 호기심이 줄어들고, 감탄이 식은 자리에는 온통 낡은 세상만 전개됩니다. 남편도, 아내도, 자식도, 부모도, 동료도, 하는 일도 이렇게 낡은 것이 되어 버립니다.

두 가지 죽음

두 가지 형태의 죽음이 있습니다. 하나는 우리가 익히 알고 있는 생물학적 죽음으로, 신체의 기능이 멈추고 심장이 정지하며 호흡이 끊어지는 물리적 소멸입니다. 다른 또 하나의 죽음은 바로 매 순간에 존재하지 못하는 삶입니다. 매 순간의 삶에서 이탈한 상태, 이것이 바로 두 번째 죽음입니다. 방치된 마음으로 살아가는 우리는 삶의 대부분 시간을 현재에 존재하지 못하고, 과거와 미래에 끌려다닙니다. 그래서 우리는 눈을 뜨고 있지만 보지 못하고, 귀가 있지만 듣지 못하는 무의식 상태로 살아갑니다. 우리는 눈을 감고 가만히 앉아 단 1분도 생각 없이, 사념 없이 존재하지 못하는 불안한 수준으로 살아갑니다. 오고 가는 수많은 생각과 잡념들에 시간 대부분을 허비하고 정신적 에너지도 소모합니다. 삶에서 마주하는 모든 것은 변하지만 우리는 과거에 머물며 현재를 마주하고 현재는 과거의 마음으로 해석됩니다.

현재를 온전히 살아갈 수 없는 우리는 어제 다툰 사람과의 일을 고스란히 오늘로 다시 끌고 들어옵니다. 그래서 그와의 관계는 어제 다투었던 연장선으로 이어져 실제 다툼이 일어납니다. 나를 형성하는 경계는 시간이 갈수록 나를 더 단단하게 옭아매고 머릿속 자아 이미지를 고착합니다. 물오리들은 어제의 다툼을 담아 두지 않지만 우리는 상처 난 자존심을 평생 동안 간직한 채 살아갑니다. 삶은 이렇게 대부분 죽은 시간이 됩니다. 이렇게 우리의 시간 대부분은 과거와 미래에 갇혀 죽은 시간이 됩니다. 마주하는 순간들을 즐길 수도 편할 수도 없이 방랑자로 살아갑니다. 그 이유는 세 가지 원인 때문이며 이 현상 역시 정신 분열 3종 세트입니다. 이 현상이 우리를 현재의 시간에서 벗어나 과거와 미래를 헤매게 만들고, 끝없는 불만과 초조 속에서 살아가게 만듭니다.

첫 번째, 조건화된 행복입니다.
두 번째, 과거로 끌려가는 마음입니다.
세 번째, 미래로 달려가는 마음입니다.

이 세 가지 현상이 우리 삶을 죽은 시간으로 만들고 유령처럼 살게 하며 삶에서의 즐거움을 빼앗아 갑니다.

조건화된 행복

돌아보면, 제 삶에서 가장 아쉽고 후회되는 것이 하나 있습니다. 그것은 '저 자신을 충분히 즐기지 못했다'는 사실입니다. 저는 늘 더 나아져야 한다는 강박에 사로잡혀 있었고, 언제나 부족하다고 느끼며 제 자신을 채찍질했습니다. 제가 이룬 제법 큰 성과조차도 스스로 보잘것없는 것으로 치부하며 더 위대한 것, 더 훌륭한 것, 더 큰 것을 만들기 위해 제 자신을 쉼 없이 몰아붙였습니다. 그렇게 달리고 달리면서도 저는 제 안의 빛과 아름다움을 제대로 바라보지 못했습니다. 자주 비하하며, 더 해야 한다는 강박 속에 제 존재를 자꾸만 깎아내렸습니다. 겸손이라는 가면을 썼지만 비하였습니다. 그 기억을 떠올릴 때마다 지금의 저는 제 존재에게 미안함을 느낍니다. 나 자신에게 미소를 건네지 못하고 따뜻한 휴식을 허락하지 못했던, 그때의 저를 생각하면 가슴이 저릿해집니다. 나 자신을 즐기는 것은 단순한 여유나 방종이 아니라 존재를 존중하는 가장 근원적인 사랑이었으며, 성취와 노력만으로는 채울 수 없었던 결핍을 메우는 길은 나 자신을 있는 그대로 품어 주고 즐기는 것이었습니다. 그랬더라면 삶이 훨씬 풍성해지고, 어쩌면 더 많은 것을 이루었을지 모릅니다.

조건화된 행복은 인간의 내면을 가장 교묘하게 속이는 삶의 구조입니다. 겉보기에는 건전한 목표 설정 같고, 성장 지향적인 삶처럼 보이지만, 그 본질은 지금 이 순간의 존재를 부정하고 미래라는 신기루 속으로 우리를 끊임없이 밀어 넣는 심리적 메커니즘입니다. 철학적으로 말하면, 조건화된 행복은 존재의 충만함을 인식하지 못한 채, 삶의 의미를 외부의 조건에 의존하도록 훈련된 상태입니다.

이 구조는 대부분 무의식적으로 형성됩니다. 어린 시절, 우리는 무조건적인 사랑과 보호를 받으며 자랍니다. 울면 안아 주고, 배고프면 먹을 것을 주며, 넘어진 자리에서는 누군가가 다가와 일으켜 줍니다. 그러나 성장하면서 세상은 그런 기대와 다르게 움직입니다. 원하는 것을 바란다고 해서 다 얻을 수는 없으며, 노력에도 불구하고 실패하는 일이 빈번합니다. 현실과의 충돌은 우리를 '결핍 의식' 속으로 몰아넣습니다. 그리고 우리는 무의식중에 이렇게 말하기 시작합니다. "이 조건만 충족되면 나는 행복할 수 있어." 이때부터 삶은 조건의 사슬로 얽히기 시작합니다.

이 조건화된 행복 구조는 일상의 모든 측면에 깊이 침투합니다. 지금의 삶을 온전히 경험하기보다, 끊임없이 다음 단계만을 바라보며 현재를 '불완전한 상태'로 인식하게 만듭니다. 예를 들어, 좋은 대학에 들어가야 행복할 것 같았지만, 입학과 동시에 취업 걱정이 시작됩니다. 취업하면 행복할 줄 알았지만, 직장 내 갈등과 실망이 찾아옵니다. 결혼하면 안정될 줄 알았지만, 그 안에서 또 다른 외로움과 책임의 무게를 느끼게 됩니다. 집을 사면 완벽한 삶일 줄 알았지만, 그 뒤로는 자녀 교육, 노후 준비라는 또 다른 조건이 따라옵니다. 이렇게 조건은 끊임없이 바뀌고 추가되며, 행복은 도달할 수 없는 지점으로 밀려납니다. 일상에서의 이 조건화는 삶의 질을 현저히 떨어뜨립니다. 우리는 지금 가진 것에 감사하지 못하고, 언제나 '다음'에만 시선을 두게 됩니다. 하루하루를 충만하게 살기보다, 늘 뭔가 부족하다는 느낌에 시달리고, 삶의 풍요로움과 소소한 즐거움은 감지되지 않습니다. 집에서 따뜻한 밥을 먹고, 편안한 자리에 누워 쉴 수 있는 순간조차, 내면은 만족하지 못한 채 긴장 상태에 놓여 있습니다. 지금의 나는 아직 자격이 없고, 언젠가 더 나은 내가 되어야만 진정한 삶이 시작된다고 믿기 때문입니다.

직장에서는 이 조건화된 사고가 훨씬 더 조직적이고 구조적으로 작동합니다. 성과를 내야 인정받고, 승진을 해야 비로소 안정된 삶이라는 믿음은 직장을 생존 경쟁의 장으로 바꾸어 놓습니다. 일은 자아실현이 아닌 하기 싫은 노동이 되고, 동료는 협력의 대상이 아니라 비교와 경쟁 그리고 강박의 대상이 됩니다. 이런 조건 속에서 사람들은 자신을 드러내지 못한 채 방어적으로 일하거나, 혹은 과도한 성과 집착 속에서 자기 자신을 잃고 피로와 고통으로 살아갑니다.

사업에서는 조건화된 행복이 성장을 가로막는 형태로 나타납니다. 많은 사업가들은 일정 수준의 매출, 특정한 시장 점유율, 외부의 인정이라는 조건을 만족시켜야만 '성공한 삶'이라 느끼도록 학습되어 있습니다. 하지만 그 목표에 도달하더라도 마음은 금세 새로운 조건을 만들어 냅니다. 지금 이 매출은 충분하지 않고, 더 큰 시장을 확보해야 하며, 더 성장해야 한다는 생각이 반복되면서, 사업의 목적은 점점 외부의 잣대에 휘둘리게 됩니다. 결국 사업가는 자신이 원하는 삶을 창조하는 주체가 아니라, 끊임없이 조건을 충족시켜야 하는 '심리적 종속자'가 됩니다.

이러한 조건화의 가장 근본적인 문제는, 삶의 중심을 외부에 내맡긴다는 점입니다. 행복은 외부 조건이 허락할 때만 가능하다고 믿게 되는 것이죠. 이 믿음이 지속되면, 인간은 삶의 주체가 아니라 반응적인 존재가 됩니다. 변화와 성장은 일어나지 않고, 늘 '충족되지 않은 상태'로 자신을 규정하게 됩니다. 존재는 멈추고, 내면은 굳어지며, 삶은 점점 무의미해집니다.

결국, 조건화된 행복은 인간을 끊임없는 결핍과 긴장 속으로 몰아넣고, 지금 이 순간을 '충분하지 않은 시간'으로 만들어 버립니다. 행복은 늘 다음에 있고, 삶은 준비 상태로만 남으며, 지금은 살아지지 않습니다. 그리고 이런 삶은 언제나 피곤하고 불안하며, 만족이나 기쁨이 없는 삶으로 이어지며 에너지를 고갈시킵니다.

과거로 가는 마음

우리의 많은 시간은 과거에 머물러 있으며, 그래서 현재를 유령처럼 보냅니다. 과거에 머문 마음은 현재를 떠나 과거라는 해석의 틀 안에서 현실을 조작하고, 삶 전체의 작동 방식을 왜곡시킵니다. 우리는 삶을 있는 그대로 기억하지 않습니다. 언제나 경험을 재구성하고, 감정의 필터를 통해 해석하며, 그 해석을 '사실'이라 착각합니다. 그러나 그것은 단지 과거의 나, 상처받은 나, 움츠러든 내가 만들어 낸 자의적인 이야기일 뿐입니다. 이러한 해석의 메커니즘은 마음을 현재에서 끌어내려 과거로 되돌려 놓습니다. 그리고 그 작동은 대개 무의식적입니다. 누군가의 표정, 말투, 행동 하나에도 과거의 기억이 덧씌워지고, 진심은 오해로 바뀌며, 관계는 해석 속에서 틀어지기 시작합니다. 상대의 다가섬조차도 과거의 상처가 먼저 반응하며 '비웃음'이나 '공격'으로 해석합니다. 이처럼 과거에 머문 마음은 지금 이 순간의 가능성을 지워 버리고, 아직 일어나지도 않은 삶을 먼저 결론 내려 버립니다. 그래서 다가오는 온기를 밀어내고, 열려 있던 문을 스스로 닫아 버립니다.

이 마음의 흐름은 개인의 감정에만 국한되지 않습니다. 삶 전체에 걸쳐 깊고 넓게 침투합니다. 일상에서는 반복되는 오해와 불편이 누적되며 날카로워집니다. 지금의 순간을 경험하지 못하고, 끊임없이 과거의 감정 회로를 반복하게 됩니다. 눈앞의 현실은 과거의 장면처럼 보이고, 사소한 일에도 피로와 무기력이 더해집니다.

직장에서는 더 뚜렷한 형태로 문제가 드러납니다. 과거의 실패, 무시당했던 경험, 인정받지 못한 기억은 방어적인 태도와 과잉 반응으로 이어집니다. 동료의 피드백은 비난처럼 들리고, 리더의 말 한마디에 오래된 자존심이 흔들립니다. 일은 감정을 증명하는 도구가 되고, 성장은 멈추며, 협업은 경계 속에서 삐걱거리게 됩니다. 직장은 협업, 자아 실현의 공간이 아니라, 각자의 감정이 충돌하는 전장이 되어 버립니다.

사업에서는 그 왜곡이 성장을 방해합니다. 사업은 변화에 대한 적응이 요구됩니다. 그러나 과거에 사로잡힌 마음은 새로운 상황을 새로운 눈으로 보지 못하고, 이미 실패했던 기억과 감정의 해석으로 반응합니다. 두려움은 결정을 늦추고, 주저함은 기회를 놓치게 하며, 반복되는 후회는 실행력을 무디게 만듭니다. 결국 과거는 창조성과 리더십을 마비시키고, 조직 전체의 흐름을 경직된 프레임에 가두게 됩니다.

가장 본질적인 문제는, 이런 내면의 작동 방식이 우리의 '성장 가능성'을 원천적으로 제한한다는 점입니다. 성장은 늘 새로운 감각, 낯선 반응, 확장된 인식 속에서 일어납니다. 그러나 과거에 머문 마음은 언제나 익숙한 감정, 오래된 해석, 이미 알고 있는 반응

속에 머뭅니다. 삶은 반복되고, 내면은 굳어지고, 감정은 진화하지 않습니다. 그 결과 존재는 단단해지기보다 경직되고 퇴행하게 됩니다. 삶이 더 이상 재미없어지는 이유도 여기에 있습니다. 재미는 지금에 몰입하고 새로운 것을 받아들이는 데서 비롯됩니다. 그러나 마음이 과거에 머물면, 모든 것은 '이미 실망했던 것', '이미 겪어 본 것', '이미 지겨운 것'이 됩니다. 새로움은 닫히고, 감각은 잠들고, 기쁨은 스쳐 지나갑니다. 그렇게 삶은 생명력을 잃고 무채색의 반복이 됩니다.

즐거움이 없는 삶, 웃음이 줄어든 하루, 감흥이 사라진 관계. 이것은 지금이라는 시간 자체를 상실한 상태입니다. 과거에 머문 마음은 왜곡된 감정의 틀 안에 갇혀 제자리를 맴돌게 됩니다. 우리는 지금 이 순간에도 여전히 과거의 한 페이지를 반복하며 살아가고 있는 셈입니다. 그리고 그렇게 지금을 잃어 가며, 삶의 가장 귀한 선물인 '현재'라는 시간을 놓치고 있습니다.

미래로 가는 마음

미래로 달려가는 마음은 인간의 존재를 지금 이 순간으로부터 점점 멀어지게 만듭니다. 이 역시 삶의 구조 자체를 왜곡하는 심층적인 정신 작용입니다. 미래로 향하는 마음은 '존재의 시간'을 '기대의 시간'으로 대체해 버립니다. 그리고 이 대체는 일상, 직장, 사업, 관계 모든 영역에서 부정적인 결과를 만들어 냅니다. 인간의 마음은 본래 움직이는 성질을 가지고 있습니다. 하지만 그 움직임이 과도하게 과거를 향할 때는 후회와 상처로, 과도하게 미래 향할 때는 불안과 초조로 변형됩니다. 특히 미래는 아직 오지 않은, 존재하지 않는 시간입니다. 그럼에도 우리는 그 시간 속에서 살아갑니다. 마음은 미래를 미리 상상하고, 예측하며, 대비하고, 통제하려고 애씁니다. 그런데 아이러니하게도 미래는 본질적으로 불확실한 영역이기에, 그 모든 시도는 긴장과 불안을 동반할 수밖에 없습니다.

이러한 미래지향적 불안은 직장에서도 선명하게 나타납니다. 직장에서 우리는 늘 결과와 평가, 계획과 일정에 노출되어 있습니다. 미래에 대한 기대치가 지금의 나를 끊임없이 밀어붙이고, 완벽에 가까운 예측과 통제를 요구합니다. 그 결과, 우리는 성과보다 실패를 먼저 걱정하게 되고, 기회보다 실수를 먼저 떠올리게 되며, 경쟁보다 비교에 민감하게 반응하게 됩니다. 이러한 상태에서는 집중력과 창의성, 유연한 사고가 사라지고, 그 자리를 과잉사고, 자기 검열, 조급함이 대신하게 됩니다. 오늘의 대화나 업무에 온전히 몰입하지 못한 채, 머릿속은 늘 내일을 살아가고 있는 셈입니다.

사업에서의 문제는 조금 더 구조적이고 장기적입니다. 사업가는 본질적으로 미래를 예측하고 설계해야 하는 존재입니다. 하지만 이 미래 설계가 균형을 잃고 과도한 통제 욕망으로 흐르게 되면, 사업은 창조적 공간이 아니라 불안과 압박의 시스템이 됩니다. 그러면 사업가는 현재의 고객이나 직원, 현재의 문제나 가능성에는 눈을 돌리지 못한 채, '미래 시나리오'만 들여다보게 됩니다. 이렇게 되면 사업의 본질인 '지금 여기를 개선하고 창조하는 힘'은 사라지고, 조직 전체는 조급함과 에너지의 분산 속에 무너집니다. 이는 이미 많은 사업가들이 겪고 있는 분열 현상이며, 이로 인해 많은 손실이 발생합니다.

인간관계에서도 그 폐해는 작지 않습니다. 우리가 누군가를 만날 때, 마음이 온전히 그 자리에 있지 않으면, 말은 들려도 의미가 다가오지 않고, 눈을 마주쳐도 감정이 교류되지 않습니다. 미래를 향한 걱정, 다음 약속에 대한 준비, 해결되지 않은 일들에 대한 초조함은 지금 이 순간의 만남을 피상적인 것으로 만듭니다. 관계는 점점 얕아지고, 깊은 유대와 신뢰는 만들어지지 않으며 마음은 외롭고 존재는 고립됩니다.

미래를 향한 집착은 '존재의 부재'를 의미합니다. 지금 이 순간에 머물 수 없을 때, 인간은 진정으로 존재할 수 없습니다. 에너지는 이미 오지 않은 시간에 분산되고, 현재는 공허하게 지나갑니다. 우리는 바쁘게 살았다고 느끼지만, 정작 살아 낸 기억은 거의 없습니다. 이것이 바로 '현재 부재'의 가장 큰 비극입니다. 그리고 이 모든 문제는 눈에 띄지 않는 한 가지에서 시작됩니다. 바로 '지금은 아직 충분하지 않다'라는 마음입니다. 이 속삭임은 오늘을 불완전한 것으로 만들고, 내일에만 가치를 부여하며 지금 이 자리에서 만족할 줄 아는 능력을 마비시킵니다. 그 결과 우리는 매일 열심히 살고 있음에도 언제나 부족함을 느끼고, 어디에도 도달하지 못한 채 불안과 조급함에 에너지를 소모하며 살아갑니다.

총체적인 부실

지금 이 순간을 거의 살지 못한 채 떠도는 삶은 현대인들의 삶의 대표적인 형태입니다. 조건화된 행복은 우리에게 '지금은 아직 충분하지 않다'라는 믿음을 심어 놓았으며, 더 가져야 하고 더 이루어야만 한다는 강박 속에서 현재를 늘 미완성의 시간으로 남게 합니다. 행복은 저기 멀리, 언젠가의 조건 속에 있다고 믿기 때문에, 눈앞의 아름다움은 스쳐 지나가고, 일상의 작고 소중한 기쁨들은 무심히 흘러갑니다. 동시에, 과거로 끌려가는 마음은 지금 눈앞에 있는 삶의 경험을 왜곡합니다. 오래전 상처와 억울함, 쌓인 감정들이 낡은 기억의 창을 통해 현재를 바라보게 하고, 그 기억의 감정은 지금 내 앞에 있는 사람을 오해하게 만들고, 지금 일어나고 있는 사건을 있는 그대로 느끼지 못하게 만듭니다. 미래로 향하는 마음은 또 다른 방식으로 지금을 지워버립니다. 아직 오지 않은 시간에 대한 예측과 걱정, 불안과 때로는 희망이 현재를 덮어버립니다. 머릿속은 언제나 다음을 준비하고 계산하며, 몸과 마음은 아직 일어나지 않은 일로 달려가 에너지를 소비합니다. 눈앞에 있는 사람의 말도 제대로 들리지 않고, 바람결의 소리나 따뜻한 햇살의 느낌도 감지되지 않습니다.

이 세 가지 마음의 작용으로 인해 우리의 삶은 늘 죽은 삶이 되고 즐겁지 않은 상태가 됩니다. 살아 있으나 살지 않고, 움직이지만 연결되지 않으며, 관계는 얕고 내면은 공허하며, 시간이 흘러도 충만함 없이 흩어집니다.

길동 씨는 항상 웃으며 살아가는 사람입니다. 그의 웃음은 꾸밈 없는 진짜 웃음이며, 그의 얼굴은 언제나 빛이 납니다. 무슨 이야기를 하든 장난기가 묻어나고, 사소한 일에서도 즐거움을 찾으며 여유를 잃지 않습니다.

길동 씨의 눈에는 모든 것이 신비롭고 아름답습니다. 바람에 흔들리는 들풀에서도, 하늘 높이 나는 갈매기에서도 그는 신의 모습을 봅니다. 거센 바람도, 높게 이는 파도도 그에게는 생명이 살아 숨 쉬는 경이로운 현상인 것이죠.

그는 많은 사람들이 부러워할 만한 과거를 가졌지만, 그 과거를 붙잡고 있지 않습니다. 그는 노인이지만 누구보다 활기차고 매끄러운 삶을 살아가고 있습니다.

그와 반대로, 대기업의 CEO 출신인 고약해 씨는 완전히 다른 방식으로 제주에서의 삶을 살아가고 있습니다. 그는 늘 심각한 얼굴을 하고, 말끝마다 비난과 불평을 담고 삽니다.

고약해 씨의 마음은 늘 과거에 머물러 있습니다. 그는 세상의 변화가 마음에 들지 않고 요즘 젊은 것들의 행동을 이해할 수 없다며 불평합니다. 수시로 분노하고, 어쩔 수 없는 상황에 대해 무기력함을 느끼기도 합니다.

그에게 휴식이란 정신 나간 행동과 다름없습니다. 그는 세상을 경쟁과 생존이 전부인 전쟁터로 보고 있습니다. 그래서 바람에 흔들리는 들풀을 보며 자연의 아름다움을 느끼는 대신, 생존의 처절함을 떠올립니다. 하늘을 나는 갈매기를 보고도 자유로운 모습이 아닌 고달픈 생존의 몸짓으로만 해석합니다.

그에게 남아 있는 것은 오직 과거뿐입니다. 그는 늘 웃고 다니는 길동 씨를 이해할 수 없다고 말합니다.

"대체 뭐가 그렇게 좋으신 겁니까?"

고약해 씨는 길동 씨를 보며 의아한 표정을 짓습니다. 그러자 길동 씨는 그저 환하게 웃으며 대답합니다.

"좋고 나쁜 게 어디 있겠습니까? 그냥 지금 이 순간이 있을 뿐이지요."

고약해 씨는 고개를 저으며 이해할 수 없는 표정을 짓습니다. 그의 하루는 여전히 고통이고, 분노이며, 좌절이고, 슬픔인 것이죠. 그는 매 순간에 존재하지 못하고, 늘 과거를 짊어진 채, 세상의 미래를 걱정하며 살아갑니다.

이 이야기는 실제로 은퇴하고서 제주에 내려온 두 사람의 사례입니다.

프랑스 여행의 목적

프랑스 파리 여행의 목적은 무엇인가요? 대부분의 사람들은 무의식의 강박으로 달려가며 결국 에펠탑 앞에서 찍은 사진 몇 장이 여행의 전부가 됩니다. 하지만 매 순간의 삶을 산다면 여행은 계획을 짜는 순간부터 시작됩니다. 비행기 표를 예매하는 순간, 가슴이 두근거립니다. '드디어 가는구나!' 설렘과 함께 시작됩니다. 공항으로 향하는 길, 괜히 여권을 몇 번이나 확인하며 마음이 들뜹니다. 보안 검색대 앞에 길게 늘어선 줄에 서면 여행이 실감 나기 시작합니다. 낯선 공항 방송이 울려 퍼지고, 면세점 앞을 스쳐 지나갈 때 어디선가 커피 향이 풍겨 옵니다.

기내에 오르면 여행의 현실이 밀려옵니다. 좌석에 앉아 비행기 창문 너머로 활주로를 바라보며 마침내 떠난다는 감각을 온몸으로 느낍니다. 이륙과 함께 귀가 멍해지고, 창밖으로 점점 작아지는 도시의 불빛을 바라보며 생각에 잠깁니다. 그리고 드디어 등장하는 첫 기내식! 뜨끈한 음식 냄새가 퍼지고, 작은 쟁반에 놓인 빵과 버터, 플라스틱 칼을 들고 기분 좋은 설렘에 젖습니다.

도착 후, 낯선 공항에 발을 내딛는 순간 또 다른 모험이 시작됩니다. 생소한 언어로 가득 찬 안내판을 더듬거리며 길을 찾고, 커다란 캐리어를 끌며 출구를 향해 나아갑니다. 어디로 가야 할지 몰라 잠시 멈춰 서서 주변을 두리번거리는 그 순간조차도 여행의 일부입니다. 지하철 티켓을 사기 위해 자판기 앞에서 씨름하고, 숙소로 가는 길을 한참 헤매다가 문득 마주친 작은 노천 카페에서 커피 한 잔을 시켜 놓고 한숨 돌리는 시간, 계획대로 되지 않는 일정 속에서 우연히 발견한 골목길, 지도에는 나오지 않던 아담한

서점, 아무런 기대 없이 들어갔다가 잊을 수 없는 맛을 경험한 작은 레스토랑까지….

매 순간에 깨어 있다면 프랑스 여행의 목적은 에펠탑 앞에서 사진을 찍고 오는 것이 아니라 이렇게 계획하는 과정에서 시작하여 번잡한 공항, 긴줄, 답답한 비행 시간까지 모두 여행의 목적이 됩니다. 매 순간 순간의 총합이 여행의 목적인 것이죠.

삶은 매 순간의 총합이다

삶을 어떤 도착점이나 완성된 결말을 향한 기다림으로 생각하고 산다면 모든 시간을 허비하는 것이 됩니다. 삶은 오직 지금 이 순간에만 존재합니다. 삶이란 직선적으로 흐르는 여정이 아니라, 지금 이 순간의 감각과 경험이 촘촘히 직조된 시간의 결이며 수직선의 집합입니다. 여행이 목적지에 도착했을 때가 아니라, 짐을 싸는 설렘, 길 위에서의 우연, 낯선 골목에서 마신 커피 한 잔, 뜻밖의 당황 속에서 완성되듯, 삶 또한 그와 같은 순간순간의 감각 속에서 형성됩니다.

과거는 지나간 기억의 조각들이고, 미래는 아직 형체조차 갖추지 않은 상상일 뿐입니다. 오직 지금 이 순간만이 삶의 실재입니다. 이 순간에만 숨이 쉬어지고, 감정이 살아나며, 생각이 머무르고, 사랑이 피어날 수 있습니다. 존재의 진실은 과거에도, 미래에도 있지 않으며, 깨어 있는 현재성 속에만 드러납니다. 철학자 마르틴 하이데거(Martin Heidegger)는 인간은 자신의 존재를 자각하고 문제 삼을 수 있는 유일한 존재이며, 존재의 진정한 자각은 미래를 설계하는 데 있지 않고, 지금 이 순간 내가 여기에 있음을 인식하는 체험, 곧 '현존(being-here-now)'의 각성에서 비롯된다고 강조합니다. 존재는 단지 살아 있다는 생물학적 상태가 아니라, 지금 여기에 온전히 깨어 있음에서만 드러나는 것이죠.

우리가 경험하는 모든 삶의 감정들—사랑, 상실, 기쁨, 좌절, 무력감, 회복—은 모두 하나하나의 지금에 펼쳐집니다. 삶은 과거의 어느 감동적인 순간이나 미래의 찬란한 성취 속에 있지 않습니다. 오직 이 찰나에 머무는 감각만이 존재의 실체를 드러내며, 지금 손에 감기는 찻잔의 온기, 창밖의 빛, 눈앞의 사람과 나누는 말 한마디 속에서 진짜 삶이 피어납니다. 그렇기에 삶은 매 순간의 총합입니다. 설렘과 당황, 사랑과 아픔, 우연과 실패, 웃음과 눈물… 그 모든 감정과 경험들이 이어지며 하나의 흐름을 만들고, 그 흐름이 곧 우리 삶의 본질이 됩니다.

삶을 준비하거나 대비하거나 추구할 필요가 없습니다. 삶은 지금 이 순간을 느끼고 마주하며 받아들이는 게 전부이기 때문입니다. '나중'이라는 시간은 삶을 유보시키고, 존재를 조건 속에 가두지만, '지금'이라는 시간은 삶을 열어 주고 존재를 자유롭게 합니다. 지금 당신이 숨 쉬고 있는 이 감각, 지금 당신이 듣는 바람 소리, 지금 당신이 느끼는 가슴의 울림, 바로 그곳에 삶이 있습니다. 삶은 미래의 약속이 아니라 지금의 경험입니다. 그리고 그 경험을 온전히 받아들일 수 있을 때, 삶은 비로소 축제로 바뀌며, 우리의 존재는 완성되지 않아도 완전한 시간 속에서 깨어나기 시작합니다. 이렇게 살아야 에너지 소모가 없으며, 그럴 때 가정에서, 직장에서, 사업에서 성공할 수 있습니다. 이것은 진실입니다.

지금, 이 순간이 전부다

몇 해 전 가을, 설악산 신흥사에서 출발해 비선대를 지나 천불동 계곡을 따라 공룡능선을 오른 적이 있었습니다. 그날은 하늘이 높고 바람은 맑았으며, 단풍은 불길처럼 산 전체를 물들이고 있었습니다. 발걸음을 옮길 때마다 들려오는 계곡물 소리와 바위에 부딪혀 부서지는 햇살은 그야말로 자연이 내주는 축제 같았지요. 하지만 일행 중 한 명은 그 축제를 끝내 즐기지 못했습니다. 출발 직후

핸드폰을 잃어버렸기 때문입니다. 산행 내내 그는 단풍보다 핸드폰을 찾았고, 계곡의 맑은 물소리보다 불안한 마음의 소리에 사로잡혔습니다. 웅장한 공룡능선의 바위 능선조차 그에게는 하나의 풍경으로 다가오지 못했습니다. 그의 시선과 의식은 오로지 '잃어버린 것'에 붙들려 있었기 때문입니다. 그리고 하산 후, 그 핸드폰은 차 안 바닥에서 발견되었습니다.

돌아보면, 우리의 삶도 이와 다르지 않습니다. 놀러 가서도, 해외여행을 가서도 마음은 늘 다른 곳에 가 있습니다. 이미 지나간 일에 묶이고, 아직 오지 않은 미래에 불안해하며, 정작 지금 눈앞에서 흐르고 있는 삶을 보지 못합니다. 핸드폰 하나가 눈과 귀를 가려 버리듯, 작은 집착 하나가 우리를 눈먼 존재로 만들어 버리는 것이지요. 인간을 괴롭히는 것은 사물이 아니라 사물에 대한 우리의 '생각'이라는 철학자 에픽테토스의 말에 공감이 갑니다.

삶은 어제에도, 내일에도 머물지 않습니다. 오직 지금, 이 숨결이 닿는 자리에만 존재합니다. 기쁨이 피어나는 것도, 고통이 찾아오는 것도, 사랑이 흐르고 깨달음이 스며드는 것도 모두 지금 이 찰나 속에서 이루어집니다. 그 '언젠가'는 결코 오지 않습니다. 미래는 항상 멀리서 우리를 부르지만, 다가오면 언제나 '지금'이라는 얼굴로 도착합니다. 그래서 삶은 기다림의 대상이 아니라, 지금 이 자리에서 깨어 있음으로써만 만날 수 있는 신비입니다.

삶은 정해진 길이 아니며, 완성된 그림도 아닙니다. 그것은 매일, 매 순간 살아서 그리는 그림입니다. 오늘 내가 내리는 한 호흡, 한 결정, 한 감정의 움직임이 그대로 삶의 색이 되고, 형태가 됩니다. 어제의 자취는 이미 지나갔고, 내일은 아직 열리지 않은 문이며, 진정한 창조는 오직 지금의 붓끝에서 이루어집니다. 그 어떤 것도 미리 결정되어 있지 않으며, 지금 이 순간 나의 존재가 깨어 있는 만큼만 삶은 진실로 피어납니다.

우리는 한순간에 단 하나의 일을 할 수 있을 뿐입니다. 한 번에 한 입의 음식을 맛보고, 한 곡의 노래를 듣고, 한 장의 책을 읽으며, 한 사람과 마주 앉아 이야기를 나눕니다. 삶은 언제나 그렇게 단 한순간의 집중으로 피어납니다.

우리가 세상을 경험한다는 것은 곧, 이 순간에 모든 에너지를 쏟는 일입니다. 우리가 가진 주의력의 한계 안에서 삶은 조용히 놀랍도록 섬세하게 펼쳐집니다. 한 번에 하나씩, 천천히, 그리고 깊이. 그것이 세상과 만나는 가장 아름다운 방식입니다.

즐긴다는 것

즐긴다는 것은 지금 이 순간에 온전히 깨어 눈앞에 펼쳐지는 모든 것을 피하지 않고 마주하며, 그것을 하나하나 감각하고, 경험하고, 받아들이는 것을 말합니다. 즐거움은 현재와의 깊은 접촉이며 얼마나 생생하게 느꼈는가가 즐거움의 깊이를 결정합니다. 그것은 고통을 피하는 상태가 아니라, 전체적인 삶에서 다룬 것처럼, 구분하지 않고 고통조차도 감각할 수 있을 만큼 의식이 깨어 있음을 의미합니다. 즐거움의 첫 번째 단계는 대부분 감각적으로 유쾌한 자극에 대한 반응으로 나타납니다. 맛있는 음식을 먹을 때, 눈앞에 아름다운 풍경이 펼쳐질 때, 좋은 음악이 흐를 때 우리는 '즐겁다'고 말합니다. 의식이 더욱 깨어나고 깊어지면, 우리는 그 이상의 즐거움을 알게 됩니다. 그때부터 즐긴다는 것은 단지 나에게 좋은 것만 즐기거나 기쁨의 순간을 누리는 것이 아니라, 삶 자체를 수용하고 동참하는 행위가 됩니다. 힘든 일도, 불편한 감정도, 예측하지 못한 상황마저도 우리가 살아 있다는 생생한 증거로 여겨지며, 그것조차도 경험할 수 있음에 감사하게 됩니다. 의식이 깨어난 사람은 삶을 회피하거나 선택적으로 받아들이지 않습니다. 노력하는 과정의 고통도, 실패 속의 상실감도, 도전 앞의 두려움도 온전히 느낄 수 있는 능력을 갖게 됩니다. 그 모든 경험이 삶이라는 커다란 진폭 안에 포함된 하나의 리듬임을 깨닫기 때문입니다. 이 단계에서의 즐거움은 존재 전체에 대한 참여와 감응입니다. 나는 지금 여기에서 존재하고 있고, 존재하기에 느낄 수 있고, 느끼기에 살아 있다는 것입니다. 이 인식이 우리로 하여금 지금 이 순간을 놓치지 않게 하고, 그 어떤 상황 속에서도 삶을 두려움이나 피로움의 대상이 아닌, 함께 춤추어야 할 리듬으로 느끼게 만듭니다.

삶은 지금 이 순간 외에는 어디에도 없으며, 지금 이 순간에는 어떤 고통도 괴로움도 없습니다. 이것은 진실입니다. 과거는 기억 속에만 머무르며, 미래는 마음이 만들어 낸 허구의 상상입니다.

우리가 느낄 수 있는 시간, 선택할 수 있는 시간, 변화시킬 수 있는 시간은 오직 지금뿐입니다. 즐긴다는 것은 바로 이 사실에 눈뜨는 것입니다. 지금 이 감정, 지금 이 결정, 지금 이 풍경, 지금 이 관계가 삶의 전부임을 아는 것. 더 나은 때를 기다리지 않고, 정신을 온통 도착지에 빼앗기지 않으며, 지금 내딛는 이 발걸음 자체가 목적임을 아는 것. 그러한 각성과 함께할 때, 삶은 더 이상 문제로 가득 찬 무거운 여정이 아니라, 순간순간이 살아 있는 축제로 바뀝니다. 결국, 즐긴다는 것은 삶과 하나 되는 것입니다. 저항하거나 선택하지 않고, 조건 짓거나 판단하지 않으며, 그냥 지금 펼쳐진 삶을 있는 그대로 살아 내는 것이죠. 즐긴다는 것은 지금 이 순간을 살아 있다는 것에 대한 가장 깊은 찬사이자 고요한 환호입니다. 삶에서 도착지 같은 것은 없습니다.

우리가 마주하는 매 순간, 지금 이 순간에 집중하는 능력이 생겨서 매 순간의 삶에 집중한다면 어떤 일이 벌어질까요? 그렇게 살면 어려움이 더 가중될까요? 더 불안하고 걱정 근심할 일이 더 늘어날까요? 자존심이 더 무너지고 하는 일이 더 꼬일까요? 배우자나 지인들이 나를 더 무시할까요? 매 순간을 집중하고 느끼며 살면 업무 성과가 더 떨어질까요? 더 많은 어려움이 생길까요? 작은 기쁨마저 사라질까요? 억울한 일이 더 많아지고, 시기와 질투, 원망이 밀려올까요?

지금 이 순간을 온전히 살아갈 때, 삶은 비로소 본래의 얼굴을 드러냅니다. 더 이상 조건이 충족되어야만 행복할 수 있다는 믿음에 사로잡히지 않고, 과거의 상처나 미래의 불안에 끌려가지 않으며, 매 순간을 있는 그대로 느끼고, 경험하고, 감사하며 살아가기 시작하는 그 순간 삶은 조용히, 그러나 분명히 방향을 바꿉니다.

그저 흘러가던 날들이 생기를 얻고, 무감각하게 반복되던 일상이 새롭게 빛나기 시작합니다. 내가 지금 여기에 있겠다고, 이 순간을 느끼며 살아가겠다고 마음을 먹는 그 결심 하나가 내면의 혁명을 일으킵니다. 더 이상 결핍 의식에 휘둘리지 않고, 후회와 걱정이라는 그림자에 눌려 있지 않게 되며, 무언가를 증명하거나 완성해야 한다는 강박에서도 벗어나게 됩니다. 지금 이 순간을 살기로 한 그 의식적 선택은 마치 죽은 삶에서 깨어나 축제를 향해 걷기 시작하는 용기이며, 삶의 방향이 근본부터 바뀌는 내면 혁명의 시작입니다.

영적인 선물

매 순간을 온전히 살아갈 때, 우리에게 주어지는 선물은 단연코 '존재 그 자체에서 솟아오르는 근원적 즐거움'입니다. 이 즐거움은 세상이 주는 조건이나 외적 사건에 의해 흔들리지 않으며, 누군가의 인정이나 성취에 기대지도 않습니다. 그것은 더 이상 '되어야 할 누군가'일 필요도 없고, '도달해야 할 어딘가'를 향해 애쓰지 않아도 되는 깊은 자유입니다. 어떤 노력을 더하지 않아도, 지금 이대로의 존재만으로 완전하다는 존재의 충만함에서 올라오는 맑고 투명한 기쁨입니다.

이 깊은 즐거움은 매 순간 깨어 있을 때 느낄 수 있습니다. 마치 흐린 날, 바람이 스치며 구름이 걷히고 나면 드러나는 본래의 푸르고 깊은 하늘처럼, 이 기쁨은 언제나 우리 안에 있었지만, 수많은 생각과 두려움, 판단과 집착이라는 구름에 가려져 보이지 않았던 것입니다. 과거의 후회를 내려놓고, 미래의 불안을 멈추고, 지금 이 순간에 완전히 존재할 때, 그 구름은 사라지고 우리는 본래의 하늘, 본래의 기쁨을 마주하게 됩니다. 그 순간, 우리는 깨닫게 됩니다. 삶은 처음부터 나를 밀어낸 적이 없었고, 언제나 두 팔 벌려 나를 환영하고 있었다는 사실을….

그렇게 피어난 즐거움은 단지 개인의 감정에 머물지 않고, 곧 삶에 대한 깊은 사랑, 우주적 연결감, 그리고 존재의 신비에 대한 무한한 감사로 확장됩니다. 이때 삶은 더 이상 무거운 여정이 아니라, 매 순간 신의 숨결과 호흡을 나누는 축제로 변모합니다. 매 순간을 살아가는 이는 그 미묘한 숨결을 들을 줄 알며, 그 안에서 눈물 나도록 고요하고 황홀한 충만함을 느끼게 됩니다. 그것은 더 이상 무언가를 성취했기 때문이 아니라, 단지 살아 있다는 사실 하나만으로 벅차오르고 감사한 상태입니다. 바로 그 자리, 그 침묵과 고요의 중심에 깃든 기쁨이 참된 영적 기쁨의 본질입니다.

이 즐거움은 사라지지 않으며 당신이 지금 이 순간에 깨어 있을 때마다, 복잡한 지하철 안에서도, 회사 안에서도 또다시 피어오릅니다. 그리고 마침내 당신의 삶 전체를 축복으로, 당신의 존재 자체를 빛으로 물들입니다. 그것이 매 순간의 삶이 우리에게 선물하는 가장 신성하고도 아름다운 기적입니다.

시장 안에서의 선물

의식이 깨어 있지 못한 상태에서 하는 수많은 노력은 혼란만 불러옵니다. 하지만 매 순간을 온전히 살 수 있는 힘을 지닌 사람이 비즈니스 영역에서 성공할 가능성이 올라갑니다. 그것은 지금 이 순간에 깨어 있는 맑은 의식에서 비롯된 집중력과 창조력의 힘입니다. 무엇보다 지금 여기에 온전히 머무는 사람은 일에 몰입하는 방식부터 다릅니다. 과거의 실수에 머물지 않고, 미래의 불안에 휘둘리지 않기에, 그는 지금 이 자리의 일에 자연스럽게 깊이 들어갑니다. 이런 몰입은 시간의 흐름을 다르게 만들고, 에너지를 낭비 없이 순환시키며, 결과의 밀도를 높여 줍니다. 회의 중 나눈 짧은 말 한마디가 사람의 마음을 움직이고, 정성스레 다듬은 문장의 한 줄이 의사 결정을 이끌어 냅니다. 작은 일에서도 본질을 꿰뚫는 통찰이 피어나고, 결과는 자연스럽게 비범해집니다. 또한,

매 순간을 살아가는 사람은 판단이 빠르고도 정확합니다. 그는 불필요한 생각의 잡음을 스스로 정리해 내고, 지금 이 자리에 흐르고 있는 현실에 감각적으로 반응합니다. 머리로만 계산하지 않고, 몸과 마음 전체가 깨어 있기 때문에 그의 판단은 깊이와 속도를 함께 갖춥니다. 그것은 결국, 변화가 빠른 시장 속에서도 본질을 놓치지 않는 통찰로 이어지고, 흐름을 놓치지 않는 민감한 전략으로 구체화됩니다.

무엇보다 매 순간에 진심으로 존재하는 사람은 상대의 말을 온전히 듣고, 말 너머에 있는 감정과 진의를 섬세하게 읽어 냅니다.

그는 억지로 설득하지 않아도 신뢰를 얻고, 사람들은 그의 곁에서 편안함을 느끼며 따르게 됩니다. 이 따뜻한 리더십은 조직의 문화를 바꾸고, 고객과의 관계를 깊게 하며, 시장에서의 존재감을 키워 줍니다. 그가 있는 자리에는 사람이 모이고, 에너지가 흐르며, 자연스러운 성장이 일어납니다. 그리고 이 모든 흐름의 중심에는 '즐거움'이 자리합니다. 그 즐거움은 성과를 냈을 때만 느끼는 일회적인 감정이 아니라, 매일의 일 자체가 주는 살아 있는 기쁨입니다. 그는 일을 생존하기 위한 고된 수단이 아니라, 자신의 존재감을 표현하고 창조성을 발휘하는 축제의 장으로 느낍니다.

지금 이 순간에 깨어 있다는 것, 그래서 무엇을 보고 무엇을 듣는지 명확히 이해하는 사람이 되는 것은 아주 중요한 성공의 요소입니다.

저에게 기적이 일어났습니다

김해경 / 웰니스 사업체 운영

2022년 10월경, 코로나의 여파로 사업의 위기를 겪으며 무너져 내린 상태에서 지인들과 함께 제주를 찾은 여성 사업가가 있었습니다. 리조트에 머무는 3일 동안 아침·저녁 명상, 그리고 슬로우 트레킹등의 프로그램에 참여했습니다. 사업에 근심과 걱정이 많아 아침 한시간 저녁 한시간의 시간을 내어 차담 시간을 가졌습니다. 그리고 돌아가는 날 그녀는 세화리 5일 장이 열리는 건물의 처마 밑에서 내리는 비를 맞으며, 움직이지 못한 채 넋이 나간 상태로 멍하니 서 있었습니다. 얼굴은 초조와 두려움, 고통으로 일그러져 있었고요. 보는 것 만으로 마음이 아팠습니다. 그 상태로 돌아가면 안 될 것 같아 열흘 정도 더 쉬고 가기를 권유했습니다.

"지금부터 열흘 간은 무조건 재미있게 즐기고 놀아야 합니다. 등산도 다니고 바닷길도 걷고 아침 저녁으로 명상도 하면서 열흘간 오로지 즐기는 삶을 살아 보세요. 할 수 있겠는지요? 앞으로 열흘을 여기에

더 머물며 즐겁게 시간을 보낸다면 많은 일이 해결될 것이니, 그렇게
해 보겠습니까?"

그녀는 다짐을 하고 열흘을 더 머물기로 했습니다. 그렇게 약속한 첫날 저녁, 여기서 이러고 놀고 있을 때가 아닌 것 같다며 당장 돌아가겠다고 하더군요. 저는 열흘을 채우기로 한 처음의 약속을 상기시켰습니다. 그녀는 하는 수 없이 하루를 묵었습니다. 다음 날 아침 명상을 마치고 그냥 있기를 정말 잘했다며 약속을 지키기로 했습니다. 그리고 그날 저녁 지금 여기서 이러고 있을 때가 아닌 것 같다며 다시 돌아가겠다고 합니다. 그녀는 5일 동안을 이렇게 오락가락 했으며 저는 그럴 때마다 여기서 즐겁게 지내야 할 이유에 대해 다시 설명을 하였습니다.

"강박이 이런 상태로 만들었고 지금 중심이 완전히 무너진 상태여서
돌아가 보아야 나아질 것이 없고 더 좌절할 겁니다. 그러니 하나만
해 보세요. 밖의 상황이 어떻든, 지금 이곳에서 매 순간을 즐기는 것.
이것을 해 보세요. 그러면 새로운 세상이 보입니다. 그리고 김포 공
항에 내리는 순간 무엇을 해야 할지 명확하게 보일 겁니다."

시간이 지날수록 얼굴빛이 밝아지고 말도 행동도 눈에 차분해졌습니다. 사업을 할 때 경험하지 못한 평화와 고요를 경험하기 시작했습니다. 비로소 제주의 하늘이 보였고, 바람을 느끼기 시작했으며, 구름과 숲길을 즐기게 되었습니다. 강박으로 초조했던 모습이 많이 사라졌습니다. 소녀와 같은 맑은

웃음과 온화한 눈빛이 회복되기 시작했습니다.

"브라더...여기 제주에 바다와 하늘과 구름이 있었네요. 나무도 있고요. 이런 세상이 있었군요. 이렇게 평화로움 늘 느낄 수 있다니 신기해요."

누구나 가만히 있으면, 침묵으로 조용한 시간을 보내면, 강박을 멈추고 고요함으로 들어가면, 내안에서 서서히 올라오는 무엇이 있음을 느낄 수 있습니다. 전환점을 만들려면 달리던 발걸음을 멈추고 침묵과 사색을 통하여 눈과 귀를 열어야 합니다.

이리저리 수시로 변했던 그녀의 마음이 바로 중심을 잃고 사는 우리의 마음입니다. 그녀는 처음으로 마음이 만드는 불안과 강박에서 빠져나오는 경험을 하였고, 제주의 자연은 치유와 회복을 위한 훌륭한 방편이 되어 주었습니다. 서울로 복귀한 그녀의 사업은 위기에서 벗어났고, 그간 진행하던 웰니스 사업을 새롭게 다시 만들어 냈으며, 이를 통해 새로운 성장을 향하여 나아가고 있습니다. 몇 달 후 제주를 다시 찾은 그녀는 사람들 앞에서 이런 말을 했습니다.

"저에게 기적이 일어났습니다. 강박을 멈추고 매 순간에 존재하는 것이 삶을 어떻게 변화시키는지, 그것이 삶을 어떻게 새롭게 하는지 알게 되었습니다. 가정도 사업도 모두 회복했고, 저는 새로운 삶을 살고 있습니다."

즐기는 게 능력

삶은 사용하거나 지배하는 대상이 아니라, 깊이 음미하고 마주해야 할 신비로운 현존입니다. 얼마나 누리며 경험하는가에 따라, 삶은 현실이 되기도 하고 그저 스쳐 가는 그림자에 머물기도 합니다.

즐거움은 외부에서 주어지는 어떤 조건이 아니라 내면에서 피어나는 의식의 꽃입니다. 그것은 기술이나 재능이 아니라 존재의 향기이며, 지금 이 순간에 머무는 능력입니다. 많은 것을 가졌다 해도, 즐길 수 없다면 빈손입니다. 아무리 긴 시간을 살아도, 마음을 열지 못한 채 흘러가는 삶이라면 그것은 그저 죽은 삶입니다. 오늘이라는 시간을 온전히 느끼지 못한 채, 머릿속 가득 불안과 두려움만을 키워 가며, 존재의 숨결을 외면한 채 살아가고 있다면, 숨 한번 쉬고 하늘 한번 보고 빨아들일 마음 없이 산다면, 그 삶이 만드는 길은 희망 없는 사막이며 죽은 삶입니다. 살아 있다는 것은 지금 마주하는 순간들과 교감하고 어울리며 뒤섞여 새로운 세상을 경험하고 창조하는 것을 의미합니다.

현대의 심리학자 미하이 칙센트미하이는 이를 꿰뚫어 본 놀라운 사람입니다. 그는 '몰입'을 통해 이러한 상태를 설명합니다. 그는 몰입은 지금 여기에 전적으로 머무는 상태이며, 그 순간의 흐름과 하나가 되어 살아 숨 쉬는 경험이라고 말합니다. 그것은 일상의 명상이며, 삶과 하나 되는 완벽한 길입니다. 몰입의 깊이는 곧 삶의 깊이이며, 그 속에서 즐거움은 피어나고 존재는 충만해집니다.

성공이나 성장은 부단한 노력과 강박이 만든 결과가 아니며 삶을 대하는 태도가 만든 결과입니다. 지금 이 순간을 받아들이고 즐기는 능력, 사랑하는 능력, 그것이 바로 삶을 충만하게 하고 성장으로 이끄는 힘입니다. 즐거움은 삶을 살아 낸 자의 고요한 환희이며, 순간과 하나 되었을 때 우러나는 존재의 축복입니다. 오늘 하루를 얼마나 깊이 누리고 있는가, 그 순간의 온도를 얼마나 느끼고 있는가에 따라, 삶의 품격은 결정됩니다. 의식이, 존재가, 그리고 지금 이 순간을 받아들이는 깊이가 삶을 빚어냅니다.

즐긴다는 것은 삶의 끝자락에서 한번 하는 것이 아니고 매일매일 하는 축제입니다. 사업이든 직장이든 가정이든 작은 성취를 얻었다면 잠시 멈추어서 충분히 즐깁니다. 충분히 즐기고 씹고 빨아 먹습니다. 삶은 그렇게 사는 사람에게 언제나 선물을 줍니다. 작은 성취를 즐기는 사람이 큰 성취를 얻으며, 작은 성취를 즐기지 못하는 사람은 큰 성취를 얻지 못합니다. 즐기지도 쉬지도 못하는 삶을 살면 삶은 반드시 실패합니다.

조직도 마찬가지입니다. 작은 성취를 즐기는 조직이 성장하고 성공합니다. 매사 몰아치고 강박으로 달리기만 하는 조직은 실패합니다. 기쁨을 함께 누릴 줄 모른다면 일은 하기 싫은 노동이 됩니다. 더 큰 것을 얻기 위해 달리지 않고 멈추고 즐기는 것이 바로 목적입니다.

큰 행복이라는 것은 따로 존재하지 않습니다. 우리가 꿈꾸는 큰 행복은 사실 매일 쌓여 가는 작은 순간들의 모음일 뿐입니다. 아침 햇살에 잠시 멈추어 서서 깊게 들이마신 공기, 아이가 건네는 짧은 미소, 소소하지만 내가 해낸 작은 성취. 이런 조각들이 모여 우리의 삶을 풍요롭게 만듭니다. 늘 달리기만 하면 삶은 메말라 가고, 아무리 많은 것을 얻어도 사막 같은 허전함이 남습니다. 그래서 더더욱 필요한 것이 있습니다. 작은 것이라도 이루었거나 얻었을 때, 잠시 멈추어 그것을 충분히 즐기는 일입니다. 그 잠시의 멈춤이야말로 삶에 생기를 불어넣고, 또 다른 즐거움을 만들어 내는 힘이 됩니다. 매 순간의 소소한 기쁨을 알아차리고 맛보는 마음, 그것이 곧 성공한 삶의 증거입니다. 작은 즐거움을 즐길 줄 아는 사람에게는 삶이 끊임없이 새로운 기쁨을 선물합니다.

"공중의 새를 보라 심지도 않고 거두지도 않고 창고에 모아들이지도 아니하되 너희 하늘 아버지께서 기르시나니 너희는 이것들보다 귀하지 아니하냐?"

"까마귀를 생각하여 보라 심지도 아니하고 거두지도 아니하며 그에게 곡간도 없으되 하나님이 기르시나니 너희는 새보다 얼마나 더 귀하냐?"

마음이 불러오는 현상에 속박당하지 말고, 걱정을 거두고서 하루하루를 즐겁게 살라는 2,000년 전 예수의 가르침입니다.

현재를 살라는 붓다의 가르침도 경전에 수없이 반복됩니다. 팔리어 경전 숫타니파타(Sutta Nipata)의 자애경(Metta Sutta)에 기록된 붓다의 가르침입니다.

"어제는 이미 지나갔고, 미래는 아직 오지 않았다. 그러므로 지혜로운 이는 지금 이 순간을 충실히 살아가야 한다."

"비를 맞아도 걱정하지 않는 새처럼 살아라."

"구름은 지나가고, 바람은 머물지 않는다. 집착을 버린 자는 어디에도 머물지 않으며 자유롭다."

즐긴다는 것은
삶의 끝자락에서 한번 하는 것이 아니고
매일매일 하는 축제입니다.

지금 발걸음이 전부이다

많은 것을 이루었다고 해서, 높은 자리에 올랐다고 해서, 혹은 나이가 들었다고 해서 삶이 깊어지는 것은 아닙니다. 수십 년을 살아도 늘 과거와 미래로 달려가 살았다면 고루한 삶, 지루한 삶, 죽은 삶을 산 것 일뿐입니다. 삶의 가치는 얼마나 오래 살았느냐가 아니라, 그 시간 속에서 얼마나 깊이 존재했는가입니다. 재물을 얻어도 분노하고 두려워하고 걱정 근심이 많아 지금 순간을 살지 못하는 사람도 죽은 사람입니다. 삶은 온전히 깨어 있는 시간의 총합입니다.

"삶의 내용은 길이의 문제가 아니라, 깨어 있음의 밀도입니다."

진정 위대한 이는 세상을 움켜쥐는 자가 아니라, 지금 이 순간을 온전히 살아 내는 자입니다. 내면이 깨어 있는 사람, 일상의 찰나를 축제로 바꾸는 사람, 말없이 주변을 화사하게 밝히는 사람. 그런 삶이 진정으로 위대한 사람이며, 성공한 사람입니다.

삶은 경험할 신비입니다. 매 순간 존재할 때, 삶은 더 이상 두려움이 아닌 선물이 됩니다. 그 선물은 지금 여기에서 조용히 기다리고 있습니다. 그리고 그 문을 여는 열쇠는 오직 하나, 깨어 있는 지금입니다. 자신에게 주어진 삶의 시간을 풍성함으로 가득 채우고 싶다면, 삶을 유쾌함과 즐거움으로 채우고 싶다면, 매 순간에 존재하는 삶을 살아야 합니다. 그럴 때 에너지 낭비가 없으며 원하는 것을 수월하게 얻을 수 있는 능력을 얻게 됩니다.

여기까지 왔으면, 지금을 즐겨 보지 않겠소?

어떤 사람이 한 달 제주 여행을 떠났습니다. 그는 여행을 떠나기 전부터 이번 여행에서 꼭 의미 있는 통찰을 얻을 것이라고 다짐을 했죠. 여행이 끝난 후에는 자기계발서 한 편을 써도 될 만큼의 깊은 통찰을 얻겠다고 마음을 먹었답니다. 여행 내내 그는 강박과 걱정 속에 있었습니다.

'여기서 뭘 배워 가야 하지?'
'이 경험을 내 삶에 어떻게 적용할 수 있을까?'
'여행이 끝난 후에는 무슨 계획을 세워야 할까?'

그의 머릿속은 온통 여행의 의미를 찾는 것으로 꽉 차 있었습니다.
그러던 어느 날, 우연히 들른 작은 카페에서 어떤 사람이 말을 건넸습니다.

"여기까지 왔으니 하던 일을 멈추고 지금 이 순간을 즐겨 보지 않겠소?"

> 그는 노트북을 내려 놓고 창밖을 바라보았습니다. 햇살이 테이블을 부드럽게 감싸고, 커피 향이 은은하게 퍼졌습니다. 창밖은 푸른 바다와 하늘, 그리고 거리에는 사람들이 여유롭게 걸어가고 있었습니다. 그는 처음으로, 그 순간을 온전히 느끼기 시작했습니다.
>
> 미소를 지으며 커피를 한 모금 마셨습니다. 그리고 이번 여행에서 처음으로, 이 순간을 살아가고 있음을 느꼈습니다.

돋보기에서 배우는 성공의 원리

우리는 내면의 사소한 것에 너무 많은 에너지를 소모합니다. 내면의 세계는 끊임없이 외부 자극에 반응하며, 이러한 반응은 우리의 시간을 빼앗고 에너지를 분산시킵니다. 그렇게 흩어진 힘으로는 큰 불꽃을 만들어 내지 못합니다. 한곳에 집중되지 못한 채 끝없이 흔들리는 우리의 에너지는 방향을 잃고 사라지며, 결국 원하는 것을 이루지 못한 채 사라집니다. 세상의 모든 것은 에너지로 이루어져 있습니다. 우리의 생각도 예외가 아닙니다. 생각은 곧 에너지이며, 하나의 불꽃과 같습니다. 하지만 대부분의 사람들은 이 불꽃을 강하게 키우지 못합니다. 순간적으로 떠오르는 생각이 공기 중에서 잠시 반짝이다 사라지는 것처럼, 우리의 삶 또한 약하고 산만한 생각 속에서 허망하게 흘러가 버립니다. 많은 사람들이 분주하게 살아가지만, 실제로 변화의 전환점을 만들어 내지 못하는 이유는 내면의 에너지가 과거와 미래로 흩어지고 있기 때문입니다. 스트레스와 분노, 걱정과 근심, 강박과 잡념으로 인해 우리의 에너지는 사방으로 퍼져 나가며, 그 결과 삶에서 강력한 추진력을 얻지 못합니다.

돋보기를 떠올려 보세요. 태양 아래 놓인 돋보기는 그 자체로 아무런 힘이 없습니다. 하지만 빛을 한 점에 모으는 순간, 놀라운 일이 벌어지죠. 작은 나뭇잎이 타 들어가며, 불꽃이 일어납니다. 같은 태양 빛이라도 사방으로 퍼져 있을 때는 아무런 변화도 일어나지 않지만, 한곳으로 집중될 때는 불을 일으키는 강력한 힘으로 변합니다. 우리의 의식도 이와 같습니다. 산만하고 분산된 사고는 어떤 변화도 만들어 내지 못합니다. 하지만 깊이 집중된 의식은 세상을 바꿀 수 있는 강한 힘을 가집니다. 강하고 집중된 생각이야말로 강하고 집중된 현실을 창조합니다. 이러한 원리를 이해하고 나면, 성공을 위한 길은 분명해집니다. 우리가 해야 할 일은 에너지가 낭비되지 않는 삶을 사는 것이죠. 과거와 미래를 오가며 무의미한 반응, 감정으로 낭비되는 에너지를 줄이고 무의미하게 소모되는 내면의 에너지를 한 방향으로 모을 줄 알아야 합니다.

매 순간에 깨어 있는 사람이 결국 원하는 것을 이루어 냅니다. 즉, 과거와 미래로 이리저리 흔들리지 않고 매 순간을 살 수 있는 힘이 불꽃을 만들어 냅니다. 그리고 흩어진 마음을 모으고 하나로 집중하는 데 탁월한 힘을 만드는 방편이 바로 명상입니다. 명상은 매 순간에 삶을 살 수 있는 힘을 길러 주는 아주 훌륭한 방편입니다.

쉽고 즐거운 일부터 하라

사람들은 습관처럼 하기 힘든 일, 재미없는 일, 고통스러운 일에 매달립니다. 마치 인생이 원래 고난과 투쟁으로 채워져야만 하는 것처럼, 고통스러운 일부터 해결하려고 합니다. 그리고 "고생 끝에 낙이 온다", "고통을 통해 성장한다"라고 위안합니다. 이 말들은 얼핏 위안처럼 들리지만, 실제로는 끊임없는 인내와 희생만이 성공의 조건이라는 착각을 불러일으키곤 합니다. 과연 고생과 고통이 성공을 위한 필수 요소일까요? 정말 힘든 시간을 견디기만 하면 찬란한 미래가 열릴까요? 나아지지 않습니다. 주변을 돌아보세요. 고통을 견디고 고생을 해도 삶이 나아지지 않는 사람들이 얼마나 많은가요?

삶은 태도입니다. 삶을 마주하는 방식이 곧 현실을 창조합니다. 삶을 고통스럽게 마주하면, 삶은 고통만 창조합니다. 지금 이 순간이 즐거움이면, 다음 순간도 자연스레 즐거움으로 이어집니다. 그것은 과거와 미래에 끌려가지 않고 매 순간을 살 때만 가능한 흐름입니다.

"고생 끝에 낙이 온다"라는 말은 지금 고통을 겪는 사람에게는 위안이 될 수 있으나, 그것이 삶을 근본적으로 변화시키는 길을 알려 주지는 않습니다. 지금 삶이 고생스럽다면, 삶을 대하는 나의 태도가 삶을 어렵고 힘든 일 혹은 고통스러운 일로 대하고 있다는 증거입니다. 내면이 깨어나지 않는 한, 계속하여 고생만 할 것입니다. 삶을 대하는 방식을 바꾸면 해결됩니다. 수학 시험에서 25문제를 풀어야 할 때, 중간에 아주 까다로운 문제가 나오면 그것만 붙잡고 시간을 다 써 버릴 수 있습니다. 그러면 뒤에 풀 수 있는 문제조차 건드리지 못하고 시험을 망칠 위험이 생기지요. 그래서 현명한 학생은 잠시 그 문제를 건너뜁니다. 먼저 풀 수 있는 문제들을 해결하고, 시간이 남을 때 다시 돌아오는 것이 훨씬 이득입니다. 삶도 이와 다르지 않습니다. 매일 부딪히는 일들 가운데는 쉽고 재미있는 것도 있지만, 괜히 골치 아프고 힘만 빼는 일도 있습니다. 굳이 모든 것을 붙잡고 씨름할 필요가 없습니다. 지금 당장 즐겁고 의미 있는 것부터 집중해도 됩니다. 어렵고 재미없는 일은 잠시 내려놓아도 아무런 문제가 생기지 않습니다. 오히려 에너지를 아끼고 중요한 곳에 집중할 수 있기에, 더 큰 성취와 기쁨을 만들어 낼 수 있습니다.

더 이상 어렵고 고통스러운 일에 시간을 먼저 내어 소진하지 마세요. 우리 삶은 즐거운 일만 해도 시간이 부족합니다. 쉽고 즐거운 일만 하세요. 그러면 삶은 계속하여 쉽고 즐거운 일만 가져다 줄 것입니다. 과거와 미래에 끌려가지 않고 매 순간을 살 때, 쉽고 즐겁고 재미난 일들이 보입니다. 삶을 가볍게 받아들이고 기쁨 속에서 거닐어 보십시오. 그러면 고통은 어느새 희미해지고, 당신은 더 나은 방식으로 길을 걷고 있을 것입니다. 풀기 어려운 일, 괴로운 일은 죽을 때까지 미루어 두어도 좋습니다. 그러면 많은 경우 시간이 해결해 주거나, 나중에는 더 이상 고민할 필요 없는 일이 되어 있을지도 모릅니다. 그리고 삶의 태도가 바뀌면, 과거에 어렵고 힘들게 느껴졌던 일들조차도 즐겁고 가벼운 마음으로 풀 수 있는 힘이 생겨납니다. 과거와 미래에 끌려가지 않고 매 순간을 살 때, 우리는 삶을 창조하는 진짜 주인이 될 수 있습니다. 항상 기억하세요. 삶을 너무 어렵게 대하지 마세요. 잘못된 관념에 속지 마세요. 성공은 고난과 고통을 통하여 얻어지지 않으며, 즐거움와 유쾌함 속에서만 만들어집니다. 어렵고 힘든 일만 귀하게 여기고 쉬운 일과 기쁜 일을 대수롭지 않게 여긴다면, 삶은 언제나 고통스럽고 무거운 일만을 가져다줄 것입니다.

직장에서, 사업에서, 사랑에서, 그리고 삶의 성장과 성공을 이루고자 할 때 지금 이 순간, 당신 앞에 놓인 쉬운 일, 즐거운 일만 하세요. 그것이 작은 일이라도 좋습니다. 그렇게 시작된 삶은 점점 더 유쾌하고 풍요로운 흐름을 타게 될 것입니다. 쉬운 일이 또 다른 쉬운 일을 부르고, 즐거움이 또 다른 기쁨을 데려오는 삶의 마법을 경험하게 될 것입니다.

당신을 위하여 삶이 준비해 놓은 지금 이 순간이 주는 선물을 놓치지 말고 찾아 가세요.

단순하게 살기

마음을 방치하면 삶은 전적으로 복잡해지며, 그로 인해 피곤한 일상에서 빠져 나오지 못합니다. 그리고 우리 인간은 본래 복잡한 일을 효율적으로 처리하도록 설계된 뇌를 가지고 있지 않습니다. 그래서 삶에서 단순함은 선택이 아니라 필수입니다.

단순함은 오래된 지혜이며, 가장 정제된 통찰입니다. 레오나르도 다빈치와 소크라테스, 톨스토이 같은 위대한 이들이 한 목소리로 찬미한 것도 바로 이 단순함이었습니다. 그들은 각자의 삶과 시대 속에서, 무수한 혼란과 탐욕의 굴레를 넘어 단순함이야말로 인간의 본질에 가장 가까운 삶의 방식임을 꿰뚫어 보았습니다.

자연을 바라보세요. 복잡하지 않습니다. 자연은 언제나 단순함 속에서 흐르고 있습니다. 해는 지고 달은 뜨고, 강은 흐르고 바람은 춤을 춥니다. 이 단순한 순환이야말로 조화이며, 그것이 바로 진리입니다. 억지로 꿰 맞추지 않아도 모든 것이 흐름을 따라 움직이는 그 단순한 질서 속에서 생명은 피어나고 자랍니다.

마음을 방치하면 삶을 복잡해지고 너무도 많은 에너지를 헛되게 소모합니다. 단순할수록 일은 잘 풀리고 삶은 자연스럽게 성장합니다. 세상의 소음과 복잡함, 혼란함과 부산함을 잠시 내려놓고 한 걸음 물러서 보십시오. 수월한 길이 보이기 시작할 것입니다. 억지로 애쓰지 않아도 되고, 조급하게 움켜쥐지 않아도 됩니다. 그렇게 마음이 맑아지는 자리에서 우리는 다시 명료함을 회복하고, 직관은 자연스럽게 피어납니다. 매 순간의 삶에 깨어 있을 때, 단순할 수 있으며 단순함이 삶을 더욱 깊이 있게 만듭니다.

오랜 시간 지속되는 크고 작은 모든 성공은 단순함에서 만들어졌습니다. 단순해야 명확하고, 명확해야 일관성이 생기며, 일관성이 위대함을 만듭니다. 단순함은 결코 나태하거나 경박한 것이 아닙니다. 오히려 불필요한 것을 지워 내고 본질에 집중할 수 있는 지혜의 힘입니다. 노자의 가르침은 그 정수를 보여 줍니다. "도는 늘 있음으로써 존재를 낳고, 무위로써 모든 것을 이룬다." 그 말은 비즈니스 리더든, 예술가든, 어느 누구에게든 통하는 가장 깊은 통찰입니다. 삶을 단순하게 만들수록 우리는 더 많이 보게 됩니다. 더 깊이 느끼고, 더 정직하게 웃고, 더 본질적인 것을 사랑하게 됩니다. 매 순간의 삶에 머무를 수 있을 때, 우리는 단순함을 통해 삶과 하나 되고, 마침내 가볍고도 깊은 평화에 닿게 됩니다.

위대한 사람으로 살기

당신이 과거와 미래에 끌려가 누군가를 미워하고 원망하고 후회한다면, 에너지가 투쟁으로 소모되며 자신을 살 수 없습니다. 고작해야 남의 삶을 살게 됩니다. 싸우거나 미움, 후회를 품고 사는 사람은 결코 자신의 삶을 살지 못합니다. 무의식에 빠진 사람과 다투지도 말고, 시시비비를 가리지도 말며, 그를 연민의 마음으로 바라보세요. 심각한 것은 비루하고 비천한 삶을 불러옵니다. 과거와 미래의 고자질에 끌려가지 말고 지금 당신 앞에 놓인 시간을 사세요. 그래야 휴식을 취할 수 있으며 향기가 진동하는 삶을 살 수 있습니다. 싱싱한 사과를 먼저 먹으세요. 썩은 사과를 먼저 먹으면 당신은 평생 썩은 사과만 먹게 됩니다. 당신이 힘든 일만 귀하게 여기고 쉽고 즐거운 일을 뒤로 미룬다면, 당신은 평생을 힘든 일만 하고 살 것입니다. 어려운 일을 성취한 후, 다시 또다른 어려운 일이 나타납니다. 힘든 일은 그런 식으로 끝없이 연속됩니다. 그렇게 살면 살아 보지도 못한 사람, 꽃을 피워 본 적도, 열매를 맺어 본 적도 없는 사람, 봄도 바람도 알지 못하며, 춤도 사랑도 하지 못한 사람으로 삶이 끝납니다. 만일 당신이 하루하루 비틀거리며 겨우겨우 힘겹게 걸어간다면, 그래서 지금 당장의 일에는 관심이 없고 오직 과거와 미래만 바라보면서 걸어간다면, 고달프고 괴로운 먼지투성이의 길일 것이고 목적지 역시 보이지도 않을 것입니다.

마음은 당신이 성공할 때조차 '왜 조금 더 노력하지 않는가? 길은 깨끗하고 아무도 방해하지 않는데 왜 조금 더 노력하지 않는가?'라며 유혹합니다. 마음은 당신을 실패할 때까지 강박으로 몰고가며 결국 이 강박의 에너지가 실패의 원인이 됩니다. 그것은 실패하는 사람들의 공통점입니다. 지금 발걸음이 즐거우면 다음 발걸음도 즐거움으로 옵니다. 이 순간을 기쁨으로 산다면 다음 순간도 기쁨으로 이어집니다. 지금 발걸음이 전부이고 지금 이 순간이 전부입니다. 지금 이 순간, 다음 순간, 순간 순간의 총합이 당신의 목적지입니다. 삶은 즐거움과 설레임의 여행입니다. 춤을 추며 걷습니다. 축제의 삶을 삽니다. 질질 끌고 다니는 고루하고 비참한 여행을 버립니다. 과거는 지나갔고, 더 이상 존재하지 않으며, 미래는 그때 만날 일입니다. 이 순간이 전부입니다. 이 순간을 깨어 살 수 있다면 작은 일들이 다루어질 것이고, 작은 일들이 다루어지면 당신은 언제나 성장합니다.

그럴 때 당신의 존재 위에 먼지가 쌓이지 않습니다. 당신은 수정같이 맑으며 신선하고 매끄러운 상태로 다음 순간으로 미끄러져 갑니다. 매번 낡은 허물을 벗고 생생하게 매 순간을 살아갑니다. 그때 삶은 신비가 됩니다. 삶에서 마주하는 모든 일은 해결할 문제가 아니며 경험해야 할 신비입니다. 깨어 있다면 한잔의 차로도 행복하지만, 깨어 있지 못하면 알렉산더처럼 세상을 정복하고도 우울하게 됩니다. 현명한 사람은 얻기 쉬운 것, 단순한 것을 귀하게 여깁니다. 얻기가 어렵지 않은 작은 것을 귀하게 여기는 마음이 삶을 평온하게 하며 더 큰 것도 얻게 합니다. 매 순간을 살 때 당신은 성숙하고 수월한 삶의 길을 알게 되고 더 큰 것도 저절로 얻게 됩니다. 매 순간을 살았다는 의미는 삶을 살았고 꽃을 피웠고 모든 것을 씹고 빨아들였다는 의미입니다. 그렇게 사는 사람이 위대한 사람입니다.

매 순간의 삶 3가지 법칙

우리의 삶을 살아 있게 하고 즐겁게 하는 법칙을 3가지로 정리합니다.

첫째, 조건화된 행복에 빠지지 말고 이 순간에 감사합니다. 무엇이 되어야만 행복하다는 생각은 삶을 끊임없는 결핍의 늪으로 끌고갑니다. 어떤 일이 되어도 좋고 되지 않아도 좋다는 깊은 수용 속에서, 마음은 자유로워지고 지금 이 순간이 주는 은총을 느낄 수 있습니다. 외부의 조건이 아닌 내면의 충만함으로 살아가는 사람은, 삶의 작은 숨결에도 감사를 느끼며 존재 그 자체가 기쁨이 됩니다. 바로 그때, 조건 없는 즐거움의 에너지가 삶 전체를 밝히기 시작합니다.

둘째, 과거로 끌려가지 않고 지금 이 순간에 존재합니다. 과거는 지나간 이야기입니다. 아무리 아팠던 기억도, 아무리 아름다웠던 순간도 이제는 그저 교훈일 뿐입니다. 삶은 결코 뒤를 돌아보지 않습니다. 지금 이 순간, 눈앞에 펼쳐진 삶에 온전히 머무를 수 있다면 과거는 자연스럽게 흘러가고, 존재는 생생한 현재 속에서 다시 피어납니다. 지금 여기에 있다는 것, 그것이야말로 삶이 주는 가장 큰 선물입니다.

셋째, 미래로 달려가지 않으며 지금 이 순간에 존재합니다. 불안은 아직 오지 않은 일을 붙들고 끊임없이 마음을 흔들며, 존재를 분산시킵니다. 삶은 오지 않은 미래에 있지 않으며, 지금 이 자리에만 있습니다. 그러니 지금 발걸음에 집중하고 지금 발걸음을 즐거움으로 만듭니다. 지금 발걸음이 가볍고 즐겁다면, 다음 발걸음도 자연스럽게 그러할 것입니다. 삶은 늘 이어지는 것이며, 지금의 발걸음이 미래를 불러옵니다.

9부
성공을 만드는 창조자의 삶

이 세상은 당신 앞에 펼쳐진 빈 캔버스.
어떤 색을 채울지는 오직 당신의 선택.
고통을 그릴 수도, 기쁨을 스며들게 할 수도 …
어둠을 남길 수도, 빛을 퍼뜨릴 수도 …
붓을 드는 순간, 당신은 창조자. 눈물로 물들일지, 미소로 빛낼 지,
그 모든 것이 당신의 손끝에서 시작된다.

_By 오쇼 라즈니쉬

구석기의 뇌, 넘치는 정보

우리는 지금, 인류 역사상 가장 많은 정보를 접하며 살아가고 있습니다. 미국 캘리포니아 대학교의 연구에 따르면, 현대인은 하루 평균 34GB에 달하는 정보를 처리하고 있으며, 이는 신문 17만 장 분량에 해당합니다. 반면 불과 100년 전만 해도 하루에 접하는 정보는 고작 신문 한두 장 분량, 약 0.1MB에 불과했습니다. 단순히 비교하면, 현대인은 과거 사람들보다 하루에 30만 배가 넘는 정보를 마주하고 있는 셈입니다. 스마트폰 사용 시간만 따져도 하루 4시간이 넘고, TV, 인터넷, 문자, 이메일, 영상 콘텐츠까지 합치면 우리 뇌는 하루 12시간 이상을 정보의 파도 속에서 떠다니고 있습니다. 그러나 안타깝게도 우리의 뇌는 그에 비례하여 진화하지 않았습니다. 단기 기억은 여전히 7±2개의 정보만을 유지할 수 있으며, 이 작은 용량의 뇌가 수천 개의 자극과 수백 건의 메시지를 동시에 받아들이고 처리하고 있습니다. 정보의 병목 현상으로 집중력이 떨어지는 것은 어쩔 수 없습니다. 실제로 2,000년에는 평균 12초였던 집중력이 2015년에는 8초로 줄어들었고, 이는 금붕어의 집중 시간보다도 짧다는 연구 논문까지 나올 정도입니다. 지식의 수준은 정보의 수집과 연결, 통합의 완성도 일 수 있는데 이의 기반인 집중력이 줄고 있는 것이죠. 생활의 모든 영역이 하루가 다르게 변하며, 기술은 편리한 세상, 놀라운 세상을 계속하여 창조해 내고 있습니다. 신과 같은 수준의 정보를 갖게 되었지만 원시인의 뇌 그대로, 만성적인 무의식 상태 그대로 세상을 마주하고 있으며, 정보는 넘치지만 정보에 종속되어 "존재한다"라는 의미를 상실하는 속도가 빨라지고 있습니다.

두 가지 선택지

한때는 주판을 얼마나 빠르게 튕기느냐로 수학 실력을 가늠하던 시절이 있었습니다. 암산 실력과 손재주, 그리고 방대한 양의 지식을 머릿속에 담아 두는 기억력이 곧 '공부 잘하는 아이'의 상징이었지요. 그러나 시대는 아주 빠르게, 그리고 근본적으로 변했습니다. 이제 사람들은 대부분의 정보를 머리에 담아 두지 않습니다. 정보를 저장하고 불러오는 기능은 스마트폰, 구글, 클라우드, 웹하드와 같은 디지털 기기가 대신하고 있습니다. 손끝이 아닌 터치 하나로 복잡한 연산이 끝나고, 큰 노력 없이도 누구나 전문가의 지식에 쉽게 접근할 수 있게 되었습니다. 정보는 더 이상 '소유'의 대상이 아니라 '접속'의 대상이 된 것입니다. 이것은 분명 인간 사고방식에 커다란 변화를 불러왔습니다.

우리의 뇌는 점점 외부 장치와 결합되어 가고 있으며, 사고는 기억에서 추론으로, 암기에서 검색으로 진화하고 있습니다. 필요할 때마다 꺼내 쓰는 정보, 그리고 그것을 조합해 새로운 의미를 만들어 내는 창조성. 이것이 오늘날 우리가 손에 넣은 '신의 능력'입니다. 우리는 더 빠르게 배우고, 더 넓게 연결되며, 더 자유롭게 창조할 수 있는 시대에 살고 있습니다. 융합, 협업, 창의성이라는 단어가 현실의 기술로 구현되는 중입니다. 인공지능은 인간보다 더 빠르고 효율적으로 사고하며, 인간이 감당하기 어려운 문제들을 단 몇 초 만에 처리하는 능력을 갖추게 되었습니다. 이로 인해 우리는 더 많은 선택지를 갖게 되었지만, 그와 동시에 인간의 내면은 점점 더 피로해지고 공허해지고 있다는 역설에 직면하고 있습니다. 겉으로는 무한한 가능성과 연결의 시대를 맞이했으나, 그 깊은 내면에서는 방향 상실과 존재의 흐릿함이 점점 더 두드러지고 있는 것입니다.

선택지가 많아진다는 것은 자유의 확대이기도 하지만 결정의 피로(decision fatigue)를 가져오고, 자아의 통일성을 해체시키는 요소로 작용할 가능성도 초래합니다. 연결이 많아질수록 진정한 '연결감'은 사라지고, 수많은 피드백과 자극 속에서 오히려 존재는 희미해지며 소외될 가능성도 커질 수 있습니다. 사회학자 지그문트 바우만(Zygmunt Bauman)이 '액체화된 현대성'에서 지적한 것처럼, 모든 게 유동적이고 불안하며 고립감에 시달릴 가능성이 점점 높아져 가고 있습니다.

자신의 존재 이유를 찾지 못하고 1차적인 감각과 감정에 끌려다니며 무의식에서 빠져 나오지 못한 사람들은, 점점 정보와 기술에 종속된 삶을 살아가며 우울하고 심각하게 살아갈 가능성이 이전보다 높아질 것입니다. 더 많이 더 자주 무의식에 빠지며 자극과 피드백에만 반응하는 존재로 전락할 공산이 큽니다. 화면을 넘기며 하루를 보내고, 타인의 감정에 즉각적으로 반응하며, 깊이 있는 성찰 없이 소비되는 정보의 노예가 됩니다. 이렇게 되면 삶에는 사유가 사라지고, 감정은 편향되며, 관계는 피상화되고, 정신은 점점 고갈되며, 삶은 더 분열될 것입니다. 정보는 많지만 지혜는 없고, 연결은 많지만 외로움은 더 커지는, 그렇게 더 많은 것을 누릴수록 더 많은 결핍과 분열에 노출되는 것이죠. 현대 정신의학이 주목하는 주된 병리, 즉 우울증과 불안 장애, 자기 정체감의 혼란은 이미 이러한 예견된 미래의 신호일지도 모릅니다.

반면, 또 다른 길은 의식이 깨어난 삶입니다. 의식이 깨어난다면 기술과 정보는 삶의 질을 높여 주는 도구가 될 것입니다. 소비하거나 끌려다니는 존재가 아니라, 그것을 통해 더 깊이 이해하고 통찰하며 자신의 존재를 확장하려는 주체로 살아갈 가능성이 올라갑니다. 깨어난 사람들은 정보를 능동적으로 활용하여 사람간 연대와 유대감을 확장할 것이며, 세상을 하나의 유기체로 이해하고서 공존하는 세상을 창조하는 데 앞장 설 것이며, 더 성장하고 더 성공할 것입니다.

이러한 의식의 전환은 인류 문명의 진화를 좌우할 결정적인 요소로 단순히 철학적 사유에 머물지 않고, 실제로 기업과 조직의 생존 전략, 사회적 회복 탄력성(resilience)을 결정짓는 주요한 기준이 될 것입니다. 자기 내면의 에너지 흐름을 어떻게 정비하고, 어디로 향하게 할 것인가가 곧 성공과 존엄의 기준이 됩니다. 중요한 것은 정보의 양이 아니라 자신이 중심이 되어 자신의 속도로 해석하고 반응하는 방식을 주도하는 힘입니다. 이 힘을 가진 사람이 성공하는 삶을 살 수 있지 않을까요?

세상은 당신의 캔버스

세상에 어떤 변화가 오더라도 당신은 여전히 세상이라는 캔버스에 그림을 그리는 사람입니다. 캔버스 위에 어떤 그림을 그릴지는 오직 당신에게 달려 있습니다. 따라서 당신은 창조자입니다.

우리가 맞이하는 세상은 어떻게 창조될까요? 자신 내면에 새겨진 자아 이미지가 세상을 창조합니다. 결국 세상을 창조하는 것은 나 자신이며, 자아 이미지가 그림을 기획하고 실행합니다. 머릿속에 분노와 두려움이 가득하다면 당신이 그리는 세상은 분노와 두려움일 것이고, 머릿속에 사랑과 감사가 가득하다면 아름답고 즐거운 세상을 그릴 것입니다. 그래서 당신은 세상을 창조하는 오케스트라 지휘자입니다. 당신의 지휘에 따라 많은 악기들이 일사불란하게 움직이며, 단순한 음악에서 장대한 음악까지 창조합니다. 자신이 마주하는 세상은 자신의 의식이 반영되어 결과물로 나타납니다. 무의식에 중독된 사람 앞에 나타나는 세상은 손볼 사람들이 넘치는 세상이고, 걱정과 근심으로 가득 찬 사람에게 펼쳐지는 세상은 불안과 의심으로 가득 찬 세상일 것이며, 억압과 왜곡된 종교의 가르침에 빠진 사람 앞에 펼쳐지는 세상은 죄인들로 가득 찬 암울한 세상일 것입니다. 반면 마음이 너그럽고 따뜻한 사람 앞에 펼쳐지는 세상은 도움을 주고받는 사람들로 가득한 따사로운 세상이며, 믿음과 평온으로 채워진 사람에게 보여지는 세상은 신뢰와 감사가 넘실거리는 잔잔한 호수 같은 세상이고, 사랑과 자비의 참된 가르침을 따르는 이 앞에 열리는 세상은 모두가 소중한 존재로 빛나는 아름다운 세상입니다.

이처럼 우리가 세상을 창조하는 가장 중요한 기본 원리가 있는데, 바로 뿌린 대로 거둔다는 것이죠. 콩 심은 데 콩 나고 팥 심은 데 팥 난다는 원리입니다. 장미를 원한다면 감자를 심으면 안 되고 장미 씨앗을 심어야 합니다. 사랑을 얻고자 한다면 사랑을 베풀어야 하고, 기쁨을 원한다면 기쁨을 내보내야 하고, 사랑을 원한다면 사랑을 내보내야 하고, 성공을 원한다면 기회와 축하와 격려와 응원도 아낌없이 나누어야 합니다. 성인들도 2,000년 전 가르침을 통해 우리에게 이 진리를 다음과 같이 전해 주고 있습니다.

"남에게 대접을 받고자 하는 대로 너희도 남을 대접하라." (누가복음 6:31)

"열매는 업(業)에서 비롯된다. 내가 선한 행위를 하면 선한 결과를 얻고, 악한 행위를 하면 악한 결과를 얻는다." (숫타니파타)

"도(道)를 따르는 자는 도를 얻고, 덕(德)을 행하는 자는 덕을 얻으며, 실(失)을 행하는 자는 실을 얻는다." (도덕경 23장)

이러한 가르침은 여전히 살아 있는 우리 삶을 지배하는 지혜로운 원리이며, 내 안의 것이 밖으로 나가고 세상은 그것을 되돌려 준다는 가르침입니다. 세상은 내 안에 있는 것들에 의해 창조되며 그런 내가 바로 창조자입니다.

3가지 질문

삶을 축제로 만드는 근원의 힘, 성공을 만들어 주는 근원의 힘이 있을까요? 삶을 성공으로, 축제로 만드는 근원의 힘이 있습니다. 이 힘을 자각한 사람들은 그 힘을 활용하여 삶에 전환을 만들어 내고 있죠. 이 근원의 힘을 확인하기 위해, 저는 몇 해 전부터 사람들에게 재미난 질문 3가지를 던졌습니다.

첫 번째 질문은 '우리 사회를 지배하는 가치는 무엇인가요?'

두 번째 질문은 '우리가 어릴 때부터 사랑하고, 타협하고, 서로 돕고, 춤추며 즐겁게 살고, 많이 웃는 법을 배웠더라면 지금 세상은 어떻게 변했을까요?'

그리고 마지막 질문은 '그렇다면, 왜 우리는 그렇게 살지 못할까요?'였습니다.

첫 번째 질문에 대한 답은 비교적 어렵지 않았습니다. 많은 사람들이 공통적으로 지적하는 바와 같이, 오늘날 우리 사회를 지배하는 중심 가치는 사리사욕, 즉 개인의 이익과 욕망입니다. 이런 환경은 사회 구성원들을 생존 경쟁으로 내모는 결과를 초래하여 각자도생이 일상이 됩니다. 결국 극도의 이기주의, 세상과 타인에 대한 두려움이 생활 방식으로 자리 잡습니다. 이러한 경향은 정치, 경제, 교육, 종교, 문화 등 사회를 구성하는 거의 모든 영역에 깊숙이 스며들어 갈등과 반목을 일으킵니다. 그리고 그 구조 안에 존재하는 개인들은 더 개별화되고 파편화되어, 결국 끊임없는 경쟁과 고립 속에서 스트레스와 외로움에 시달리게 됩니다. 이러한 사회 환경은 많은 사람들을 뇌혈관 질환, 심장 질환, 우울증과 같은 정신 질환 등에 노출시킵니다. 병든 사회가 되는 것이죠.

두 번째 질문, 만약 우리가 서로 사랑하고 도와주고 용서하고 배려하고 손해도 좀 보며 살고, 많이 웃으며 춤추며 살고, 삶을 놀이처럼 살아가는 법을 배웠더라면? 그렇다면 지금의 세상은 어떤 모습이었을까요? 이 질문에 대한 대답은 모든 사람이 한결같이 "지금보다 훨씬 살기 좋은 세상이 되었을 것이다"라고 말합니다. 범죄율도 줄고, 국민 총생산도 늘고, 복지도 향상될 것이라고 말합니다.

세번째 질문입니다. 그런데 우리는 왜 그렇게 살지 못할까요? 많은 사람들이 이렇게 말합니다. "그렇게 살면 결국 나만 손해 보지 않겠어요?", "모두가 그렇게 한다면 나도 하겠어요." 아이를 키우는 부모들도 말합니다. "세상 모든 부모들이 그렇게 아이를 키우면 나도 그렇게 하겠어요. 나만 그렇게 하면 내 아이만 바보돼요."

이 말 속에는 즐거움과 사랑, 배려와 자비로 살아가는 삶이 결국 자신에게 불리하게 돌아올 것이라는 두려움, 개인들이 겪는 모든 실패와 삶의 고통 그리고 현대 사회의 갈등과 분열의 원인이 고스란히 담겨 있습니다. 인간은 순수하고 무구한 존재로 세상에 태어납니다. 아기는 핵무기의 존재도, 병들게 하는 정치적 분열도 모른 채 온전한 존재, 그 자체로 세상에 도착합니다. 그 아이가 평화와 사랑, 신뢰라는 본래의 힘을 채 경험하기도 전에, 어른들이 만들어 놓은 세상의 온갖 추악함이 아이의 마음속으로 밀려 들어갑니다. 그것은 부모의 이름으로, 교육이라는 명분으로 반복되는 전통입니다.

그리고 이런 교육은 대물림됩니다. 똑같은 정신적 질병이 세대를 건너 자식에게 전달되고 있습니다. 경쟁에서 뒤처지면 안 된다는 공포, 밀리지 않기 위해 공격적으로 살아야 한다는 믿음, 타인보다 앞서기 위해서라면 무슨 일이든 해야 한다는 강박이 자라나는 생명에게 주입됩니다. 이것이 지금 우리가 자랑이라 여기는 교육의 골격입니다. 본래 사랑과 신뢰로 연결되었을 존재들이 서로를 의심하고 공격하며 살아가게 만듭니다. 이 비극은 어느 한 시대의 문제가 아니라, 반복되고 전승되어 온 오랜 집단 무의식의 결과입니다. 인간이 인간을 키우는 방식이 오히려 인간다움을 파괴해 온 것입니다. 그리고 그로 인해 삶은 병들고 고통이 됩니다.

우리는 세상에 축복이 되어야 할 존재였으나, 결과적으로 이 세상에 또 저주가 되었습니다. 우리가 머무는 자리마다 분노와 폭력, 질투와 경쟁심, 탐욕이 스며들고, 세상은 전쟁터가 되어갑니다. 집착에 사로잡힌 욕망은 자신에서 멈추지 않고 주변의 사람들까지 감염시키며 인간성을 갉아먹습니다. 우리는 인류의 품위를 무너뜨리는 데 일조하고 있고, 때로는 인간을 동물보다도 못한 존재로 몰아가는 데 힘을 보태고 있습니다. '그렇게 하면 나만 손해다'라는 생각은 바로 그런 체제가 만든 어리석음의 결과입니다.

이 모든 것의 원인이 무엇일까요? 바로 두려움입니다. 그리고 그 두려움은 우리 몸과 마음, 그리고 인간관계에서 흐르는 에너지의 원리를 충분히 이해하지 못한 데서 비롯된 오해입니다.

사랑과 자비, 감사의 마음은 삶을 움직이는 가장 근본적인 에너지이며, 동시에 삶을 이끌어 가는 이성의 힘을 일으키는 원천입니다. 그리고 이 마음 상태는 가장 안정적이고 평화로운 에너지의 흐름, 그리고 삶을 유쾌하고 즐겁게 살아갈 수 있는 내면의 힘을 만들어 내는 근원이 됩니다. 이러한 마음이 깨어날 때 우리는 더 이상 외부의 조건에 휘둘리지 않고 삶을 스스로 창조하고 누릴 수 있는 힘을 얻게 됩니다.

그때 중요한 변화는 바로 몸과 마음이 살아난다는 것, 그리고 그 살아난 몸과 마음을 통해 에너지가 창조적 자아 이미지를 강화하는 상태로 진입한다는 것입니다. 이 변화는 삶의 질과 흐름 자체가 달라지는 근본적인 전환입니다. 에너지를 낭비하지 않고 본질에 집중할 수 있게 되며, 감정은 조화롭고 관계는 부드러워지고, 삶은 이전보다 훨씬 더 가볍고 명료하게 느껴지기 시작합니다. 우리 안의 감정은 끊임없이 밖으로 흘러나가고, 보이지 않는 흐름을 타며 다시 우리에게 되돌아옵니다. 불안과 분노, 의심과 경쟁심은 흐름을 막고 에너지를 소모하게 만들지만, 사랑과 자비, 감사는 흐름을 열고 에너지를 보존하며, 오히려 더 큰 에너지로 증폭시킵니다. 그래서 우리는 더 이상 잘못된 관념과 이데올로기에 사로잡혀 고통받으며 살 이유가 없습니다. 내면이 좋은 것으로 가득 찬 사람은 언제나 무엇을 하든 성공한다는 것이 진실입니다. 이렇게 살아가는 사람은 어떤 일을 해도 성공하며 그렇게 자란 아이 역시 무엇을 해도 성공합니다. 과감하게 패러다임을 바꾸는 것에 망설일 이유가 없습니다. 더 나은 인간성, 존재에 대한 존중, 즐거움과 유쾌함, 사랑과 자비, 감사는 성공으로 가는 힘의 원천입니다.

삶은 에너지의 순환입니다. 그리고 그 에너지가 사랑과 자비, 감사에서 비롯될 때, 삶은 투쟁과 결핍의 공간이 아니라, 나와 타인이 함께 춤추는 축제가 됩니다. 바로 이 지점에서 삶은 본질적인 전환을 맞이합니다. 사랑과 자비, 감사함은 삶의 차력이며, 그 안에서 깨어나는 이성의 힘은 삶을 조율하고, 방향을 정하고, 원하는 세계를 창조하는 힘의 근원입니다. 우리가 왜 그렇게 살아야 하는가에 대한 대답은 이처럼 단순하고도 명확합니다. 그것이 가장 깊고 안정된 삶의 방식이며, 우리를 살아 있게 하고, 즐겁게 하고, 평화롭게 해 주며, 원하는 것을 성숙한 방식으로 수월하게 얻게 해 주는 근원적인 에너지의 흐름이기 때문입니다.

사랑, 자비, 감사, 이성

사랑과 자비, 감사, 이성의 마음은 우리의 삶을 풍성하게 하고 살아 있게 하며 축제의 삶을 만들어 주는 근원의 힘입니다. 하버드 대학교에서 삶을 건강하게 하고 만족스럽게 하는 요소를 75년간 연구한 결과를 발표했는데, 핵심은 인간관계였습니다. 삶의 만족도, 직업적 성공, 심리적 안정과 건강을 결정짓는 가장 핵심적인 요소는 바로 인간관계, 다시 말해 주변 사람들과 얼마나 깊고 진실한 관계를 맺으며 살아왔는가였습니다. 우리의 삶은 곁에 있는 사람들과 어떤 방식으로 연결되어 있느냐에 따라 완전히 달라집니다. 실제로 직장에서 사회적 지지를 받는 사람들은 승진할 확률이 40% 이상 높아진다는 연구 결과도 있습니다(Judge & Bono, 2001). 좋은 관계는 에너지를 절약하고 기회를 여는 삶의 전략이자 실질적인 성공의 열쇠입니다. 그리고 성공적인 인간관계의 핵심은 바로 타인을 대하는 온화한 태도, 즐거운 삶의 방식, 사랑과 자비, 감사의 마음에서 만들어짐을 숱한 연구들이 밝히고 있습니다.

리더십의 세계에서도 마찬가지입니다. 뛰어난 리더는 사람의 감정을 섬세히 읽고, 신뢰를 쌓고, 공감할 줄 아는 사람입니다. 대니얼 골먼(Daniel Goleman)은 사랑, 감사, 겸손, 온화함 같은 긍정적인 감성 지능에 주목하며, 공감 능력과 감성 지능이 뛰어난 리더가 더 깊은 신뢰를 받고, 협업의 질이 높으며, 결국 영향력도 커진다는 점을 주목하여 말합니다(1998). 그런 리더는 함께 있는 것만으로도 조직을 더 따뜻하고 강하게 만들며, 결국 성과로 이어지는 중심이 됩니다.

흥미롭게도, 포춘 500대 기업의 CEO들을 분석한 연구에서도 사랑과 자비와 같은 이타심을 실천하는 리더들이 더 높은 성과를 낸다는 사실이 밝혀졌습니다(Boyatzis et al., 2006). 성공하는 사람들의 깊은 내면에는 따뜻한 인간 이해와 타인을 향한 존중이 자리 잡고 있었던 것이죠.

감사의 힘 또한 무시할 수 없습니다. 에몬스(Emmons)와 매컬레(McCullough)의 연구(2003)에 따르면, 감사하는 습관을 지닌 사람은 긍정적인 사고방식을 유지할 뿐 아니라, 직장에서 승진할 확률도 30~40%나 높았습니다. 감사는 매 순간 삶의 무게를 덜어 내고 기회를 불러오는 마음속 깊은 근육입니다.

그렇다면 행복은 어떨까요? 많은 사람들은 성공한 뒤에야 행복해질 수 있다고 믿지만, 연구 결과는 먼저 행복해야 성공한다는 정반대의 흐름을 보여 줍니다. 심리학자 류보머스키(Lyubomirsky)는 긍정적인 감정 상태를 자주 경험하는 사람일수록 장기적으로 더 큰 사회적 성공과 직업적 성취를 이룬다고 말합니다(2005). 행복은 결과가 아니라 원인, 삶을 성공적으로 이끄는 내면의 연료입니다.

그리고 삶을 이끄는 또 다른 축, 이성적 사고의 힘도 빼놓을 수 없습니다. 스타노비치(Stanovich)는 논리적 사고와 문제 해결 능력을 갖춘 사람이 장기적인 목표를 달성할 확률이 높고, 실제 소득 수준도 20~40% 더 높았다고 밝혔습니다(2009). 깊이 사고하고, 감정에 휘둘리지 않으며, 삶을 스스로 조율할 수 있는 능력이야말로 진정한 실력이죠. 젠거(Zenger)와 포크먼(Folkman)은 사회적 성공을 이룬 상위 10%의 사람들을 분석하며, 그들 대부분이 탁월한 논리적 사고력과 감정 조절 능력을 동시에 지녔다고 밝힙니다(2012). 성공은 결국 냉철함과 따뜻함, 이성과 감성이 균형을 이룰 때 가능합니다.

캐머런(Cameron)과 키자(Caza)는 이러한 개인적 특성이 조직 전체에 미치는 영향을 연구하며, 사랑, 자비, 감사, 이성과 같은 역량을 갖춘 사람들이 조직 내에서 성공할 확률이 70~80% 이상 높아진다는 사실을 밝혔습니다(2002). 이러한 사람들이 주는 긍정의 에너지는 팀워크를 부드럽게 만들고, 협업과 창조성을 촉진하며, 조직 전체의 방향을 바꾸는 힘이 됩니다. 이 모든 연구가 우리에게 건네는 메시지는 명확합니다. 성공은 외부 조건이 아니라, 내면에서 시작된다는 것. 그리고 그 내면은 사랑, 자비, 감사, 그리고 이성이라는 네 가지 마음의 힘을 통해 만들어진다는 것입니다. 이는 오늘날 영적 스승들은 물론 비즈니스계의 세계적 리더들이 강조하는 핵심 가치이기도 합니다. 현대 사회에서 요구하는 성공은 단순한 물질적 성취를 넘어, 더 깊은 인간적 가치를 실현하는 방향으로 변화하고 있기에, 진정한 성공이란 '자신과 타인을 함께 성장시키는 것'에서 완성됩니다.

즐거움과 사랑, 자비, 감사, 그리고 이성의 마음은 성공을 만들어 내는 근원의 힘입니다. 이 근원의 힘으로 세상과 타인을 마주할 때 무의식에 변화가 일어나고 성공을 향한 창조적 자아 이미지가 형성되기 시작합니다. 즐거움과 사랑, 자비, 감사, 그리고 이성의 마음은 성격까지도 바꿀 수 있는 강력한 힘이 있습니다. 사랑, 자비, 감사, 그리고 이성의 마음이 성공의 근원이 된다는 사실은 2009년 이후 전 세계 수많은 학문적 연구와 논문을 통해 반복적으로 확인되어 왔습니다. 그리고 필자가 오랜 시간 진행해 온 "내면 혁명 워크숍" 또한 이 진실을 실증적으로 보여 주었습니다. 자신의 직장, 사업이 부진에 빠지는 큰 원인은 경계심, 경쟁심이 부족해서가 아니라 주변 사람들에 대한 불신과 피해의식, 원망과 비난 같은 부정적 감정 때문입니다. 그러나 이 단순한 진실을 깨닫는 순간, 변화의 문은 열리기 시작합니다. 내면을 사랑, 자비, 감사로 채우겠다는 결심이 일어나는 그때부터 상황은 서서히, 그러나 분명하게 우호적으로 바뀌어 갑니다.

마음이 물질을 만든다

2000년 노벨 생리의학상을 수상한 에릭 캔들(Eric Kandel)의 실험은 뇌에 대한 우리의 오래된 생각을 뒤집어 놓았습니다. 그는 바다 달팽이의 뇌를 통해, 학습과 경험이 뇌의 신경 세포 연결 자체를 변화시킨다는 사실, 신경 가소성(neuroplasticity)에 따른 뇌의 변화를 과학적으로 증명했습니다. 이 실험은 우리의 감정과 사고, 관계 맺는 방식, 내면의 상태가 반복적 훈련과 실천을 통해 얼마든지 변화될 수 있다는 가능성을 확인한 실험이었습니다. 우리의 뇌는 끊임없이 주변 환경과 상호 작용하며 신경망을 조정하고 강화하는데, 우리가 반복적으로 선택하는 감정과 태도가 결국 우리의 뇌 구조를 변화시키는 결정적 요인이 됩니다. 예를 들어, 지속적인 부정적 사고는 편도체(Amygdala)를 과활성화하여 스트레스 반응을 더욱 강화하고, 코르티솔과 같은 스트레스 호르몬의 분비를 증가시킵니다. 이 과정이 반복되면 신경망은 더욱 부정적인 경로를 강화하여 불안과 우울감을 증폭시키며, 결국 만성적인 신체적·정신적 질환으로 이어질 가능성이 높아집니다. 반면, 사랑과 감사, 자비의 감정을 자주 느끼면, 우리의 뇌는 전두엽(Prefrontal Cortex)과 해마(Hippocampus)를 활성화시키며 감정 조절 능력을 향상시킵니다. 이러한 긍정적 감정들은 옥시토신(Oxytocin)과 같은 신경 전달 물질과 신경 영양 인자(BDNF: Brain-Derived Neurotrophic Factor)의 분비를 촉진하여 뇌세포의 성장과 연결을 돕고, 궁극적으로 안정적이고 조화로운 정신 상태를 유지하는 데 기여합니다.

이러한 변화는 뇌는 물론이고, 우리의 생체 시스템 전체에서 유사하게 일어납니다. 신체는 매초 80만 개 이상의 새로운 세포를 생성하며, 이 세포들은 우리가 경험하는 감정과 태도에 반응하여 특정한 성질을 형성합니다. 만약 스트레스와 불안 속에서 세포가 생성된다면, 세포 내 염증 반응과 산화 스트레스가 증가하면서 면역력이 약화될 가능성이 큽니다. 반면, 사랑과 자비, 감사, 이성의 마음을 지속적으로 유지하는 사람들은 신체 내에서 항염증 반응이 활성화되며, 면역 기능이 강화되고 자율신경계가 균형을 이루어 신체적 건강과 정신적 평온이 유지됩니다. 이러한 변화는 생물학적 수준에서 인간의 생명력을 근본적으로 변화시키는 과정입니다. 이러한 원리는 개인의 삶, 직업, 가정 등 우리가 살아가는 모든 영역에서 적용될 수 있습니다. 성공을 원한다면, 세상을 대하는 관점을 사랑과 자비, 감사, 이성의 관점으로 바꾸는 것이 필수적입니다. 우리가 세상을 어떻게 바라보는가에 따라 우리의 신경망이 형성되고, 그 신경망이 다시 우리의 사고와 행동을 결정짓는다는 것이 신경과학적으로 입증된 것이죠.

똑똑하고 빈틈 없는 명숙 씨

배명길(가명) 씨는 똑똑하고 영리하고 빈틈이 없는 사람입니다. 그는 한국 태생으로 젊은 시절 미국으로 건너가 독학으로 대학을 졸업하고서 월가에서도 실력을 인정받은 유능한 펀드 매니저가 되었습니다. 그런 그가 한국에 돌아와 얻은 별명은 '일본도'입니다. 자신의 기준에서 벗어나는 것은 그냥 지나치지 못하고 반드시 바로잡아야만 직성이 풀리는 사람이라 얻은 별명입니다.

그는 최고 수준의 교육을 받은 것과 최고의 경력에 대한 자부심이 대단했습니다. 그의 경력은 자신의 기준이 항상 바르고 옳은 것임을 확신하게 만들었습니다.

날카롭고 엄격한 기준으로 인해 세상사 대부분의 일들이 그를 화나게 합니다. 특히 한국 은행들의 전근대적인 시스템에 분개하는데, 한국 투자 업계에 대한 비판을 입에 달고 살았습니다. 그는 자신이 다니는 봉사단체의 운영도 맘에 들지 않자 소송을 제기하였습니다. 대화 중 증거를 남긴다며 불쑥불쑥 녹음을 하여 사람들을 당황스럽게 하곤 합니다. 그의 똑똑함은 어디서든 문제점을 찾아내며, 그 문제점을 해결해야만 직성이 풀립니다. 그는 고소와 고발을 좋아합니다. 손볼 사람들이 많은 거죠. 사람들이 베푸는 호의도 의심 어린 눈으로 바라봅니다.

그의 사무실을 방문했다가 전화상 사소한 실수를 한 거래처 여직원을 20분 넘게 혼을 내는 광경을 목격한 적이 있었습니다. 직원들도 그 통화를 고스란히 들었고 모두 겁에 질렸습니다. 평소 배명길 씨를 볼 때마다 느껴졌던 불편함과 인색함, 냉정함, 싸늘함이 어떤 식으로 조직의 분위기를 경직되게 하는지 짐작할 수 있었습니다. 그런 그의 성격을 아는 사람들은 그를 피하려고 합니다. 회사도 그런 그를 부담스러워했습니다.

그런 그의 기질은 타인만 아니라 본인의 삶도 힘들게 했습니다. 그는 젊은 나이 때부터 위염을 앓았고, 40대 초반에 혈압 계통에 문제가 발생했으며, 50대 초반에 심장에 문제가 생기면서 여러가지 노인병 관련 증상들이 나타

> 나기 시작했습니다. 그의 뇌는 부정적인 마음의 지휘를 받아 그에 적합한 신경 통로를 계속 강화시켜 나갔습니다. 몸도 그에 맞게 온갖 질병을 만들어 냈습니다. 그의 몸은 매초 80만 개의 세포들을 분노와 화로 만들어 냅니다. 50대 후반인 사람이 70대의 몸이 되었고, 더 이상 일할 수 없는 몸이 되었습니다.

많이 웃고 즐겁게 살기

많이 웃고 즐겁게 살면, 삶에 문제가 생길까요? 많이 웃고 즐겁게 살면, 지금 하는 일이 안 풀리고 심각함이 늘어나고 인간관계가 더 나빠질까요? 우리는 태어나면서부터 경쟁하는 법을 배웠습니다. 더 빨리, 더 많이, 더 높이 올라가야 한다는 강박 속에서 노력하고, 쟁취하고, 살아남는 법을 배웠습니다. 손해 보지 않기 위해서 계산하는 습관도 너무나 자연스러워졌습니다. 그러나 정작 가장 단순하면서도 가장 본질적인 삶의 지혜, 즉 웃고 즐겁게 살아야 삶이 풀리고 성공한다는 사실은 누구도 가르쳐 주지 않았습니다. 삶은 힘겨운 노력보다 웃음에 반응합니다. 심각한 얼굴로 버티며 얻은 결과보다 가벼운 웃음과 즐거움 속에서 흘러 들어온 선물이 훨씬 크고 풍성합니다. 세상은 우리에게 끊임없이 자원과 선물을 흘려보내고 있습니다. 그러나 그 문을 여는 열쇠는 열심과 경쟁이 아니라, 바로 웃음과 즐거움입니다. 웃음은 분위기를 단번에 바꾸고, 즐겁게 사는 사람 곁에는 사람과 기회가 저절로 모여듭니다. 마치 태양이 떠오르면 만물이 피어나듯, 웃음과 즐거움은 삶의 모든 길을 풀어주는 빛과 같습니다. 많이 웃고 즐겁게 사는 것, 그것은 사랑, 자비, 감사, 이성의 마음과 더불어 삶을 움직이는 근본적인 힘입니다. 내면 혁명에서 강조하는 여덟 번째 법칙이 바로 그것이며, 결국 삶을 축제로 풀어내는 강력한 열쇠입니다. 억압된 사회에서 많이 웃는 사람은 이상한 사람이 되었고 심각함과 진지한 사람이 정상으로 취급받았습니다. 경쟁위주의 교육은 이런 관념을 더욱 부채질했고, 사회는 그것을 도덕이라 믿게 했습니다. 그렇게 우리는 스스로 웃음을 억눌렀고, 즐거움을 감췄으며, 삶을 견뎌야 할 무게로 받아들였습니다. 꽃도, 물도, 새도, 바람도 심각하지 않습니다. 삶은 본래 가벼운 놀이와도 같은데, 우리는 습관처럼 그것을 무겁고 복잡한 문제로 바꾸어 버립니다. 그래서 즐길 수 있는 순간조차도 해결해야 할 과제로 느끼며, 마음은 늘 긴장과 부담 속에 머물게 됩니다. 그러나 삶은 애초에 풀어야 할 숙제가 아니라, 한순간 한순간을 경험하고 누리도록 주어진 무대입니다.

웃는다는 행위, 즐거움을 느낀다는 감각은 존재의 본질과 깊이 연결되어 있으며, 그것은 영적인 행위입니다. 즉 많이 웃는다는 것은 존재의 흐름을 신뢰한다는 뜻이며, 즐겁게 살아간다는 것은 지금 이 순간의 충분함을 인정하는 태도입니다. 일이 풀리지 않는 이유는 심각하기 때문이고, 관계가 멀어지는 이유는 즐거움이 없기 때문입니다. 웃음은 언어 이전의 진실이며, 즐거움은 철학 이전의 지혜입니다. 웃음을 잃어버린 철학과 종교는 인간을 설명할 수 없고, 즐거움을 부정하는 종교와 관념은 삶을 인도할 수 없습니다. 삶은 애초에 문제나 과제가 아니라 경험되어야 할 축제이며, 노래이며, 춤입니다. 죄의식을 주입하거나 자신을 억압하며 웃지 못하게 만드는 사회 구조와 사상을 의심해야 하며, 즐거움을 억누르는 가르침은 의심해 보아야 합니다. 종교와 철학은 고통에 의미를 부여하는 것이 아니라, 삶을 있는 그대로 바라보는 방편이며, 그 속에서 웃음과 즐거움을 회복하게 하는 데 복무해야 합니다. 웃으며 살아가는 삶, 그것이야말로 가장 깊고 지혜로운 삶입니다.

심각함은 즐거움의 부재이고, 고통은 기쁨의 부재이며, 괴로움은 환희의 부재, 분노는 감사함의 부재입니다. 그래서 삶을 즐거움, 기쁨, 환희, 감사함으로 채우면, 그런 것들은 모두 사라집니다. 삶은 축제이며, 축제는 언제나 준비되어 있습니다. 삶은 우리에게 끝없는 인연과 경험을 선물하며, 씨줄과 날줄이 엮이듯 새롭게 펼쳐지는 잔치를 만들어 내고 있었습니다. 하늘은 수많은 변화와 형형색색의 얼굴로 우리를 반기고, 나무는 바람에 몸을 흔들며 노래하고, 새들은 아침마다 생명을 찬미하는 노래를 부릅니다. 햇살은 따뜻하게 우리의 어깨를 감싸고, 바람은 부드러운 손길로 우리의 머리카락을 스칩니다. 일상에서 만나는 사람들은 너무도 많은 일과 사건으로, 삶을 풍성하게 합니다. 삶은 우리를 위해 너무도 많은 것들을 준비해 놓고 우리가 들어와 주인공이 되어 주기를 기다리고 있습니다. 많이 웃고 즐겁게 사는 삶이야말로 최고의 삶입니다. 한걸음이면 족합니다. 한걸음 옆으로 옮기는 순간, 삶의 심각함과 무거움은 자연스럽게 녹고, 삶은 그간 한 번도 경험하지 못한 빛과 향기로 진동하기 시작할 것입니다.

많이 웃고 즐겁게 사는 것은 성공으로 향하는 여덟 번째 법칙입니다. 저는 수년간 진행해 온 "내면 혁명 워크숍"에서 웃음과 즐거움이 사람들의 내면을 어떻게 확장시키는지를 수없이 목격해 왔습니다. 무의식의 굴레에서 깨어나도록 이끄는 힘은 백 마디의 말보다도 환한 웃음 한 번이 훨씬 더 강력합니다. "내면 혁명 워크숍"의 과정 속에서 억눌린 몸과 마음이 풀리고, 웃음을 되찾은 사람들이 보여 주는 변화는 언제나 경이롭습니다. 웃음은 새로운 삶의 시작을 알리는 신호입니다. 즐거움과 기쁨도 성공과 성장의 강력한 원천 중 하나입니다. 많이 웃고 즐겁게 사는 것이 모든 것을 순조롭게 하는 시작입니다. 어떤 순간에도 위축되지 말고 움츠리지 마세요. 즐거울수록, 즐길수록 삶은 당신을 돕고, 원하는 길로 이끌 것입니다. 바보처럼 미루지 마세요.

내가 먼저 변했더라면

젊은 날, 나는 뜨거운 태양처럼 세상을 바꾸리라 다짐했네.
불타오르는 열정으로 세상을 흔들고,
정의와 신념으로 변화를 일으키려 했지.
그러나 세상은 거대한 산처럼 미동조차 하지 않았네.
아무리 소리쳐도, 아무리 애써도,
그저 그 자리에서 묵묵히 나를 바라볼 뿐이었지.

그래서 나는 시야를 좁혀 나라가 아닌 가까운 사회를 바꿔 보려 했네.

이웃에게 따뜻한 말 한마디를 건네고, 함께 더 나은 길을 찾으려 했지.
하지만 사람들은 바람처럼 스쳐 지나갔고,
잠시 흔들리다 다시 제자리로 돌아갔네.
마치 바다 위에 떨어지는 빗방울처럼, 흔적도 없이 사라져 갔네.

그래서 나는 더 가까운 곳을 바라보았네.
가족에게 손을 내밀고, 사랑하는 이들을 변화시키려 했지.
내가 그들을 바꾼다면, 이 작은 울림이 퍼져 나가
결국 세상을 변화시킬 것이라 믿었네.
그러나 그들조차도 변하지 않더군.
오히려 더 완고하게, 더 깊이 익숙한 삶 속에 머물렀네.

그러던 어느 날, 나는 지쳐 멈추었네.
더는 누구를 바꾸려 하지 않고, 더는 세상을 붙잡으려 하지 않고,
그저 내 안을 들여다보기 시작했지.
그리고 그제야 깨달았네.
세상을 바꾸려면, 세상을 향해 손을 뻗기보다
내 안의 세상을 먼저 바라봐야 한다는 것을.
나는 나를 바꾸었네.
화를 내려놓고, 불평을 멈추고, 사랑을 먼저 실천하며
이해하고 기다리며 조용히 나를 다듬어 갔지.

> 그랬더니 놀랍게도 가족이 변하기 시작했네.
> 그들이 나를 따라 웃었고, 나를 따라 따뜻해졌고,
> 나를 따라 세상을 바라보았네.
> 아하, 죽음에 이르러서야 깨달았네.
> 처음부터 내가 먼저 변했다면, 가정도 변하고, 사회도 변하고,
> 세상 또한 조금씩 조금씩 달라졌을 것을.
>
> 이제야 나는 알겠네.
> 세상을 바꾸려면, 내 안의 빛을 먼저 밝혀야 한다는 것을.
> 그 빛이 퍼져 나가고, 또 다른 빛을 밝혀 주며,
> 결국 온 세상을 환히 비출 것이라는 것을.
> 변화는 나로부터 시작되어야 하는 것이었네.

지금 있는 곳에서 활짝 피어나기

우리는 종종 현실에서 도망치고 싶어집니다. 현재의 삶이 답답하고, 지금의 환경이 버겁고, 어딘가 더 나은 곳이 있을 것만 같은 생각이 듭니다. '이곳을 떠나면 더 나은 기회가 있을까?', '지금보다 더 좋은 환경에서 다시 시작하면 성공할 수 있을까?', '이곳은 나와

맞지 않아. 어딘가 나에게 더 맞는 곳이 있을 거야.' 그렇게 우리는 도망칠 이유를 찾고, 더 나은 세상이 어딘가 있을 거라는 희망 속에서 현재를 부정합니다.

한 가지 질문을 던져보세요. 정말 새로운 곳으로 가면 모든 것이 달라질까요? 다른 곳에 가도 상황은 변하지 않습니다. 문제는 환경이 아니라 '내면의 패턴' 때문입니다. 자신이 하는 일을 하기 싫은 노동으로서 하는 사람은 퇴근 이후에도 우울한 시간을 보냅니다. 자신이 하는 일을 즐거운 마음으로 하는 사람은 퇴근 이후의 시간도 즐겁게 보냅니다. 그것은 하나의 태도에서 만들어집니다. 내면이 바뀌지 않는 한 어디를 가도 같은 갈등이 생기고 같은 문제가 반복됩니다. 도망친다고 삶이 달라지지 않습니다. 새로운 장소, 새로운 관계, 새로운 환경이 변화를 가져올 것이라 믿지만, 세상과 타인을 대하는 내면의 태도와 시선이 바뀌지 않는 한, 결국 같은 상황이 반복될 뿐입니다. 도망치는 것은 일시적인 위로일 뿐, 늘 같은 문제가 자신을 따라와 똑 같은 세상을 반복하죠. 우리가 바꾸어야 할 것은 환경이 아니라, 나의 성장입니다.

삶은 도망치는 사람에게서 숨고, 마주하는 사람에게 길을 열어 줍니다. 지금 있는 곳이 당신이 있을 곳입니다. 지금 있는 곳에서 활짝 피어나야 합니다. 어리석은 사람은 언제나 자신이 원하는 일만 하려 합니다. 그래서 그들의 마음은 늘 불만족과 짜증, 불행 속에 머물게 됩니다. 반면 지혜로운 사람은 자신이 마주한 일은 그게 무엇이든 즐겁게 받아들입니다. 의식이 깨어나지 않는 한 무엇을 해도 하기 싫은 노동이 됩니다. 의식이 깨어난 사람은 무엇을 하든 즐거움으로 마주합니다. 성공이란 완벽한 환경을 찾아내는 것이 아니라, 어디에 있든 성장의 기회를 만들어 내는 능력에서 비롯됩니다. 세상의 모든 씨앗은 환경을 가리지 않습니다. 돌 틈에서도 자라나고, 거친 땅에서도 뿌리를 내리죠. 단단한 돌 위에 떨어진 씨앗은 흙을 찾아 뿌리를 깊이 내리고, 바람이 거센 곳에서도 줄기를 곧게 세웁니다.

꽃은 장소를 탓하지 않습니다. 바위틈이든, 바람 거센 언덕이든, 햇살 한 줄기만 닿을 수 있다면, 그곳에서 조용히 피어납니다. 마치 그곳이 가장 아름다운 자리인 듯, 주어진 조건을 원망하지 않고 있는 곳에서 정성을 다해 꽃잎을 펼칩니다. 꽃이 그럴 수 있으면 당신도 그럴 수 있습니다. 더 좋은 때, 더 나은 환경을 기다리며 머뭇거릴 필요가 없습니다. 지금 있는 자리, 지금 주어진 삶의 무대가 바로 당신이 피어나야 할 곳입니다. 조건이 완벽하지 않아도 괜찮습니다. 세상은 이미 당신의 꽃피움을 기다리고 있습니다.

문제가 아니라 마음이 열릴 때, 당신은 그 자리에서 가장 빛나게 피어날 수 있습니다. 당신이 있는 곳이야말로, 당신에게 주어진 가장 값진 수련의 장입니다. 당신이 지금 마주하는 관계, 지금 부딪히는 현실, 지금 느끼는 감정들, 이 모든 것이 당신을 성장시키고 풍성함을 만들어 줍니다. 그러니 도망치지 마세요. 당신이 있는 그 자리를 기회의 장으로 만들어 보세요. 지금 있는 곳에서 피어나세요. 지금 있는 곳에서 활짝 피어나 즐거움과 기쁨으로 주변을 물들이며 축제의 장을 만들어 보세요. 당신의 존재를 한껏 발현해 보세요.

"지금 있는 곳에서 활짝 피어난다"는 내면 혁명의 아홉 번째 법칙이자, 모든 과정을 마무리하는 마지막 선언입니다. 이 짧은 문장은 단순한 가르침이 아니라, 하나의 결실이자 축복처럼 수많은 사람들의 삶을 새롭게 바꾸어 놓았습니다. "내면 혁명 워크숍"에서 이 법칙을 만난 이들은 공통적으로 말합니다. "내가 서 있는 자리가 척박하고 힘겨워 보였지만, 그곳이야 말로 나를 키우고 빛나게 하는 자리였다." 그들이 도망치고 싶었던 자리, 외면하고 싶었던 현실이 사실은 자신을 꽃피우게 하는 땅이었음을 깨닫게 된 것입니다. 무거움과 고통으로만 느껴지던 순간이 더 이상 짐이 아니라, 꽃을 피우기 위한 씨앗의 흙이었음을 알게 된 것이지요.

이 법칙은 멀리 있는 행복을 좇게 하지 않습니다. 다른 사람의 삶을 따라가게 하지도 않습니다. 오히려 지금 이 자리, 이 순간, 내가 걷고 있는 이 길 위에서 활짝 피어나라고 일깨워 줍니다. 오늘의 불완전함 속에서도 우리는 이미 충분히 빛날 수 있다는 사실을 알려 줍니다. 꽃이 다른 꽃을 따라 피지 않듯, 우리도 각자의 자리에서 고유한 빛을 내며 살아가야 합니다. 지금 있는 곳에서 활짝 피어날 때, 우리는 삶과 하나가 되고 세상은 우리를 통해 새로운 색으로 물들어 갑니다. 그래서 이 아홉 번째 법칙은 내면혁명의 마지막이자, 모든 길의 완성이 됩니다.

지금 있는 자리가 내가 있어야 할 자리였어요

김진희 / 45세 / 벤처기업 임원

요즘 명상의 중요성이 점점 커지고 있는 것 같아요. 세계적인 기업을 만든 많은 경영자들이 명상을 한다는 걸 보고 언젠가는 나도 명상을 해야겠다는 생각을 하곤 했어요. 하지만 바쁘다는 이유로 계속 미뤘죠. 저는 현재 개인 정보 보호에 취약한 결제 시스템의 문제를 해결하는 기술을 개발하는 회사에서 임원으로 일하고 있어요. 그리고 나스닥 상장을 앞두고 있습니다.

정말 오랜 시간 정신없이 달려왔어요. 숨 돌릴 틈도 없이 일에 매진했죠. 그런데 어느 순간, '이렇게 계속 달리기만 해도 괜찮을까?' 하는 생각이 들었어요. 삶을 돌아보고 쉼표 하나 찍는 시간이 필요하다고 느꼈을 때, 내면 혁명 워크숍을 알게 됐어요. 그리고 2박 3일 동안 저 자신에게만 온전히 집중하는 시간을 가졌죠.

가장 좋았던 점은 마음이 편안해졌다는 거예요. 저는 지금까지 열심히 달리는 법은 잘 알았지만, 어떻게 즐겁게 살아야 하는지는 잘 몰랐던 것 같아요. 명상과 의식 각성이 경영에도 정말 큰 도움이 된다는 걸 깨달았어요. 경영을 하다 보면 다양한 감정의 파도에 휩쓸릴 때가 많아요. 때로는 긴장감이 극도로 올라가기도 하고, 예상치 못한 문제들로 스트레스가 쌓이기도 하죠.

그런데 워크숍을 통해 그 감정의 흐름을 잠재우고 고요한 중심을 유지하는 법을 배웠어요. 덕분에 제 일을 훨씬 더 차분하고 효과적으로 할 수 있게 됐어요.

특히 가장 크게 배운 것 중 하나가 에너지 관리의 중요성이에요. 우리의 몸과 마음은 하나의 에너지 시스템이고, 이 에너지를 어떻게 관리하느냐가 삶의 질을 결정하는 아주 중요한 요소더군요. 무의식적으로 감정에 휘둘려 에너지를 낭비하면, 삶이 풀어야 할 숙제처럼 느껴지죠. 하지만 그런 감정이 올라올 때, 그것을 있는 그대로 바라보고 보내면, 더 이상 감정이 내 에너지를 갉아먹지 않는다는 걸 배웠어요.

예전에는 작은 일에도 쉽게 짜증이 나고 화가 났다면, 이제는 화를 낼 이유가 많이 없어졌어요. 그리고 나를 힘들게 하는 일들도 결국 삶을 풍성하게 만드는 소재라고 생각하게 되니, 자연스럽게 감정의 동요 없이 받아들이게 되더라고요. 그렇게 감정적으로 흔들리는 순간들이 점점 줄어들었어요.

워크숍 후 신기한 변화가 생겼어요. 답답하거나 짜증 나는 일이 줄어들었어요. 사실 일이 줄어든 건 아닌데, 제가 그것을 대하는 방식이 달라진 거죠. 제 의식이 성장했다는 걸 실감했어요. 의식이 성장하면, 똑같은 일을 해도 이전과는 전혀 다른 방식으로 할 수 있다는 걸 이번에 깨달았어요.

제가 일하는 회사에는 정말 스마트하고 경력도 훌륭한 사람들이 많아요. 이분들이 각자의 업무에 집중할 수 있도록 환경을 조성하는 일, 경영진의 의사 결정을 원활하게 조율하는 과정, 기술 개발과 실용화에 따른 외부 전문가의 협의 등 제가 신경 써야 할 일이 정말 많아요. 이런 과정에서 자연스럽게 스트레스가 쌓이죠. 사실 저는 원래 무던한 성격이라 잘 참고 견디는 편이에요. 그런데 아무리 참고 견뎌도 스트레스는 계속 누적되더라고요. 결국 어느 순간 저도 힘들어졌어요. 그런데 워크숍 이후 스트레스를 대하는 태도가 달라졌어요.

이제는 감정을 억압하는 것이 아니라, 감정을 바라보고 그것을 삶을 더 풍성하게 만드는 재료로 활용하는 법을 실천하고 있어요. 스트레스를 밀어내려는 게 아니라, 있는 그대로 인정하고, 그 에너지를 어떻게 보낼 것인지 스스로 조율하는 거죠.

> 지금의 이 자리가 분명 힘들 때도 있지만, 제가 있어야 할 자리라는 것, 지금 이 순간이 내 삶이 펼쳐지는 소중한 자리라는 것, 그리고 이 모든 경험이 나를 더 성장시키는 기회라는 것을 다시금 깨닫게 됐어요.
>
> 이제는 하루하루를 그냥 보내는 것이 아니라, 진짜로 살아간다는 느낌이 들어요. 내가 어디에 있든, 어떤 상황을 마주하든, 이 순간을 어떻게 경험하느냐가 결국 내 인생을 결정한다는 것. 그 사실을 온몸으로 느끼게 된 것이 내면 혁명에서 얻은 가장 소중한 선물이예요.

욕망을 억압하지 말라

너무도 많은 가르침들이 욕망을 억누르라고 말해 왔습니다. 우리는 그 가르침에 따라 욕망을 부끄러워하며 살아왔습니다. 마치 그것이 죄라도 되는 양 감추고 억제하며, 그것을 참아 내는 것이 미덕이라 배워 왔지요. 욕망을 다스리는 것이 성숙이고, 충동을 억제하는 것이 바른길이라 여겼습니다.

하지만 그렇게 억눌러진 욕망은 과연 사라질까요? 아니면 보이지 않는 어둠 속에서 더 단단히 웅크린 채, 축적되어 쌓이고 있을까요? 억눌린 욕망은 마치 강물의 흐름을 인위적으로 막아 놓은 것과도 같습니다. 억제할수록 아래에서는 압력이 쌓이고, 어느 순간 제어할 수 없는 폭발로 나타납니다. 우리는 그 폭발이 두려워 더 견고한 댐을 쌓고, 더 깊숙이 욕망을 가둡니다. 그리고 그 억제를 유지하는 데 에너지를 쏟아붓습니다. 욕망과 싸우면 삶에서 생기가 사라지고 무거워지고 심각해지며, 결핍감에 시달리게 됩니다. 어떤 이는 말합니다. 행복하려면 즐거움도 조심해야 한다고, 큰 기쁨을 누리면 그만큼의 대가를 치러야 한다고…. 심지어는 엄숙하고 고요하게 살아야 복을 받는다고도 가르칩니다. 하지만 그렇게 모든 생의 빛깔을 지운 채 나무토막처럼, 돌맹이처럼 사는 게 삶의 목적일까요? 욕망은 죄가 아닙니다. 욕망은 살아 있음의 증거이며, 삶의 움직임을 만들어 내는 에너지입니다. 생명은 흐르는 강물과도 같고, 욕망은 그 물줄기를 밀어 주는 바람과도 같습니다. 욕망을 없애려 한다는 것은 곧 그 흐름을 막는 일이며 삶을 정체시키는 일입니다. 욕망은 더 넓은 세상을 향한 호기심이며, 더 경험하고자 하는 열망입니다. 그것은 존재의 가능성을 확장시키는 본능적인 흐름입니다.

세상을 바라보면 이 진실은 너무도 분명합니다. 자연은 결코 자신의 욕망을 억압하지 않습니다. 강물은 자신을 제한하지 않고 흐르고, 바람은 주저함 없이 불며, 꽃은 한 치의 망설임 없이 피어납니다. 태양은 스스로 빛나기를 멈추지 않고, 자연의 모든 존재는 자기 본성에 충실하게 살아갑니다. 어느 것도 "너무 많이 피어나면 안 돼", "너무 크게 흘러가면 벌을 받을 거야"라고 하지 않습니다. 문제는 욕망 그 자체가 아니라, 그것에 집착하는 데서 시작됩니다. 움켜쥐고 소유하려 할 때, 욕망은 범람하는 홍수가 되어 우리를 휩쓸어 버립니다. 그러나 집착 없이 강물처럼 흐르게 하면, 욕망은 삶에 열정을 불어넣는 원동력이 됩니다. 강물은 자신이 가야 할 길을 욕심 내지 않습니다. 굽이치고, 잠시 멈추고, 때론 거칠게 흐르며, 결국은 바다에 이르는 법을 압니다. 욕망도 그러합니다. 집착 없이 자연스럽게 흐르게 하면 삶을 생동감 있게 만듭니다. 사랑을 향한 욕망, 성장에 대한 열망, 성공에 대한 갈망, 부와 명예에 대한 바람, 이 모든 것은 인간적입니다. 욕망은 우리를 움직이게 하는 힘입니다. 억제하거나 판단하지 말고 스스로 흐르도록 두면, 욕망은 점점 더 투명해지고 그 안에서 삶은 깊어지며 풍요로워집니다. 억제된 욕망은 병이 되지만, 자유롭게 흐르는 욕망은 생명이 됩니다.

있는 자는 더 얻고 없는 자는 빼앗기리라

오래된 경전에 "무릇 있는 자는 받겠고, 없는 자는 그 있는 것도 빼앗기리라"라는 구절이 있습니다. 이 짧고도 강렬한 문장은 단순한 종교적 교훈을 넘어, 삶을 관통하는 깊은 진실을 담고 있습니다. 이는 곧 의식이 깨어난 사람, 내면의 눈을 뜨고 삶의 흐름과 조화를 이루며 살아가는 사람은 점점 더 풍요로워지지만, 무의식 속에 머물며 에너지의 법칙을 거스르고 사는 사람은 결국 자신이 가진 것마저 잃게 된다는 두려운 경고이기도 합니다. 성인들이 남긴 가르침은 결코 과거에 머물러 있는 이야기가 아닙니다. 그것은 시대를 초월하는 생생한 진리이며, 교회나 절, 사원 안에만 갇혀 있는 장식품이 아닙니다. 그들의 가르침은 지금 이 순간에도 여전히 유효한 삶의 원리이며, 현대의 자본주의 사회에서도 분명하게 작동하는 살아 있는 법칙입니다. 돈과 성공, 관계와 건강, 그 어느 영역이든 결국 그 안을 움직이는 건 '에너지의 상태'이며, 그 에너지를 다루는 자의식의 수준입니다.

무엇이 풍요를 불러오는가? 깨어 있음입니다. 무엇이 상실을 불러오는가? 무의식적인 삶입니다. 이는 결코 운명도, 외부의 탓도 아닙니다. 지금 나의 상태, 나의 선택, 나의 내면의 진동이 모든 결과를 만들어 내고 있습니다. 결국 가진 자가 더 갖게 되는 것은 그가 이미 '받을 준비가 된 존재'이기 때문이며, 없는 자가 그나마 가진 것마저 잃게 되는 것은 자신도 모르는 사이 삶의 흐름과 어긋나 있기 때문입니다.

이 진리는 단 한 순간도 멈추지 않고 작동하고 있으며, 그 작동은 누구도 피할 수 없는 법칙입니다. 성인들이 전한 말들은 우리가 단지 경외심으로 바라보는 옛 이야기가 아니며 그것은 오늘을 살아가는 우리에게 '지금 여기서 어떻게 살아야 하는가'를 말해 주는 가장 실제적이고도 실천적인 안내입니다. 그 가르침은 우리의 지갑과도, 사랑과도, 건강과도 연결되어 있으며, 존재의 근원을 향해 우리를 이끌어 가는 살아 있는 길입니다.

그 무엇도 당신을 해치지 못한다

인간은 오랜 세월 동안 가장 억압받는 존재로 살아왔습니다. 자연의 일부로 태어났지만, 자연의 흐름을 거슬러 스스로를 통제하고 억누르며 문명을 쌓아 올렸습니다. 반면, 새들은 인간보다 훨씬 더 자유롭게 살아갑니다. 울타리를 만들지 않고, 시계에 쫓기지 않으며, 바람을 거스르지 않고 그저 흐름을 따릅니다. 아침이 밝아오면 스스로 노래하고, 바람이 불면 따라 날며, 비가 오면 조용히 깃을 접습니다. 그들은 자연과 하나 되어, 저항 없이 조화롭게 살아갑니다. 태양은 나무에게 "일어나라, 밤이 갔다"라고 말하지 않습니다. 새들의 둥지를 찾아다니며 "노래하라, 아침이 왔다"라고 일깨우지도 않습니다. 하지만 나무는 저절로 가지를 펼치고, 새들은 제때에 노래를 시작합니다. 그것은 외부의 명령 때문이 아니라, 그 안에 살아 있는 자연의 본성이 이끄는 길이기 때문입니다. 억지로가 아니라, 저절로 그렇게 됩니다. 두려움이나 의무감이 아니라, 기쁨과 축복에서 비롯된 자연스러운 움직임입니다.

자연은 억누르지 않습니다. 판단하지 않고, 강요하지도 않습니다. 그저 제 흐름에 따라 존재를 피워 냅니다. 그러나 인간은 오랫동안 자기 안의 생명을 믿지 못한 채, 제도와 도덕, 종교와 체제 속에서 스스로를 옥죄며 살아왔습니다. 자유롭게 웃지 못하고, 마음껏 노래하지도 못했습니다. 그렇게 인간은 가장 통제된 생명체가 되었습니다. 그럼에도 불구하고, 인간 안의 본성은 아직 살아 있습니다. 아무도 말하지 않아도, 무엇을 하라고 지시하지 않아도, 존재는 스스로 춤추고 노래할 수 있도록 만들어져 있습니다. 꽃이 저절로 피어날 수 있다면, 인간도 그렇게 할 수 있습니다. 그것이 생명의 본래 모습이며, 억압 없는 진정한 자유의 시작입니다. 어떤 시련도, 감정의 소용돌이도, 예기치 못한 고난도, 결국 당신을 무너뜨릴 수 없습니다. 해침을 당하는 순간이 있다면, 그것은 당신이 무의식에 빠져 있을 때일 뿐입니다. 그러나 깨어 있는 지금, 더 이상 그 무엇도 당신을 해칠 수 없습니다. 걱정하거나 두려워하지 마세요. 무언가를 끊임없이 증명하려 애쓰지 마세요. 즐거움이면 충분합니다. 나머지는 삶이 자연스럽게 이끌어 줄 것입니다. 삶은 본래 단순합니다. 지금 이 순간을 온전히 살아가는 것, 그것이면 충분합니다. 우리가 삶을 어렵게 대하지 않는다면, 삶도 우리를 어렵게 하지 않습니다. 성공 또한 마찬가지입니다. 중요한 것은 내면을 변화시키고, 자신의 에너지를 자연스럽게 흐르게 하는 일입니다. 그렇게 흐름에 몸을 맡기면, 모든 것이 조화를 이루게 됩니다. 전체적인 삶을 살고, 매 순간을 깊이 살아갈 때, 언제나 안전합니다.

그 무엇도 당신을 해치지 못합니다. 당신이 무의식에서 깨어난 순간, 세상의 그 어떤 힘도 더 이상 당신을 무너뜨릴 수 없습니다. 질병은 영혼을 꺾을 수 없고, 경제적 어려움도 길을 가로막지 못하며, 사업의 실패조차 존재 자체를 무너뜨릴 수 없습니다. 외부의 조건은 단지 지나가는 바람일 뿐, 깨어 있는 의식 앞에서는 결코 본질을 흔들 수 없습니다. 당신은 언제나 전체의 보호 속에 있습니다. 눈에 보이지 않는 더 큰 힘이 늘 곁에 있으며, 우주와 생명의 근원도 이미 연결되어 있습니다. 진정한 위험은 단 하나뿐입니다. 무의식에 빠져 자신을 잃고 두려움과 잘못된 관념에 사로잡힐 때입니다. 그 순간에만 우리는 스스로를 해치게 됩니다.

그러나 의식이 깨어난 자를 무너뜨릴 수 있는 것은 아무것도 없습니다. 기억하세요. 당신은 결코 연약한 존재가 아닙니다. 당신 안에는 꺼지지 않는 빛이 있습니다. 그 빛은 누구도 꺼뜨릴 수 없고, 어떤 상황도 가릴 수 없습니다. 지금 이 순간 당신이 해야 할 일은 단 하나, 무의식에서 깨어나 즐거움과 유쾌함, 사랑과 자비, 감사의 마음으로 당당히 자신의 삶을 살아가는 것입니다. 더 많이 웃고 춤추며, 더 많이 노래하고 사랑하며 나누십시오. 그럴수록 더 큰 풍성함과 더 깊은 경험이 당신에게 선물처럼 다가올 것입니다. 당신은 이미 보호받고 있으며, 충분히 강하고, 결코 무너지지 않는 존재입니다. 그 무엇도 당신을 해치지 못합니다. 오직 당신이 깨어날 때, 이 진실은 당신의 전부가 됩니다. 온전히 깨어 있는 삶 속에서, 삶은 언제나 기쁨과 평온을 선물할 것입니다. 억지로 애쓰지 않아도, 모든 것이 수월하게 풀려 나갈 것입니다. 당신이 편안할수록 삶도 더 넉넉한 길을 내어 줄 것입니다. 당신이 머무는 곳이 어디든, 직장이든, 사업이든, 가정이든, 그 모든 공간을 즐거움으로 채우세요. 삶을 축제로 만드세요. 당신이 빛나면, 세상도 자연스럽게 함께 빛날 것입니다. 당신이 평온하면, 세상도 당신에게 평온을 건넬 것입니다.

조르바 붓다, 조르바 예수의 혁명

한때 세상에는 평화와 사랑, 고요와 기쁨으로 충만한 이들이 있었습니다. 그들의 존재는 마치 봄날의 햇살처럼 따스했고, 곁에 있는 것만으로도 마음이 편안해졌습니다. 그러나 그들은 세상을 바꾸지 않았습니다. 혁명가가 되지 못했습니다. 그것은 인류에게 조용하지만 깊은 상실이었습니다. 그들은 넘치는 연민과 사랑, 충만한 내면의 기쁨 속에서도, 그 안에서 세상을 변화시킬 힘이 솟아날 수 있으리라 믿지 못했습니다. 미래에 대한 또렷한 비전 없이, 내면의 평화에 머무르다 조용히 산으로 들어갔습니다. 세상을 떠난 것이 아니라, 세상을 등졌던 것입니다. 한편, 구조적 착취와 잘못된 제도에 불타오르는 분노를 에너지 삼아 세상을 흔들던 또 다른 이들이 있었습니다. 우리는 그들을 '혁명가'라 불렀습니다. 그들은 세상의 부조리와 불의에 맞서 싸웠지만, 그들의 마음에는 고요가 없었습니다. 자비를 알지 못했고, 연민의 눈으로 인간을 바

라보지 않았으며, 그들 안에는 진정한 침묵이 깃든 적이 없었습니다. 분노에서 시작된 그들의 투쟁은 결국 더 큰 분노와 폭력으로 되돌아왔습니다. 그들이 외친 새 세상은, 사실 오래된 상처 위에 덧씌운 또 다른 이름이었을 뿐이었습니다. 손에는 깃발이 있었지만, 가슴에는 생명을 품은 씨앗이 없었으며, 수많은 생명들을 죽음으로 몰아넣었습니다.

왜 고요한 이들은 침묵 속으로 사라지고, 분노한 이들만 세상을 흔들었을까요? 왜 기쁨은 내면에만 머물렀고, 사랑은 세상을 껴안지 못했을까요? 이 오래된 분리를 하나로 잇고, 새로운 세상을 창조하는 일. 그것이 바로 지금 이 시대, 깨어난 사람들의 역할입니다. 그들은 사랑과 자비로 세상을 감싸고, 진정한 기쁨이 새로운 시대를 여는 불꽃이 되기를 소망합니다. 새로운 혁명가는 사랑을 잃지 않습니다. 그는 세상을 미워하지 않으며, 낡은 질서를 적대하지 않습니다. 그는 더 나은 내일을 위하여, 새로운 가치를 세우기 위하여, 존재의 깊은 중심에서 솟아오르는 필요에 따라 움직입니다. 그의 손은 무너뜨리기 위함이 아니라 짓기 위한 손이고, 그의 마음은 대립이 아닌 포용을 위한 공간입니다. 이제 혁명은 분노가 아니라 사랑에서, 고통이 아니라 기쁨에서, 두려움이 아니라 자비에서 시작되어야 합니다. 진정한 새로움은 단단한 투지보다, 깊고 부드러운 기쁨에서 비롯됩니다. 세상을 바꾸는 힘은 더 많이 웃고, 더 깊이 사랑하며, 더 넓게 껴안을 수 있는 내면의 여유에서 나옵니다. 그것이야말로 지금 우리가 시작해야 할 새로운 혁명입니다.

'조르바 붓다', '조르바 예수'의 삶은 내면의 혁명을 실천하며 살아가는 구체적인 삶의 방식입니다. 조르바는 삶을 두려워하거나 심각하게 다루지 않았습니다. 춤추고, 사랑하고, 먹고, 마시고, 실수하고, 다시 일어났습니다. 존재하는 모든 것을 온몸으로 받아들이며 순간을 살아 냈습니다. 하지만 깨어나지 못했습니다. 붓다와 예수는 붓다와 예수는 인류의 영혼을 깨우고 새로운 문을 열어 준 위대한 존재들이었습니다. 붓다는 인간의 의식을 전혀 다른 차원으로 끌어올린 스승이었지만, 그가 머물던 자리는 너무도 높아 세상 속에 뿌리를 남기지 못했습니다. 그의 앞에 서면 웃음과 기쁨마저 사소한 것으로 느껴지고, 인간의 삶의 소박한 환희조차 빛을 잃어버리곤 합니다. 예수는 진정한 영적 혁명가였습니다. 그는 인간의 한계를 넘어선 사랑과 희생을 보여 주었지만, 그가 짊어진 십자가는 너무도 무겁고 가혹하여, 그의 앞에서 우리는 늘 죄인으로 작아지고 맙니다. 그럼에도 두 분은 인류에게 가장 근원적인 선물을 주었습니다. 붓다는 깨어남의 문을 열어 주었고, 예수는 사랑과 구원의 길을 보여 주었습니다. 하지만 그것만으로 인간의 삶은 완성되지 않습니다. 그래서 두 분은 즐거움과 축제를 인간이 채워야 할 몫으로 남겨 두었습니다. 바로 그 지점에서 새로운 인간상이 필요합니다. 단지 고통을 초월하는 자도, 무거운 희생을 감내하는 자도 아닌, 의식의 깊이와 즐거움의 넓이를 동시에 살아내는 존재 말입니다. 삶의 무게를 외면하지 않으면서도 그 속에서 춤추고 웃을 수 있는 존재, 고통과 환희를 함께 껴안아 한 곡의 음악처럼 살아가는 존재. 그것이 바로 조르바 붓다, 조르바 예수입니다.

조르바 붓다, 조르바 예수는 삶을 축제로 살아가며 의식이 깨어난 존재를 상징하는 새로운 인간형입니다. 그것은 삶을 고통으로 만들고 세상을 갈등과 폭력으로 내모는 무의식을 거부하고 공존하는 새로운 존재 방식의 상징입니다. 삶을 있는 그대로 깊이 즐기면서도 의식의 중심을 잃지 않는 이 시대의 새로운 인간을 의미합니다. 진지함에 짓눌리지 않고도 깊이 있는 삶을 살 수 있고, 유쾌함 속에서도 깨어 있을 수 있다는 것을 보여 주는 존재, 바로 그것이 조르바 붓다요, 조르바 예수입니다.

    삶을 즐기며 의식이 깨어난 자는 삶의 모든 순간을 있는 그대로 껴안으며, 그 안에서 더욱 선명하게 깨어납니다. 아름다운 음악을 들을 줄 알고, 햇살을 만끽할 줄 알고, 춤추고 웃으며 사랑할 줄 아는 사람. 동시에 자기 내면의 흐름을 맑게 비추고, 모든 생명과 연결되어 있다는 사실을 기억하며 살아가는 사람. 이 둘의 조화를 이룬 자가 곧 신인류이며, 지금 우리가 되어야 할 모습입니다. 그것은 삶의 방향과 에너지의 본질을 전환하는 근본적인 변화입니다. 지금 이 순간에 깨어 있으면서, 있는 그대로의 삶을 기꺼이 즐깁니다. 조르바 붓다, 조르바 예수의 삶은 무겁지 않습니다. 깨어 있으면서도 유쾌하고, 진지하지만 가볍고, 자각하면서도 한없이 자유롭습니다. 고통을 회피하지 않지만 휘둘리지 않고, 성공을 추구하지만 중독되지 않습니다. 그것은 축제입니다. 의식적으로 살아가는 매일의 축제이며, 매 순간을 놓치지 않고 피워 내는 실천입니다. 강박으로 달려가는 삶이 아니라, 존재(Being)로 피어나는 삶. 그리고 마침내, 삶 전체가 춤이 되고 기도가 되며, 존재 그 자체가 빛이 되는 여정. 그것이 바로 조르바 붓다, 조르바 예수의 삶이며, 내면의 혁명이 완성되는 길입니다.

창조자의 삶을 위한 법칙 3가지

세상은 언제나 나로부터 창조됩니다. 지금 내가 어떤 에너지로 존재하는가, 어떤 마음으로 말하고 행동하는가가 곧 내가 살아가는 세상을 만들어 냅니다. 그리고 그 세상을 아름답고 풍성하게 창조하는 힘은 다름 아닌 사랑과 자비, 감사, 그리고 이성의 마음에서 비롯됩니다. 타인을 품는 따뜻한 시선, 삶의 모든 순간에 대한 고마움, 그리고 중심을 잃지 않고 분별할 줄 아는 이성의 태도가 삶을 축제로 만들어 주는 근원의 힘입니다.

또한 많이 웃고, 즐겁게 살아가는 것 역시 강력한 창조의 힘입니다. 웃음과 즐거움이 머무는 곳에는 생명이 피어나고, 그 기운은 자연스럽게 사람들을 끌어당깁니다. 그 에너지는 말보다 빠르고, 지식보다 힘이 있습니다. 우리는 불행하기 위해 태어나지 않았습니다. 스스로를 억누르며 고통 속에 살아가기 위해 이 땅에 온 것이 아닙니다. 그러니 우리를 지배하고 조종하던 잘못된 관념들에서 벗어나야 합니다. 예수도 붓다도 종교를 만들지 않았습니다. 종교를 만든 인간들에 의해 그들의 가르침은 왜곡되었으며 왜곡된 종교는 인간의 존엄을 억압하며 인간의 의식을 병들게 하였습니다. 우리는 억압과 무의식의 굴레에서 벗어나 저 많이 사랑하고 더 많이 나누며, 더 많이 위로하고, 더 많이 춤추고, 더 많이 웃고, 더 깊이 즐기며 살아갈수 있습니다. 그것이야말로 새로운 세상을 만들어 가는 가장 따뜻하고도 강력한 길입니다. 거창한 구호도, 거센 투쟁도 필요하지 않습니다. 세상과 싸우려 하지 마세요. 나의 내면이 바뀌는 것으로 충분합니다. 나 한사람의 유쾌하고 충만한 존재가 세상의 진동을 바꾸는 가장 진실한 시작입니다.

중요한 것은, 지금 이 자리에서, 지금 있는 곳에서 활짝 피어나는 것입니다. 그것이야말로 삶이 우리에게 허락한 가장 큰 복입니다. 억압된 생각의 굴레를 벗고, 즐거움과 자비, 기쁨과 감사로 가득 찬 사람이 되어, 그 존재만으로도 주변을 환히 밝히는 사람이 되세요. 당신의 가정을, 당신의 직장을, 당신의 사업체를 축제의 장으로 만드세요. 사람들이 무의식의 굴레에서 벗어 날 수 있도록 도와주고 많이 웃고 즐겁게 살 수 있도록 응원하며 사랑과 자비, 감사함 그리고 이성의 마음으로 활짝 필 수 있도록 도와주세요. 당신이 그렇게 피어나기 시작할 때, 그 진동은 당신 곁의 사람들을 흔들고 일으켜 세울 것이며, 결국 세상 전체를 따뜻하게 물들일 것입니다. 이것이 바로 창조자의 삶입니다.

첫째, 사랑과 자비, 감사, 이성의 마음으로 살기

타인과 세상을 사랑과 자비로 대하고, 감사의 마음을 잊지 않으며, 명료한 이성을 유지합니다. 이 네 가지는 삶과 경영에서 균형과 성공을 이루는 핵심입니다.

둘째, 많이 웃고 즐겁게 살기

전체가 당신을 보호하며 그 무엇도 당신을 해치지 못합니다. 무엇에도 위축되지 말고 웃음과 즐거움을 잃지 마십시오.

셋째, 지금 있는 곳에서 활짝 피어나기

지금 있는 곳이 당신이 있을 곳입니다. 지금 있는 곳에서 빛나는 당신이 진정한 성공의 주인공입니다.

성공을 부르는 내면 혁명 9가지 법칙을 정리합니다.

전체적인 삶

1. 좋은 대로 힘든 대로 구분하지 않습니다.
2. 나와 너로 분리하지않습니다.
3. 옳고 그름으로 분별하지 않습니다.

매 순간의 삶

4. 조건화 된 행복에 빠지지 않습니다.
5. 과거로 끌려가지 않습니다.
6. 미래로 달려가지 않습니다.

창조자의 삶

7. 사랑과 자비, 감사, 이성의 마음으로 삽니다.
8. 많이 웃고 즐겁게 삽니다.
9. 지금 있는 곳에서 활짝 피어납니다.

10부
수련의 힘

우리가 아는 것이 우리를 바꾸는 것이 아니라,
우리가 실행하는 것이 우리를 바꾼다.

_by 라의형

아침을 어떻게 맞이하느냐가 하루의 질을 결정하고, 하루의 질이 쌓여 결국 인생의 방향을 바꿉니다. 당신이 아침을 어떻게 시작하느냐에 따라 삶의 흐름이 형성되고, 그 흐름은 점점 더 깊어져 인생 전체를 새롭게 만듭니다. 매일 아침, 생명력과 즐거움, 사랑과 자비, 감사와 이성의 마음으로 하루를 열어 가는 작은 수련은 인생을 변화시키는 강력한 도구입니다. 아침 수련은 하루를 수동적으로 시작하는 것이 아니라, 하루를 창조하는 능력을 기르는 것입니다. 하루를 축제처럼 맞이하는 작은 실천이 하루 전체를 기쁨으로 채워 주고, 무의식의 흐름에 휩쓸리지 않도록 도와줍니다. 이 수련이 하루를 더 즐겁게 만들고, 당신의 성취를 돕고, 당신이 하는 일을 더 잘할 수 있도록 하는 데 커다란 영향을 미칩니다. 이미

많은 사람들이 경험한 사실이며, 그 효과는 수많은 삶에서 검증되었습니다. 그러니 매일 아침, 작은 수련을 통해 하루를 새로운 가능성으로 열어 보세요. 수련의 가장 큰 가치는 반복적인 실천에서 옵니다. 좋은 강의를 듣고 훌륭한 책을 읽는 것만으로는 충분하지 않습니다. 아는 것이 우리를 바꾸는 것이 아니라, 실행하는 것이 우리를 바꿉니다. 우리는 너무 많은 것을 알고 있으면서도 그것을 정리하지 못해 실천으로 이어 가지 못합니다. 그래서 깨달음은 허공으로 흩어지고, 명상 속 깊은 순간조차도 금세 사라집니다. 성공의 기회를 여러 번 만났어도, 그것을 삶에 연결할 경험이 부족하다면 기회도 잠시 스쳐 지나갈 뿐입니다.

그렇기에 아침 수련은 무엇보다도 중요합니다. 단 22분간의 아침 수련은 흘러가는 깨달음을 붙잡아 내 안에 뿌리내리게 하고, 의식을 차분히 성장시킵니다. 이 22분은 하루 전체의 에너지 흐름을 맑고 효율적으로 만들어 주며, 평범한 일상을 축제로 바꿔 주는 힘이 됩니다.

실제로 꾸준히 아침 수련을 이어간 사람들의 삶은 예외 없이 변했습니다. 조금씩, 그러나 분명하게 앞으로 나아갑니다. 하루의 시작을 강박과 서두름으로 채우는 대신, 내면 혁명이 제안하는 22분의 아침 수련을 통해 잠시 멈추어 보십시오. 그 작은 멈춤이 하루의 리듬을 바꾸고, 결국 삶 전체의 질서를 새롭게 짜 줍니다.

매일의 실천은 새로운 자아 이미지를 형성하고, 무의식의 굴레에서 벗어나도록 돕습니다. 무의식은 오랜 세월 동안 우리를 지배해 왔고, 때때로 우리가 원하지 않는 방식으로 삶을 움직이게 합니다. 하지만 매일의 수련은 무의식의 흐름을 바꾸고, 당신을 그 구속에서 자유롭게 합니다. 수련은 거창하거나 어려울 필요가 없습니다. 가장 중요한 것은 작고 단순한 것이라도 꾸준히 실천하는 것입니다. 하기 쉬운 것을 매일 반복하는 것이 핵심이며, 그 작은 변화가 일어나기 시작하면 점점 더 큰 흐름을 만들어 내면서 새로운 가능성을 열어 줍니다.

즐거움으로 시작하는 하루 만들기

매일매일의 수련이 중요한 이유는 바로 매일매일, 하루를 더욱 의미 있고 성취감 넘치는 날로 만들어 주고 하루를 살아가는 기쁨을 배가시켜 주기 때문입니다. 아침 수련으로 하루를 축제처럼 맞이할 때, 하루는 더 풍요로워지고 기쁨이 넘치는 순간들이 자연스럽게 따라오게 됩니다.

또한 아침 수련은 우리로 하여금 잊지 않고 법칙과 조화를 이루고 살아가도록 안내합니다. 수련을 통해 변화를 경험한 사람들은 하나같이 하루의 질이 완전히 달라졌다고 이야기합니다. 처음에는 작은 변화처럼 보였지만, 하루하루 실천할수록 내면이 더 강해지고, 마음의 중심이 잡히며, 머릿속의 자아 이미지가 성공과 행복을 끌어들이도록 재배치됩니다. 이 변화는 수많은 사람들이 경험한 실제적인 결과입니다. 수련을 지속할수록 법칙의 적용이 더욱 세세하게 다루어집니다. 세세하게 다루어 질수록 에너지 낭비가 없으며 더 많이 웃고 즐겁게 되며 더 수월한 삶을 살게 됩니다. 수련은 매일매일 나를 새롭게 만들고, 나의 삶을 새롭게 창조하는 과정입니다. 하루를 기쁨으로 채우고, 즐거움을 만끽하며, 내면의 성취감을 높이는 것이야말로 수련이 가져다주는 최고의 선물입니다.

아침 수련 6단계 동작 구성

1단계 **몸 풀기 - 하루를 깨우는 준비 운동(4분)**

하루를 준비하는 가장 첫 번째 단계는 몸을 깨우는 것입니다. 몸이 굳어 있으면 마음도 닫히기 쉽고, 몸이 가벼우면 생각도 가볍고 유연해집니다. 간단한 스트레칭을 통해 근육을 부드럽게 풀어 주고 혈액 순환을 촉진합니다. 밤사이 경직된 신체를 이완시키고, 깊은 호흡과 함께 몸의 감각을 일깨웁니다. 몸이 유연해질수록 마음도 유연해지고, 하루를 보다 가볍고 활기찬 상태로 시작할 수 있습니다.

2단계 9가지 법칙을 다짐하는 딥바우 명상(7분)

하루를 법칙과 조화롭게 살아가겠다는 결심을 다지는 과정입니다. 삶은 우리가 어떤 태도로 시작하느냐에 따라 흐름이 달라집니다. 의식적으로 법칙을 다짐하는 이 과정은 단순한 다짐이 아니라, 내면의 균형을 잡고 삶을 올바르게 이끄는 강력한 지침이 됩니다. 9가지 법칙을 하나씩 되새기며, 그 가르침이 몸과 마음에 스며들도록 합니다. 명상을 통해 내면의 소음을 잠재우고 법칙과 자신을 일치시키는 시간을 가집니다. 법칙에 따라 산다는 것은 자연의 흐름과 조화를 이루는 것입니다. 내면의 균형을 회복하고 에너지를 보존하는 길이며, 삶을 보다 지혜롭고 깊이 있게 살아가는 기반이 됩니다.

성공을 부르는 내면 혁명 9가지 법칙

1. 좋은 대로 힘든 대로 구분하지 않습니다.
2. 나와 너로 분리하지 않습니다.
3. 옳고 그름으로 분별하지 않습니다.

4. 조건화된 행복에 빠지지 않습니다.
5. 과거로 끌려가지 않습니다.
6. 미래로 달려가지 않습니다.

7. 사랑과 자비, 감사, 이성의 마음으로 삽니다.
8. 많이 웃고 즐겁게 삽니다.
9. 지금 있는 곳에서 활짝 피어납니다.

3단계 호흡 명상(5분)

아침의 5분은 하루 전체를 바꾸는 시간입니다. 눈을 뜨자마자 명상으로 하루를 시작하면, 마음은 방향을 잡고 에너지는 정돈됩니다. 5분 명상은 마음의 GPS를 맞추는 일과 같습니다. 불안과 초조의 방향이 아닌, 감사와 여유의 방향으로 하루를 항해하게 합니다. 그렇게 하루의 첫 5분을 온전히 자신에게 선물하세요. 그 짧은 고요가 당신의 하루를 맑게 하고, 삶 전체를 빛나게 만듭니다.

4단계 기도 – 감사와 사랑으로 하루 축복하기 (2분)

함께하는 사람들을 한 사람 한 사람 떠올리며 그들의 오늘 하루가 편안하고 즐겁고 행복하길 기원합니다. 한 사람 한 사람 얼굴을 떠올리는 것만으로도 충분한 기도가 됩니다.

5단계 브레인 리셋 (2분)

우리는 매일 새로운 하루를 맞이하지만, 종종 어제의 감정과 생각에 갇혀 살아갑니다. 마인드 리셋을 통해 과거의 찌꺼기를 털어내고, 온전히 새로운 하루를 맞이할 준비를 합니다. 원하는 삶을 살고 있는 자신의 모습을 구체적으로 상상합니다. 즐거운 마음으로 목표를 이루어 나가는 모습을 생생하게 그리며 이를 머릿속에 집어넣습니다. 이는 현실을 창조하는 청사진이 되어 줍니다.

6단계 웃상 – 미소로 하루를 시작하기 (1분)

밝은 미소 1분은 하루의 출발을 즐겁고 경쾌하게 만들어 줍니다. 뇌는 미소를 행복의 신호로 인식하고 긍정적인 화학 반응을 일으킵니다. 마음속에 가벼운 설렘이 피어나며, 몸은 자연스레 활력

아침을 여는 명상

을 되찾습니다. 미소를 지으며 오늘 하루를 즐거움과 유쾌함으로

채우고 타인과 세상을 사랑과 자비, 감사함으로 마주하겠다고 다짐합니다. 이러한 미소와 다짐은 실제를 창조하여 만들어 줍니다.

아침 수련을 마쳤다면, 하루를 온전히 맡기세요.

수련을 마친 후에는 내면의 중심을 신뢰하고, 하루를 전체에 맡기는 마음가짐을 가지세요. 의심과 주저함 없이, 즐거운 마음으로 하루를 채워 나가세요. 삶은 흐름 속에서 자연스럽게 흘러가며, 우리는 그 흐름에 조화를 이루며 살아가면 됩니다.

어떤 경우라도 친절함과 웃음을 잃지 마세요.

질병 앞에서도, 이별 앞에서도, 심지어 죽음 앞에서도 친절함과 웃음을 잃지 마세요. 다시 한번 강조합니다. 인생에서 가장 중요한 것은 즐거움입니다. 미소와 함께 하루를 시작하세요. 매일매일 축제의 삶을 만들어 나가세요.

내면 혁명 워크숍

오투힐은 서울과 제주 그리고 충북 충주에 위치한 깊은 산속 옹달샘에서 정기적으로 내면혁명 워크숍을 운영하고 있습니다. 치유와 회복에 최적화된 각각의 공간에서 심각함을 덜어내고 삶을 축제로 살아갈 수 있는 길을 안내합니다.

액티브 명상

오투힐은 현대인의 생활 패턴과 정서에 맞춘 액티브 명상 캠프를 운영하며, 동시에 액티브 명상의 철학과 방법을 널리 전하기 위한 자격 과정을 운영하고 있습니다. 이 캠프는 몸을 움직이며 마음을 깨우는 방식으로, 바쁜 일상 속에서 쉽게 접근하기 어려운 깊은 명상 상태에 자연스럽게 들어갈 수 있도록 설계되었습니다. 자격 과정은 단순한 이론 전달을 넘어, 참가자가 직접 체험하고 지도할 수 있는 역량을 갖추도록 돕는 데 초점을 맞추고 있어, 명상을 일상과 직업 현장에 효과적으로 접목할 수 있는 길을 열어 줍니다.

제주 공동체

오투힐은 제주에서 즐겁고 유쾌한 삶을 함께 나누는 공동체를 운영하며, 일상에 지친 이들이 새로운 에너지로 삶을 충전할 수 있는 공간을 제공합니다. 이곳에서는 짧게는 3일, 길게는 한 달 이상 머물며, 자연 속에서 몸과 마음을 재정비하고 회복하는 시간을 가질 수 있습니다. 참가자들은 사람들의 응원과 격려, 호응 속에서 함께 어울려 춤추고 노래하며 명상과 사유, 통찰, 산책을 통한 치유와 성장의 시간을 갖습니다.

강사파견

오투힐은 '내면 혁명'의 철학을 기반으로, 몸과 마음의 균형을 회복하고 삶의 에너지를 되찾는 다양한 프로그램을 운영하고 있습니다. 회복탄력성 강화, 스트레스 해소, 감정 조절, 에너지 충전 등의 개인의 내면 역량을 높이는 과학적·심리학적 접근을 중심으로 구성되어 있습니다. 오투힐의 전문 강사진은 기업, 교육 기관, 공공 단체 등 다양한 현장에 직접 파견되어, 각 조직의 특성과 구성원의 필요에 맞춘 맞춤형 프로그램을 제공합니다. 강의와 체험, 명상과 코칭을 결합한 통합적 방식으로 진행되며, 참가자들이 단순한 휴식이 아닌 '내면의 회복과 성장'을 경험하도록 돕습니다.

오투힐 문의

- 연락처 | 02-2006-0567
- 서울 사무소 | 서울 송파구 올림픽로 92, 10층
- 제주 리트릿 센터 | 제주시 명림로 100, 2층

SNS

- www.o2heal.kr

홈페이지

- https://blog.naver.com/wellness3651

네이버 블로그

- @funfunbrother

유튜브

- @o2heal_heal

인스타그램